# QUESTÃO DE PELE

FOTOS
EVANDRO TEIXEIRA

# ROSANA JATOBÁ

## QUESTÃO DE PELE

### A TERRA COMO ORGANISMO VIVO

novo século
São Paulo 2013

Copyright © 2013 by Rosana Jatobá

EDIÇÃO  Pedro Paulo de Sena Madureira
COORDENAÇÃO  Marco Pace
PRODUÇÃO  Guilherme Xavier
REVISÃO  Marcia Nunes
FOTOS  Evandro Teixeira

TEXTOS ORIGINALMENTE PUBLICADOS EM: WWW.G1.COM.BR

Dados internacionais de catalogação na Publicação (CIP)
(Câmara Brasileira do Livro, SP, Brasil)

Jatobá, Rosana
Questão de pele / Rosana Jatobá ; fotos Evandro Teixeira. -- Barueri, SP : Novo Século Editora, 2013.

1. Crônicas brasileiras 2. Ecologia 3. Meio ambiente 4. Sustentabilidade I. Teixeira, Evandro. II. Título.

13-02125                          CDD-869.93

Índices para catálogo sistemático:
1. Sustentabilidade ambiental : Ecologia : Crônicas jornalísticas : Literatura brasileira 869.93

IMPRESSO NO BRASIL
PRINTED IN BRAZIL

2013
IMPRESSO NO BRASIL
PRINTED IN BRAZIL
DIREITOS CEDIDOS PARA ESTA EDIÇÃO À
NOVO SÉCULO EDITORA
CEA – Centro Empresarial Araguaia II Alameda Araguaia, 2190 – 11º andar
Bloco A – Conjunto 1111 – CEP 06455-000 – Alphaville Industrial, Barueri – SP
Tel. (11) 3699-7107 – Fax (11) 3699-7233
www.novoseculo.com.br
atendimento@novoseculo.com.br

Dedico este livro a Lara, Benjamin e Frederico, o tripé que sustenta os meus mais profundos sonhos de felicidade.

Sou grata ao amigo jornalista Milton Jung, que, por intermédio da minha querida amiga e jornalista Abigail Costa, plantou a semente deste livro, quando me incentivou a escrever sobre sustentabilidade em seu blog. Agradeço também ao meu sogro, Armando, pelas horas dedicadas ao debate de ideias e pelas inúmeras sugestões de temas. Curvo-me também diante da sapiência e generosidade do dr. Jatobá, meu amado pai, presença marcante e decisiva no processo de elaboração das crônicas.

Por fim, minha gratidão aos amigos editores que me ajudaram a transformar os meus textos em livros e me proporcionaram momentos inesquecíveis de boa conversa e de aprendizado editorial: Guilherme Xavier, Marco Pace e Pedro Paulo de Sena Madureira.

| | |
|---:|:---|
| Nota da autora | 11 |
| Prefácio | 13 |
| O insustentável preconceito do ser | 17 |
| A carne é forte! | 25 |
| O CO$_2$ visceral | 31 |
| A Jatobá e a sustentabilidade | 37 |
| Por água abaixo! | 43 |
| Condenados ao consumo! | 49 |
| Questão de pele | 63 |
| Animal de extirpação | 69 |
| Pirataria | 75 |
| Piratas e picaretas modernos | 81 |
| Herança de família | 89 |
| Um bem-te-vi só faz verão! | 95 |
| À moda antiga | 101 |
| No núcleo da questão ambiental | 107 |
| "Diga aí, negão!" | 113 |
| Espelho, espelho meu, existe alguém mais plastificada do que eu? | 119 |
| Índigo blue! | 125 |
| A chuva e a canção | 131 |

# Sumário

| | |
|---|---|
| Dá licença? | 137 |
| Nosso pequeno grande mundo! | 143 |
| Um sonho de Natal! | 149 |
| O *mea culpa* divino! | 155 |
| Enquanto não ligo meu carro na tomada! | 161 |
| O futuro do meio ambiente | 167 |
| A batalha vencida | 173 |
| O luxo do lixo | 179 |
| Devagar, quase parando... | 185 |
| Por trás das lonas | 191 |
| Atire a primeira pedra! | 197 |
| O músculo | 203 |
| Izabella, a fera do meio ambiente | 209 |
| O espírito do terror | 215 |
| Carta para Lara e Benjamin | 299 |
| O trabalho que edifica | 303 |
| Indice remissivo | 307 |

# Nota da autora

— "Não importa o que se diz, mas, sim, como se diz". A máxima retrata bem o objetivo deste livro: tornar mais atraente a discussão sobre tema tão antipatizado quanto urgente. Embora reine a certeza de que necessitamos de um mundo melhor e mais justo, falar sobre sustentabilidade ainda é tarefa para os românticos, elitistas e corporativistas. O assunto não desfruta de popularidade, seja porque é abordado de forma técnica, seja porque carrega a mensagem cabal e moralizadora de uma mudança radical de valores e atitudes no sentido de frear a escalada da depredação dos recursos fundamentais à vida no planeta.

Como uma Jatoba que se preza, lanço mão de um gênero literário tipicamente brasileiro para oferecer uma embalagem sedutora ao assunto. Poucos resistem ao olhar diferenciado, ao humor discreto e à linguagem leve e despretensiosa da crônica. Esta é minha forma de promover o engajamento: pela emoção.

Os textos foram escritos nos últimos dois anos e grande parte deles publicada no meu blog "Um olhar sobre Gaia, a Terra como organismo vivo", em um portal de notícias. Fiz questão de registrar também alguns comentários escritos pelos internautas que me acompanhavam, a fim de enriquecer o debate.

Como dizia o escritor irlandês Oscar Wilde, "só os tolos não julgam pela aparência".

# Prefácio

Faz parte do viver lidar com encontros especiais. Pessoas que aparecem na sua vida, de repente, sem roteiro e sem qualquer indicação, e exercem plenamente o sentido da permanência. Uma questão de pele, como diria minha avó Clarice. É assim que posso tentar traduzir meu encontro com Rosana Jatobá, a jornalista que fez o brasileiro querer saber do tempo, do clima, como dizem os cariocas.

Competente e envolvente, eu a encontrei pela primeira vez num evento profissional em São Paulo, onde ela me entrevistaria. "– Como assim? Ela entende de meio ambiente?" – perguntei à minha assessoria. Enfim, fui para o encontro com o espírito para um papo profissional, sério, com conteúdo e objetivo. Quando a encontrei, deparei-me com uma mulher linda, com sorriso "escandalosamente" generoso e acolhedor e muito curiosa. Enfim, lá estava eu frente à frente com a jornalista e com uma plateia ansiosa, que esperava que a entrevista fosse "dissecante". Rosana Jatobá, grávida de Lara e Benjamin, pronta para explorar e revelar os desafios da nova política de resíduos sólidos no Brasil. Tudo ficou muito bem durante o evento. Ao final, ela permaneceu conversando, querendo saber mais.

De lá para cá, mais do que estar com a jornalista, os encontros se sucedem no tempo com a amiga Rosana Jatobá. As crianças nasceram, as fotos foram compartilhadas e, finalmente, conheci Frederico Mesnik. A partir de então, é sempre uma alegria estar com ela, ouvi-

-la, conversar, falar do futuro e pedir conselhos. Assim, a vida vai nos levando, cada uma no seu mundo, mas ligadas por uma "questão de pele", pela sustentabilidade e pela ambição de um mundo mais justo, com a mulher\* conquistando seus espaços e sendo feliz.

Num desses encontros, fui surpreendida com o pedido para que eu fizesse o prefácio do seu livro *Questão de pele*. Confesso que olhei para os lados e disse-lhe: "– Pirou?". Ela me deu o rascunho do livro e disse: "– Leia e veja se você pode escrever o prefácio. Sei o quanto você é ocupada, mas ficaria bem feliz se você pudesse escrever algo". Mais um desses lances da vida, que revela, nos momentos mais inusitados, o sentimento do bem querer.

Lembro-me de que saí do evento e fui para o aeroporto em São Paulo. Voo atrasado, tempo fechado. Olhei para a bolsa e peguei "as provas do livro". Li de uma "tacada só". São estórias e histórias únicas, que denunciam os vários olhares da Jatobá sobre os vários Brasis de um mesmo Brasil. Seu olhar é permeado pela convicção de que temos de buscar novos caminhos para que a espécie humana possa permanecer nesse planeta. Explicita suas convicções pela sustentabilidade não como opção, mas como crença, verdade, jeito de ser, sem o preconceito do ser (que ela já denuncia como insustentável nas primeiras páginas do livro).

O formato da obra também é interessante. Ao fim de cada narrativa, ela traz comentários de "outros", fazendo com que o leitor também se veja nas páginas do livro, com opiniões, críticas, com seus sentimentos e revelações. Rosana insiste na simplicidade do texto, que se nota à medida que se percorre os vários caminhos do livro. Sem perdão, expõe sua indignação, mesmo quando insere no texto as "verdades dos outros" que contrariam suas convicções. Diz como lida com aqueles que não compartilham suas ideias e sua militância por um mundo mais justo, inclusivo e que leva o meio ambiente a sério. Com paciência, gosta de

---

\* Rosana Jatobá é uma parceira na iniciativa voluntária da Rede de Mulheres Brasileiras Líderes pela Sustentabilidade.

## Questão de pele

explicar e mostrar a diversidade do pensamento ambiental, que provoca o mundo atual, e coloca sob questionamento os políticos e tomadores de decisão. Vai da carne de boi à mudança do clima. Fala da família, do passado, do presente e desafia o futuro quando se coloca como Jatobá, a árvore "que mais sequestra carbono, a faxineira do ar".

Adoro quando fala do consumo, da busca do consumo sustentável, lembrando que a mudança não é só do coletivo e sim de cada indivíduo. Que, além dos direitos, temos os deveres. Põe o dedo na ferida quando fala da nova classe C no Brasil e do consumo consciente. Fala de moda, como mulher, mas lembra ser indizível os maus tratos aos animais e comenta os direitos de todos os seres vivos. Traz Deus ensinando a Pedro que a Gaia se encarregue da vingança contra os humanos, numa crítica ao antropocentrismo.

Enfim, em várias narrativas, Rosana Jatobá faz uso das coisas do dia a dia para dizer que não dá mais para seguir um caminho em que o bem-estar do homem pós-contemporâneo é mais importante do que o de todos os seres vivos, inclusive do próprio *Homo sapiens*. Um olhar sobre as cidades, nosso jeito de ir e vir, de estar na moda, de falar do futuro com base na experiência de nossos pais, de não entender a relação de causa e efeito da nossa maneira de viver, de ser e de ter. Segue nossa Jatobá dizendo, afirmando, explicando, desejando e sonhando que é possível fazer mais pelo planeta, pelos vários Brasis do nosso Brasil e por nós mesmos. Explicita que não valem as boas intenções. Tem de realizar, de agir, de fazer! Ela faz e está fazendo.

É a moça do tempo, do nosso Tempo, dos bons papos, da acolhida amiga e dos encontros sempre marcados pelo carinho e pelo bem querer. Vale ler os dizeres, os sonhos, as estórias/histórias, as crônicas e as confissões de uma profissional que está no dia a dia, não só pela TV, mas em nossas vidas.

IZABELLA TEIXEIRA
MINISTRA DO MEIO AMBIENTE

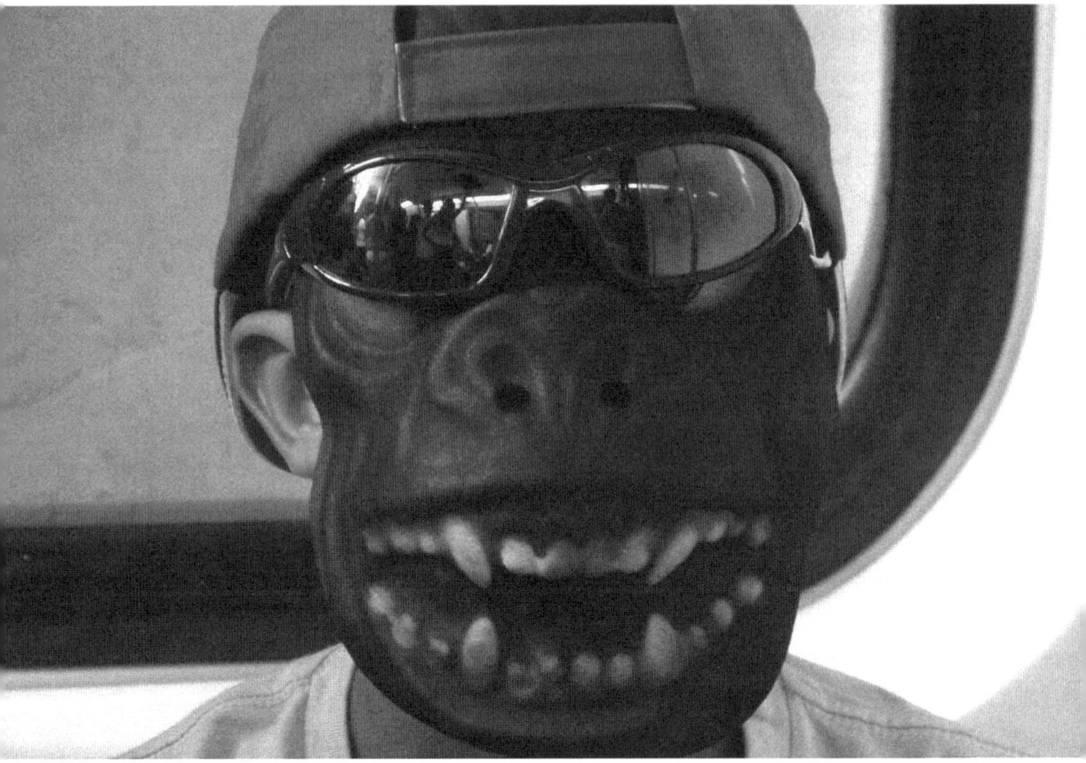

# O insustentável preconceito do ser

---

Era o admirável mundo novo! Recém-chegada de Salvador, vinha a convite de uma emissora de TV, para a qual já trabalhava como repórter. Solícitos, os colegas da redação paulistana se empenhavam em promover e indicar os melhores programas de lazer e cultura, onde eu abastecia a alma de prazer e o intelecto de novos conhecimentos.

Era o admirável mundo civilizado! Mentes abertas com alto nível de educação formal. No entanto, logo percebi o ruído no discurso:

— Recomendo um passeio pelo nosso "Central Park", disse um repórter. Mas evite ir ao Ibirapuera nos domingos, porque é uma baianada só!

— Então estarei em casa, repliquei ironicamente.

— Ai, desculpa, não quis te ofender. É força de expressão. Estou falando de um tipo de gente.

— A gente que ajudou a construir as ruas e pontes, e a levantar os prédios da capital paulista?

— Sim, quer dizer, não! Estou me referindo às pessoas mal-educadas, que falam alto e fazem "farofa" no parque.

— Desculpe, mas outro dia vi um paulistano que, silenciosamente, abriu a janela do carro e atirou uma caixa de sapatos.

— Não me leve a mal, não tenho preconceitos contra os baianos. Aliás, adoro a sua terra, seu jeito de falar…

De fato, percebo que não existe a intenção de magoar. São palavras ou expressões que, de tão arraigadas, passam despercebidas, mas carregam o flagelo do preconceito. Preconceito velado, o que é pior, porque não mostra a cara, não se assume como tal. Difícil combater um inimigo disfarçado.

Descobri que, no Rio de Janeiro, a pecha recai sobre "os Paraíba", que, aliás, podem ser qualquer nordestino. Com ou sem a "cabeça chata", outra denominação usada no Sudeste para quem nasce no Nordeste.

Na Bahia, a herança escravocrata até hoje reproduz gestos e palavras que segregam. Já testemunhei pessoas esfregando o dedo indicador no braço, para se referir a um negro, como se a cor do sujeito explicasse uma atitude censurável.

### Questão de pele

Numa das conversas que tive com a jornalista Miriam Leitão, ela comentava:

– O Brasil gosta de se imaginar como uma democracia racial, mas isso é uma ilusão. Nós temos uma marcha de carnaval, composta nos anos de 1930 por Lamartine Babo e pelos irmãos Valença, e cantada até hoje, que é terrível. Os brancos nunca pensam no que estão cantando. A letra diz o seguinte:

*O teu cabelo não nega, mulata*
*Porque és mulata na cor*
*Mas como a cor não pega, mulata*
*Mulata, quero o teu amor.*

– É ofensivo – diz Miriam – como a cor de alguém poderia contaminar outra como se fosse doença? E as pessoas nunca percebem.

A expressão "pé na cozinha", para designar a ascendência africana, é a mais comum de todas, e também dita sem o menor constrangimento. É o retorno à mentalidade escravocrata, reproduzindo as mazelas da senzala.

O cronista Rubem Alves publicou em 16 de março de 2010 no jornal Folha de S.Paulo um artigo no qual ressalta:

Palavras não são inocentes, elas são armas que os poderosos usam para ferir e dominar os fracos. Os brancos norte-americanos inventaram a palavra "niger" para humilhar os negros. Criaram uma brincadeira que tinha o seguinte versinho:

"Eeny, meeny, miny, moe, catch a niger by the toe", que significa "agarre um crioulo pelo dedão do pé". Em tempo: aqui no Brasil, quando alguém quer inferiorizar um negro, usa a palavra crioulo.

Em denúncia a esse uso ofensivo da palavra, os negros cunharam o slogan "Black is beautiful". Daí surgiu a linguagem politicamente correta. A regra fundamental dessa linguagem é nunca usar uma palavra que humilhe, discrimine ou zombe de alguém.

Será que na era Obama vão inventar "pé na presidência", para se referir aos negros e mulatos americanos de hoje?

A origem social é outro fator que gera comentários tidos como "inofensivos", mas cruéis. A nação que deveria se orgulhar de sua mobilidade social é a mesma que picha o próprio presidente de torneiro mecânico, semianalfabeto. Com relação aos empregados domésticos, já cheguei a ouvir:

– A minha "criadagem" não entra pelo elevador social!

E a complacência com relação aos chamamentos, insultos, por vezes humilhantes, dirigidos aos homossexuais? Os termos bicha, bichona, frutinha, biba, viado, maricona, boiola e uma infinidade de apelidos despertam risadas. Quem se importa com o potencial ofensivo?

Mulher é rainha no dia oito de março. Quando se atreve a encarar o trânsito e desagrada o código masculino, ouve frequentemente:

– Só podia ser mulher! Ei, dona Maria, seu lugar é no tanque!

Dependendo do tom do cabelo, demonstrações de desinformação ou falta de inteligência são imediatamente imputadas a certo tipo feminino:

– Só podia ser loira!

Se a maneira de administrar o próprio dinheiro é poupar muito e gastar pouco:

– Só podia ser judeu!

A mesma superficialidade em abordar as características de um povo se aplica aos árabes. Aqui, todos eles viram turcos. Quem acu-

## Questão de pele

mula quilos extras é motivo de chacota do tipo: rolha de poço, "porpeta", almôndega, baleia etc.

Gosto muito do provérbio bíblico, legado do cristianismo, "O mal não é o que entra, mas o que sai da boca do homem".

Invoco também a doutrina da física quântica, que confere às palavras e aos pensamentos o poder de ratificar ou transformar a realidade. São partículas de energia tecendo as teias do comportamento humano.

A liberdade de escolha e a tolerância das diferenças resumem o princípio da igualdade, sem o qual nenhuma sociedade pode ser sustentável.

O preconceito nas entrelinhas é perigoso porque, em doses homeopáticas, reforça os estigmas e aprofunda os abismos entre os cidadãos. Revela a ignorância e alimenta o monstro da maldade.

Quando um trabalhador perde o emprego, torna-se um alcoólatra, passa a viver nas ruas e amanhece carbonizado, ouvimos:

– Só podia ser mendigo!

No outro dia, o motim toma conta da prisão, a polícia invade, mata 111 detentos, e nem a canção de Caetano Veloso é capaz de comover:

– Só podia ser bandido!

Somos nós os responsáveis pela construção do ideal de civilidade aqui em São Paulo, no Rio, na Bahia, em qualquer lugar do mundo. É a consciência do valor de cada pessoa que eleva a raça humana e aflora o que temos de melhor para dizer uns aos outros.

## Rosana Jatobá

### COMENTÁRIOS

#### CAIO VINÍCIUS

Por que tanto preconceito com o preconceito?

Todos nós temos preconceitos. "Pera aí! Nem todos, eu não tenho". É claro que tem. Todos temos.

O preconceito é uma das coisas que nos torna humanos, é uma expressão pessoal, uma opinião não expressa, um sentimento deliberado. Ter preconceito é ruim? Eu digo que não. O que é ruim é deixar que esse preconceito nos guie em nossas decisões e molde nossa visão de mundo. É preciso saber dosar o preconceito para que ele não traga sofrimento para você nem para as outras pessoas. É utópico dizer-se desprovido de preconceitos. Os seres humanos não são capazes de tal feito (exceto, talvez, os psicopatas), você pode tentar se convencer disso, mas estará apenas mentindo para si mesmo. A palavra preconceito vem de origem simples, pre – antes / conceito – sentido, significado, entendimento, preconceito, então, é a opinião que se tem de algo antes de conhecê-lo de fato. Agora pergunto: quem é capaz de conhecer tudo? Acho que a resposta está implícita. Logo, todos temos preconceito, nem que seja inconsciente.

Digo que devemos saber viver com isso e controlá-lo para que ele não traga mais sofrimentos e prejuízos para este mundo já tão cheio de desgraças. O preconceito chega a ser saudável, pois ele o faz se lembrar de seus defeitos. Ele só é prejudicial quando a mente é fraca o suficiente para ceder a seus impulsos primitivos.

#### HERALDO

Penso que o egoísmo é a mãe da discriminação. O achar-se melhor que o outro e o querer o melhor para si produz esse tipo de atitude.

É muito comum observarmos amigos que têm um comportamento de torcer pelas conquistas dos outros, desde que eles também conquistem, afinal, por que o outro conquistaria algo que ele não conseguiu ainda? Da mesma maneira, sua nação, sua raça, sua região, seu time de futebol, sua religião, seu bairro e sua família são sempre melhores do que os dos outros.

### Questão de pele

Tratar com desdém os que são um pouco diferentes só mostra que a pessoa ainda vive na ilusão de que ela e aqueles com os quais se identifica são melhores do que os outros. Lamentavelmente, a maioria da humanidade não possui o hábito de se observar e procurar melhorar como pessoa.
"Toda a alegria contida no mundo vem do desejo de felicidade para os outros. Todo sofrimento contido no mundo vem do desejo de felicidade para si mesmo". Shantideva

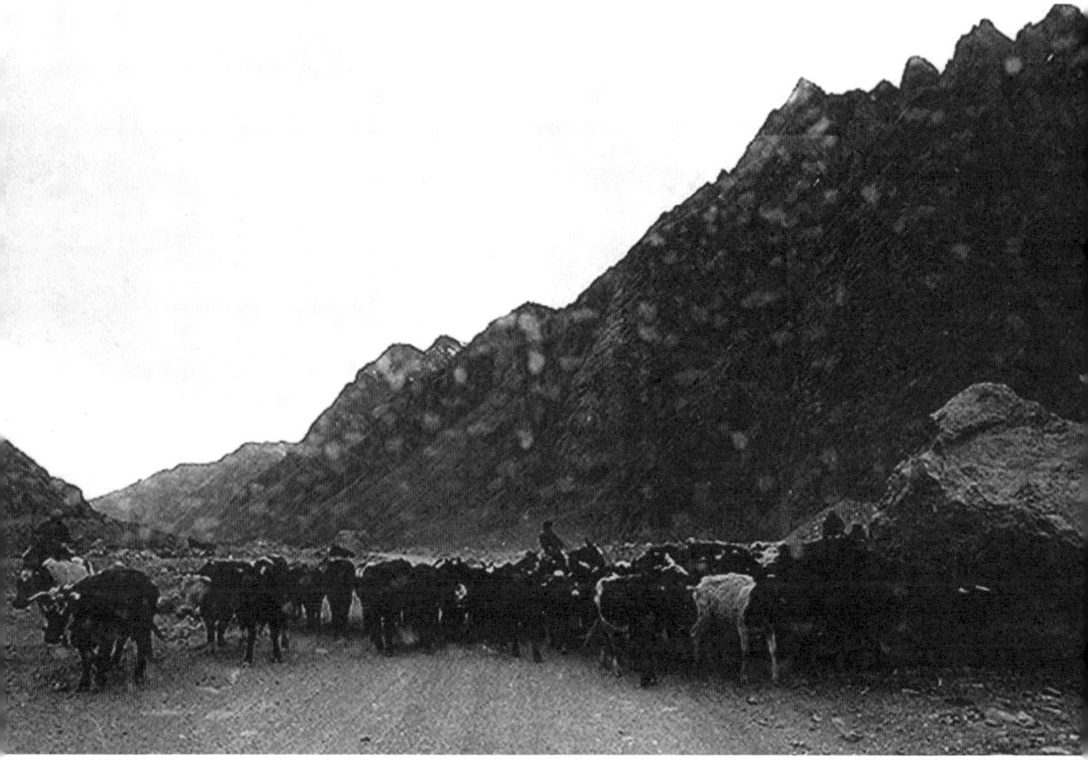

# A carne é forte!

O exame não deixava dúvidas. A taxa de hemoglobina chegara ao limite mínimo. As reservas de ferro no organismo teriam que ser reforçadas, para evitar danos aos bebês:

– O risco de problemas neurológicos durante a gravidez é grande, quando a mãe está anêmica, disse a doutora Paula Fettback, preocupada.

– Não daria para incrementar o consumo de carnes brancas, de soja ou de vegetais verde-escuros? Posso aumentar também a dose do suplemento sintético…

– Nada substitui a carne vermelha! É a fonte mais eficaz de absorção de ferro. Seria bom voltar a comer, pelo menos, duas vezes por semana até o fim da gestação!

A prescrição médica soou como um tratado de rendição. Teria que quebrar o jejum, que já durava dois anos. Era a bandeira mais vistosa da batalha em nome da sustentabilidade. O totem de maior comprometimento com a causa. E, invariavelmente, o chamariz perfeito para a discussão em torno da cadeia produtiva da carne bovina.

Mas as convicções ideológicas acabaram nesse sábado, dia quatro de setembro de 2010, numa churrascaria. A fatia de picanha chegou à mesa, dourada, macia e suculenta. Exalava o aroma característico e abrigava o tempero discreto que realça o sabor incomparável. Pus fim à abstinência em garfadas lentas, temerosa em sofrer algum revertério estomacal. A contragosto, cedi à tentação.

– Meus parabéns, Rosaninha! Os radicalismos estreitam a mente! Comemorou meu pai, aliviado.

Parei de ingerir carne vermelha porque a considerava indigesta e intensificadora das cólicas menstruais. Mantive a restrição por ser intragável para a consciência.

A criação de gado no Brasil é um desastre ecológico. Temos o maior rebanho do mundo, com mais de 210 milhões de cabeças. O manejo extensivo, com extinção de grandes áreas de cobertura vegetal, implica o aumento na velocidade do vento e das emissões de poeira; a rápida perda de umidade do solo e a sua compactação por pisoteio; a redução da infiltração de água, com a consequente impossibilidade de uso mais eficiente da terra para produção de alimentos, como grãos.

O desperdício de água, contaminada pela pecuária, é de 16 mil litros para cada quilo de carne produzida.

Somos os maiores exportadores de carne de boi do mundo, estabelecendo um comércio burro e predador, em nome da balança co-

## Questão de pele

mercial. Na Amazônia, há duas cabeças de gado para cada morador da região, à custa da destruição do nosso mais precioso bem. Qual será o valor da biodiversidade perdida pelo desmatamento? E o do aumento das emissões de $CO_2$ para transformar floresta em pasto? Quem paga o preço da emissão de metano – gás vinte vezes mais poderoso que o dióxido de carbono –, oriundo dos arrotos e flatulências emitidas do boi? Cada bovino emite 60 quilos de metano por ano. Sem contar o gás nitroso que sai dos dejetos... São os chamados gases de efeito estufa, que modificam a atmosfera e os microclimas das regiões.

A crítica inevitável:

– Num mundo com um bilhão de famintos, você vem afirmar que o pum do boi agride a atmosfera?

A resposta propõe uma mudança no padrão de produção de alimentos:

– Mas é justamente a criação de gado em grande escala que ameaça a segurança alimentar! Alternativas igualmente proteicas como grãos provocam um quarto do impacto ambiental gerado pela produção de carne.

A questão da crueldade com os animais é outro ponto que reforça a indignação. Tomemos como exemplo a carne de vitela. Para que chegue à mesa com a maciez característica, o bezerro, ainda não desmamado, vai para um lugar escuro e é acorrentado, a fim de que não se mexa e não desenvolva músculos. É alimentado apenas com leite, para que fique anêmico e a carne adquira cor branca. Não consegue nem andar até o corredor do abate, onde é alvo de uma pistola pneumática que o paralisa antes de ser sangrado, ainda vivo. Esta é a cadeia produtiva do baby-beef!

O Ministério da Agricultura preparou um pacote de recomendações para amenizar o sofrimento dos animais de corte, com vistas a atender às exigências dos países europeus que importam a carne brasileira. Difícil será fiscalizar o abate.

Seria hora de sacralizar a vaca, como fazem os indianos? Utopia. Extinguir a produção é algo impensável para a maior parte da humanidade, cujos valores foram talhados em tiras de bife. Mas a redução do consumo minimizaria os danos aos recursos naturais, até que surjam tecnologias capazes de garantir a alta produtividade com baixo impacto ambiental.

Hoje, tive que fazer uma concessão, em nome da maternidade. Engrossei as estatísticas de um mercado que, só nos últimos dez anos, cresceu 40%. A carne vermelha certamente estará no meu cardápio duas vezes por semana, até o final da amamentação. Depois, verei se reassumo a abstinência. Por enquanto, estou digerindo uma grande lição, apregoada pelo meu pai e revelada pela mãe-natureza, que sempre nos norteia para um mundo sustentável. O caminho do meio, da moderação, sem radicalismos, parece ser o mais palatável!

## Comentários

Armando

A cadeia de produção de bois para corte no Brasil e em todos os países que a produzem obedece a um objetivo prioritariamente econômico. Qualquer menção a eventuais objetivos sociais é pura e demagógica fuga da realidade – o objetivo primordial de uma empresa de qualquer ramo é ganhar dinheiro. Existem, é lógico, outras maneiras de criar e matar gado para corte que, entretanto, parece que seriam economicamente menos atraentes e não menos cruéis. Desta maneira, a carne custaria mais e o Brasil seria menos competitivo e não conseguiria exportar tanto. Os pobres daqui consumiriam menos carne etc., etc. etc. Você deve saber como é produzida a carne de frango – eles passam sua curta vida amontoados, só comendo e também produzindo metano. Sabe como são sacrificados? E os peixes? Já lhe ocorreu que eles são mortos, por afogamento? E as lagostas, que são cozidas em água fervente? As ostras? O caviar? As baleias? Os vegetarianos têm uma argumentação bem coerente, pois não se pode comer carne

## Questão de pele

de boi, carneiro, ou peixe sem matá-los. Como poderiam, então, viver os esquimós sem matar as focas? Deveriam importar vegetais?

Eric Slywitch

Temos a ideia de que, se comemos bem, estaremos bem nutridos, mas isso não é verdade para alguns nutrientes específicos, como o ferro e a vitamina B12.

A prevalência de deficiência de ferro em populações que comem carne e nas que se abstêm do seu consumo é a mesma. Isso se deve ao fato de que o estado nutricional desse mineral depende muito mais de quanto perdemos ou utilizamos do que da sua ingestão.

O ferro se torna deficiente principalmente em quem perde sangue (como por menstruação ou hemorróidas) e nas gestantes, pois há aumento de 20% do volume sanguíneo da própria gestante nos primeiros três meses de gestação e, nos últimos três meses, há grande necessidade de uso para a placenta e para o bebê. No Brasil, estima-se que pelo menos 33% das gestantes que comem carne tenham carência de ferro.

Enquanto uma mulher (fora do período de gestação) precisa ingerir cerca de 18 mg de ferro diariamente, a gestante precisa de, no mínimo, 30 mg, se o estoque de ferro estiver repleto (avaliado pelos níveis de ferritina), o que é raríssimo de ser encontrada na mulher adulta. Essa quantidade é impossível de ser atingida com a alimentação (mesmo ao se comer carne e fígado). Quando há deficiência, como sugerido no seu caso, a dose diária de ferro deve ser aumentada para mais de 100 mg por dia, o que só é possível com ferro medicamentoso.

Como medida comparativa, a ingestão de meio quilograma (500 g) de carne vermelha (considerando um corte rico em ferro, como o filé mignon) vai fornecer 15 mg do mineral. Se for escolhido o fígado bovino, a quantidade ingerida nesses 500 g será de aproximadamente 25 mg de ferro. Matematicamente, para tratar a deficiência de ferro, a gestante precisaria ingerir, diariamente, pelo menos 2 kg de fígado bovino ou 3,3 kg de carne, o que é claramente impossível. Isso nos mostra por que é equivocado tratar uma deficiência de ferro com carne. Sua inclusão no cardápio é ineficaz no tratamento.

Essa correção deve ser feita com ferro medicamentoso em doses elevadas e por muitos meses.

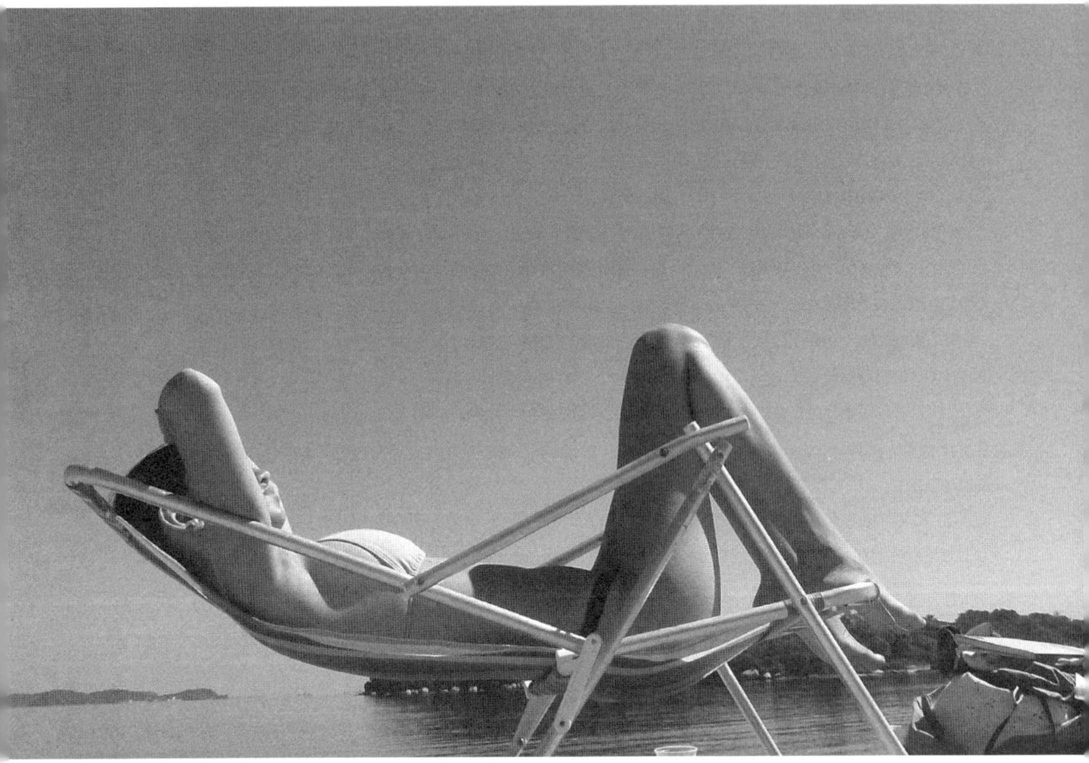

# O $CO_2$ visceral

—A cirurgia foi um sucesso! Em pouco tempo seu ovário estará irrigado, sem nenhum risco de necrose depois da torção. Agora você sentirá um desconforto por causa dos gases que tivemos que introduzir no seu abdômen para dilatar a área afetada. Amanhã já estará melhor!

As palavras do dr. Ricardo Pereira alentaram a paciente.

Para quem precisou tomar três doses de morfina na veia e outros tantos analgésicos durante as 12 horas de sofrimento que antecederam o procedimento cirúrgico, um gás a mais era fichinha.

Mas que nada! Em excesso, o tal dióxido de carbono é famoso por provocar estragos súbitos e irreversíveis na natureza. Imagine em um organismo já combalido pela dor e pelo desenho do bisturi...

As pontadas se espalhavam pelo corpo. Da virilha aos ombros, a orquestra comandava os movimentos peristálticos. O típico e escatológico som que deveria ser expelido seria recebido sem constrangimentos e soaria como música para os ouvidos da sôfrega paciente. Mas era uma sinfonia muda! Quisera uma marcha fúnebre!

Expurgado das entranhas, o volume extra de $CO_2$ finalmente fora pelos ares, juntar-se ao montante que hoje ameaça o equilíbrio de Gaia, o Planeta Terra.

Dois dias depois, o episódio virou chacota na família. Quem lançou a piada? O meu sogro querido, claro!

– Que ironia, heim, Rosana. Você, vítima literal do gás carbônico! Tem que escrever uma crônica bem humorada, porque este assunto de aquecimento global é muito chato!

Eu já havia escrito sobre o assunto, citando o ponto de vista do Armando. Eram argumentos sisudos, sérios, um barril de pólvora.

Ele bradava:

– Esses ambientalistas que você defende são uns imbecis! Ignoram os ciclos naturais da Terra e se apossam de teorias fajutas de oportunistas, como Al Gore. Quem disse que o suposto aquecimento global é resultado da ação humana?

Tentei argumentar invocando o brilhantismo de um dos maiores economistas do mundo, Nicholas Stern, que, antes mesmo de Al Gore, demonstrou, por meio de um relatório de 700 páginas, que o acúmulo de gás carbônico é a principal causa do aquecimento terrestre. Mencionei, ainda, o mais extenso e completo documento sobre as mudanças climáticas, o IPCC. Mas fui rechaçada de pronto:

— Relatório manipulado para atender a grupos interessados nas polpudas quantias destinadas às pesquisas do clima!

A tréplica foi baseada na experiência da moça do tempo:

— Mas a meteorologia já aponta para um cenário devastador de tempestades severas, secas, furações, situação que tende a piorar nas próximas décadas, caso não haja uma redução das emissões de $CO_2$.

A resposta veio do mestre pela Stanford:

— Como posso acreditar que os modelos climáticos acertarão as previsões para daqui a 50 ou 100 anos, se eles não conseguem dar conta nem de eventos de curto prazo?

Resisti:

— Você acha que toneladas de $CO_2$ lançadas todos os dias na atmosfera sobem impunemente? Tanta poluição não vai cobrar um preço? Já temos 375 partes por milhão de $CO_2$ nos ares.

— Em meados do século XIX, quando mal se ouvia o barulho do motor, a concentração de $CO_2$ chegou a superar 500 ppm. E nós estamos aqui para contar a história...

Bem, a história que estamos testemunhando não é bem a que desejávamos.

Não há tempo para se beneficiar da dúvida e permanecer na zona de conforto da teoria. Encarar o suposto vilão do equilibrio natural significa adotar outro estilo de vida que minimize a carga que impomos ao planeta, por meio de energia limpa, renovável! Só nos resta nos livrar do maldito $CO_2$!

### Rosana Jatobá

Palavra de quem entende bem o que é ser refém de um gás de efeito estufa!

#### COMENTÁRIOS

MAURÍCIO SALGADO

A contribuição do homem ao aquecimento global não é conhecida.
Nosso planeta está esfriando. Em larga escala temporal, está. Foi uma bola de fogo e agora é de rocha com centro ainda em chamas. Mas, se compararmos os últimos 5 bilhões de anos, está esfriando.
O problema é a escala curta. Nela, nós temos um aquecimento comprovado nos últimos 200 ou 300 anos, ao menos.
Quando a corte portuguesa desembarcou no calor hoje muitas vezes infernal do Rio de Janeiro, as damas usavam saias com forros e espartilhos, além de maquiagem. Não eram doidas, o clima era, mais ameno. Isso é observado também pelo congelamento do Tâmisa, que tem seu último registro em meados de 1800. Cultivo de uvas para vinho (que tem rigorosos registros históricos bem antigos) nos mostra também um aquecimento que ocorre a mais de 300 anos.
Isso mostra que a Terra já estava em um ciclo de aquecimento (ela tem disso, de uns dez mil a quinze mil anos pequenas eras glaciais seguida de aquecimento). O fato é que ela vinha aquecendo antes da Revolução Industrial.
Fato também que nós estamos acelerando o processo.
Esse é o grande problema. Diferenciar o quanto é natural e o quanto é nossa contribuição, para podermos dimensionar de verdade problemas e soluções.

CIBELE

O que interessa se há mitos ou exageros culpando o $CO_2$, quando o resultado já está se mostrando assustador? É o mesmo que pensar que, seja o $CO_2$ ou não, a liberação de gases do processo digestivo também é catas-

## Questão de pele

trófico! Importante agora é agir para minimizar os problemas. Se foram por questões inspiradas na política ou não, o vídeo de Al Gore chegou aonde jamais imaginaria chegar. Repercutiu em todo tipo de mídia e lançou preocupações autênticas e importantes.
Sim ao meio ambiente! Um CO2 explosivo e fedorento aos oportunistas!

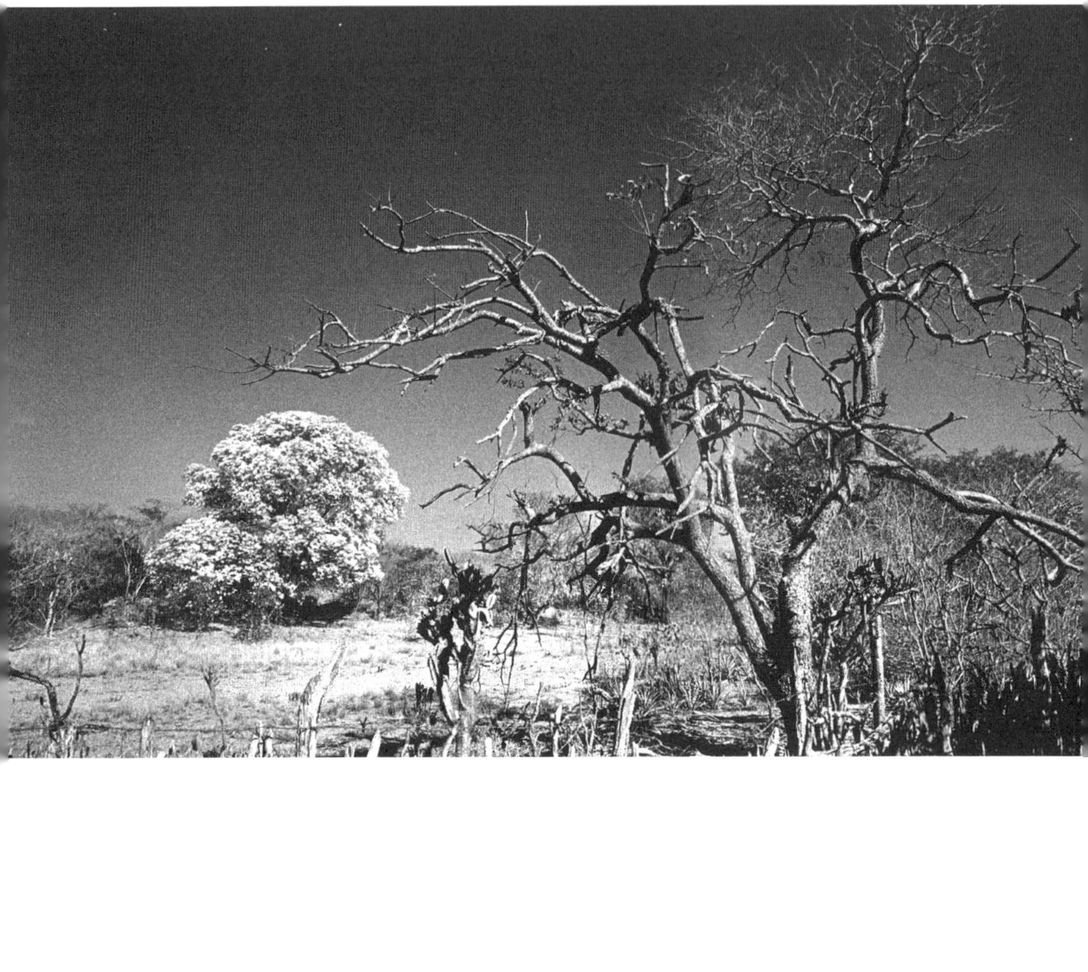

# A Jatobá e a sustentabilidade

Ao final de um evento de premiação das empresas mais sustentáveis do ano, no qual atuei como mestra de cerimônias, desci do palco e fui abordada por um dos convidados:

– Seu nome é artístico?

Achei graça da pergunta e expliquei a origem do batismo.

– Artístico? Não. Jatobá é uma família de novos cristãos vinda de Portugal em 1564, fugindo da perseguição religiosa aos judeus.

– Achei interessante a coincidência: a moça do tempo, que fala das questões ambientais, ter nome de árvore!

– E que árvore! Repliquei orgulhosa.

Aí confesso que cedi à vaidade:

– O Jatobá é a árvore que mais sequestra carbono da atmosfera. Ela é considerada a faxineira do ar, na medida em que aspira dióxido de carbono ($CO_2$) e, assim, livra a atmosfera de grandes quantidades do principal gás responsável pelo aumento do efeito estufa na Terra.

No caminho de volta para casa, lembrei-me do dia em que a tal "coincidência", por ser uma Jatobá e gostar dos temas relacionados ao meio ambiente, se havia revelado.

Dois anos antes dessa noite, fui convidada para assistir à palestra do mais famoso ambientalista e ex-vice-presidente dos Estados Unidos, Al Gore. De passagem por São Paulo, ele falaria para um público seleto sobre a crise climática mundial, mostraria as evidências de mudanças dramáticas e radicais no mundo provocadas pelo aquecimento global. Antes, porém, tratei de ver o documentário que projetou suas ideias, "Uma verdade inconveniente", mais tarde ganhador do Oscar. Naquele momento nascia a semente da minha inquietude. Fiquei alarmada ao saber da rápida escalada da concentração de $CO_2$ nos ares, o que estava transformando o planeta em uma panela de pressão.

No auditório do Ibirapuera, o mestre atualizava dados científicos e, junto com o alerta, lançava um apelo por uma mudança de hábitos da humanidade. Senti uma espécie de chamamento. Saí convencida de que o acaso não existe. Deveria honrar meu sobrenome.

Por força da profissão, já transmitia as notícias da meteorologia e observava parte daquelas mudanças significativas no padrão mundial do clima. Uma maior duração e frequência de fenômenos,

## Questão de pele

como tempestades severas, secas, furacões, ciclones e o ineditismo, nesta nossa era, do derretimento de quase todas as geleiras do mundo e a consequente elevação do nível do mar, com implicações na fauna e na flora.

Entendi que era a resposta da natureza em fúria pela sobrecarga imposta em nome do desenvolvimento econômico.

Acreditei que poderia contribuir para dar destaque ao tema e, quem sabe, sensibilizar as pessoas quanto ao processo destrutivo da Terra, cuja maior vítima, por ironia, seria mesmo a raça humana.

Resolvi estudar mais profundamente o assunto, de início, por conta própria. A pesquisa me levou a grandes obras de cientistas, como James Lovelock e Tim Flannery, e a de estudiosos brasileiros que participaram do IPCC.

Em pouco tempo estava tratando do assunto no GNT, canal de TV a cabo, em uma série de programas sobre sustentabilidade chamada "Um mundo para chamar de seu". A ideia era convencer as pessoas de que pequenas atitudes, como reciclar o lixo, economizar água e energia, reduzir o consumo de carne e de bens em geral, e deixar o carro na garagem poderiam reduzir a pegada de carbono: a quantidade de $CO_2$, metano e outros gases que lançamos todos os dias na atmosfera. Em última instância, a mensagem era a de que precisamos cuidar da "casa" que habitamos, para que *ela* possa acolher nossos filhos e netos, reproduzindo os milagres da vida que hoje ainda testemunhamos.

Predestinação é algo que se deve respeitar. E uma Jatobá não pode ignorar o peso deste nome, não é mesmo?

### Rosana Jatobá

#### COMENTÁRIOS

LEILA CHAVES COSTA SANTANA

"Sustentável" provém da palavra latina "sustinere", e significa "manter vivo", "defender". A busca pela sustentabilidade ambiental deve partir, primeiro, da sensibilidade dos seres humanos em relação ao impacto que seus hábitos causam ao planeta; só depois disso é que diferentes soluções conjugadas poderão contribuir para sanar o problema global. "O custo do cuidado é sempre menor que o custo do reparo."

RODRIGO X.

Engraçado voce citar o Al Gore, ele é só mais um capitalista arranjando um meio de ganhar dinheiro, não é nenhum especialista. Muitas de suas afirmações no seu pobre documentário são excessivamente catastrofistas, para não dizer apocalípticas, fugindo de longe das previsões do IPCC para o fim do século. Em um relatório enviado ao Senado americano, 700 cientistas criticam o documentário do Al Gore.

E, por fim, não me rotulem de cético, negacionista, que seja, eu sei que o homem tem capacidade de alterar o ambiente que o cerca, mas a desinformação criada acerca do documentário do Al Gore é absurda, hipocrisia pura. Enquanto ele prega que os Estados Unidos devem fechar todas suas termoelétricas em dez anos, acabando com cidades inteiras onde os empregos dependem dessas usinas, ele voa com seu jatinho particular ao redor do mundo.

MARTINHO SANTAFÉ

Bem-vinda ao time dos que acreditam que sustentabilidade pode ser praticada no dia a dia, com benefícios econômicos, sociais e ambientais para os seres humanos e toda a natureza do seu tempo. Como costuma dizer o economista e ambientalista Sérgio Besserman, a natureza não precisa de nós. Se abusarmos muito, ela nos expulsa e, quem sabe, milhares (ou milhões) de anos adiante surgirá um ser mais sutil, capaz de entender a di-

### Questão de pele

mensão da riqueza que estamos transformando em esgoto e cinzas. Aliás, a natureza já mostrou que é capaz de agir com extrema sutileza, transformando dinossauros em pássaros.

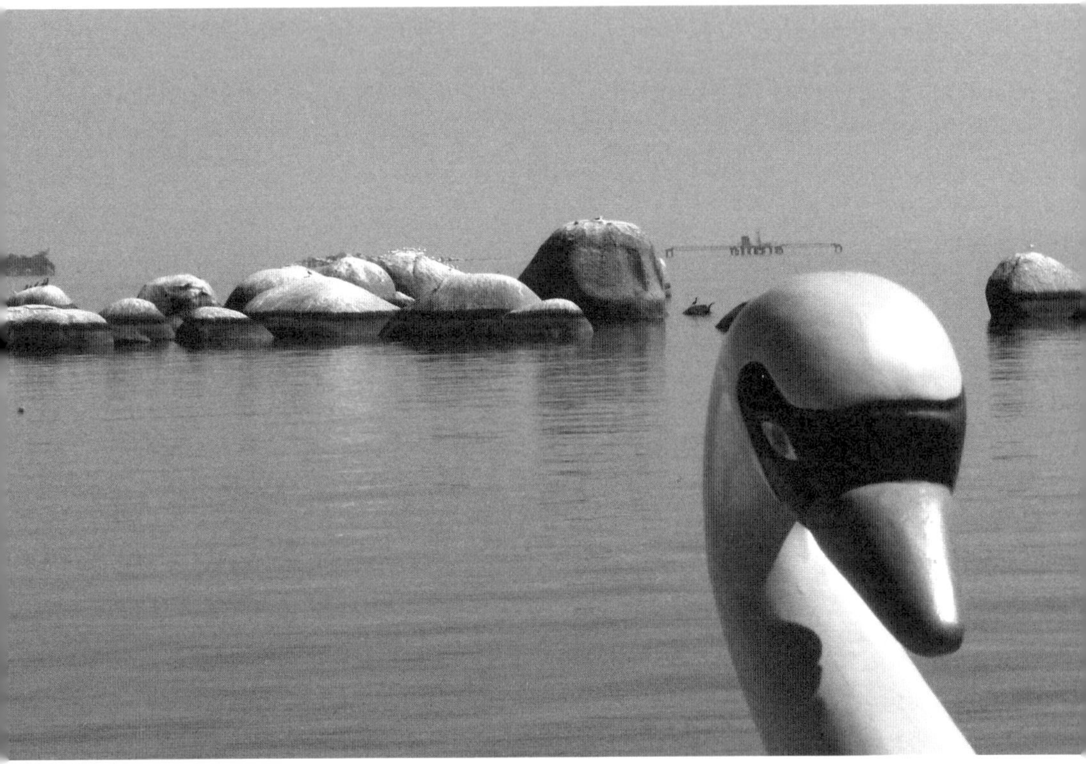

# Por água abaixo!

**S**eria mais uma viagem de fim de semana para descansar em um hotel de praia. Mas aquele pedaço de terra tinha um magnetismo que transformou meros visitantes em assíduos frequentadores. O casal comprou parte da fazenda de coco no sul da Bahia, um terreno de quatro hectares, com 200 metros lineares de frente para o mar. Plenos de felicidade, cantaram Caetano Veloso:

> *A Bahia é que é o cais*
> *A praia, a beira, a espuma*
> *E a Bahia só tem uma*
> *Costa clara, litoral*
> *Costa clara, litoral.*\*

---

\*   Trecho da canção "Beira-mar", de Caetano Veloso.

O esforço financeiro da aquisição seria recompensado pelas horas de deleite, apreciando a rica paisagem de mata atlântica quase intocada. A área de preservação ambiental exibe um extenso coqueiral enfileirado ao longo da faixa de areia alva, que entremeia o manguezal e o mar aberto. As barras dos rios emolduram e isolam o idílico cenário.

– Vamos trocar o cinza de São Paulo por este azul infinito, meu amor! Mais dez anos de trabalho duro... e assinamos nossa alforria! Plenos de contentamento, cantaram Gilberto Gil:

*Vamos fugir deste lugar, baby.*
*Vamos fugir..*
*Pra onde eu só veja você*
*Você veja a mim só...*
*Qualquer outro lugar ao sol, outro lugar ao sul, céu azul, céu azul...*\*

Ela se entusiasmou e anunciou os moldes do futuro abrigo à beira-mar:

– Quero uma casa ampla, avarandada, sustentável, de madeira de demolição, com placa solar, fossa séptica e reaproveitamento de água!

– Vamos construir nosso sonho tropical! Plenos de alegria, cantaram Chico Buarque:

*Uma fazenda,*
*Com casarão,*
*Imensa varanda,*
*Dá jerimum,*
*Dá muito mamão,*
*Pé de jacarandá.*\*\*

---

\* Trecho da canção "Vamos fugir", de Gilberto Gil.
\*\* Trecho da canção "Bancarrota blues", de Chico Buarque.

### Questão de pele

– Mas será que este paraíso estará preservado até a nossa aposentadoria? Poderá ser tragado pelas águas? O IPCC alerta: "Os oceanos poderão estar até 88 centímetros mais elevados em 2100". Em cidades litorâneas, isso pode significar um avanço de centenas de metros!

– Em 2100 não estaremos mais aqui e já teremos aproveitado o bastante!

– Sei não, heim? Já tem muita ilha submersa por aí. Eu ouvi o climatologista Carlos Nobre, do CPTEC, em entrevista à rádio CBN, dizendo que pelo menos 22 pontos da costa brasileira já precisam de reposição de areia. E que, segundo pesquisadores recrutados pelo Ministério do Meio Ambiente, 40% das praias brasileiras seriam mais vulneráveis ao avanço gradual do mar.

Plenos de desconfiança, cantaram Sá e Guarabira:
*O sertão vai virar mar,*
*Dá no coração,*
*O medo que algum dia,*
*O mar também vire sertão*[*]

A profecia se concretizou. Os planos de se entregar ao ócio depois da labuta sofreram um abalo.

No último feriado, a cena de destruição tomava conta da praia. A maré do inverno chuvoso avançara rapidamente, invadira pelo menos 50 metros do terreno, com força capaz de derrubar coqueiros de mais de 40 anos e extinguir a vegetação nativa. Por quatro dias o casal sonhador assistira impotente ao movimento invasivo das águas.

E iniciaram a investigação do fenômeno:

– O senhor reparou a fúria da maré? É comum este estrago todo?

O pescador não titubeou:

---

[*] Trecho da canção "Sobradinho", de Sá e Guarabira.

— Moro aqui há mais de 15 anos, meu amigo, e nunca vi uma coisa dessas. Tivemos até que demolir a casinha lá da ponta da barra…

Plenos de temor, cantaram Ari Barroso:

*Tá fazendo um ano e meio, amor*
*Que o nosso lar desmoronou*
*Meu sabiá, meu violão*
*E uma cruel desilusão*
*Foi tudo que ficou*
*Ficou*
*Prá machucar meu coração.*

Contenção de rochas na praia, barreira de cimento em blocos no mar, plantação de mais coqueiros e até caminhões de areia transportada de dunas… O casal debruçou-se sobre possíveis soluções para o problema. Nada viável.

E agora? O que fazer? Trocar o terreno à beira-mar por um pedaço de terra na serra? Projetar uma casa suspensa, à prova de ondas? Ou simplesmente ignorar os avisos e construir o tão sonhado paraíso tropical o mais rápido possível?

Plenos de desilusão, cantaram Chico Buarque:

*E quem sabe, então*
*O Rio será*
*Alguma cidade submersa*
*Os escafandristas virão*
*Explorar sua casa*
*Seu quarto, suas coisas*
*Sua alma, desvãos…*

## Questão de pele

**COMENTÁRIOS**

RONEY FONTES GUIMARÃES

Este movimento cíclico dos oceanos é conhecido naturalmente na historia do nosso planeta. O sul da Bahia, mais precisamente a cidade de Ilhéus, há cerca de 5.000 anos atrás, na última era glacial, estava submersa a 80 metros de profundidade e o mar tinha adentrado cerca de 30 quilômetros continente adentro. Este fenômeno se repetirá outras vezes na história do nosso planeta, a questão é saber se estaremos ainda aqui.
Portanto, o homem, antropicamente, vem influenciando, sim, nas mudanças climáticas, e acelerando mecanismos de degradação no nosso planeta, o que irá gerar o aumento dos oceanos nas próximas décadas. Como fazer para dirimir esforços para frear estes efeitos é a grande pergunta.

ALDO PALADINO

O que estão esquecendo de dizer é que isso não se trata de "aquecimento global" coisa nenhuma, mas a ação do homem que vem avançando sobre o mar, e não o contrário; se em algum lugar a praia foi assoreada ou aterrada, o mar vai parar em algum lugar. O também climatologista Luis Carlos Molion garante que esse "aquecimento global" é uma fraude e, pelo que me consta, ele não é maluco. Outrossim, o ex-vice presidente americano Al Gore, o profeta do cataclisma global, que prevê, também, o avanço rápido dos oceanos, comprou, por uma mixaria, uma casinha à beira mar na California por meros nove milhões de dólares. Ora, para quem esta alastrando uma profecia, fica meio estranho isso. O que acontece é que, de tempos em tempos, a humanidade é acometida por devaneios. O "aquecimento global" está fazendo muito bem a algumas empresas.

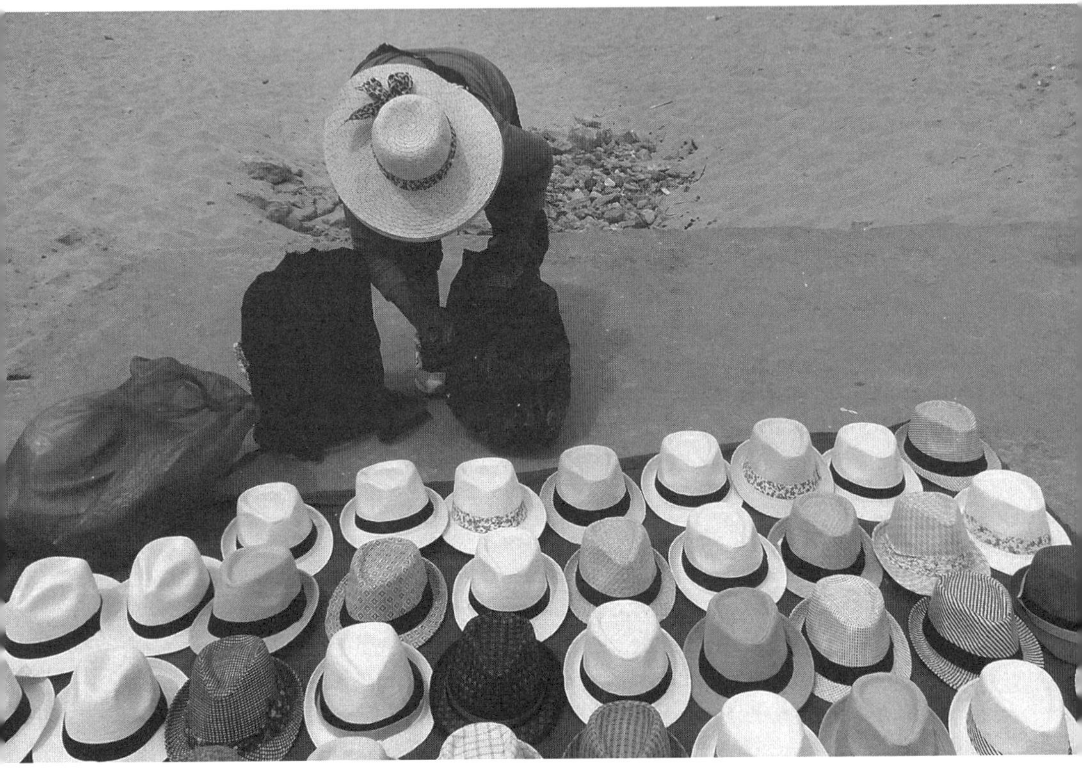

# Condenados ao consumo!

Oi, você vem sempre aqui?

— A cada três meses. E você?

— Sempre!

— Mas como? Nunca te vi...

— É que chego e saio logo. Sempre tem alguém interessado em me levar para casa.

— Pois é. Eu tive a mesma ideia. Você é incrível! Não consigo ficar só olhando.

— Então me leva daqui, vai! Te faço um desconto!

— O problema não é dinheiro. É que estou tentando controlar meus impulsos.

— Se você me deseja, é porque não está mais satisfeito com o que tem...

— Não posso me queixar. Mas você é muita tentação!

— Então não resista. Eu não vou te decepcionar. Sou mais atraente, aceito muitos tipos de programa e posso te transportar para onde você nem imagina...

— Ai, meu Deus! Você venceu! Vamos. Eu me chamo Paulo. E você?

— iPhone 3Gs 32GB. Sou da família Apple. Meu pai se chamava Steve Jobs e também tenho um irmão que é um sucesso, o iPad. Ele tem uma grande tela IPS de alta resolução retroiluminada por LED e com a tecnologia *multi-touch* incrivelmente ágil. Além de um chip extremamente poderoso. Tudo isso em uma estrutura bastante fina e leve!

Paulo se rendeu à paixão e engrossou as estatísticas dos 45 milhões de brasileiros que cedem aos apelos das facilidades tecnológicas e trocam de celular todo ano. Levou o *smartphone* e aposentou seu Motorola.

Mas a solidão do aparelho no fundo da gaveta só durou três meses. O iPhone 3Gs 32GB, motivo da traição, também fora trocado pelo irmão caçula, o iPad. Quem manda fazer propaganda?

Aos dois, agora inúteis e abandonados, só restavam os lixões ou aterros sanitários. Mal chegaram àquele lugar feio, fétido, famigerado e já ouviram:

— Saiam daqui! Está lotado. Não venham deixar seus rastros de contaminação no meu solo, poluindo os lençóis freáticos. Já temos

## Questão de pele

mais de 180 milhões de baterias de celular nos aterros do país, a maioria feita de metais pesados e tóxicos, como níquel, bromo e cádmio! Isso sem falar nos outros cem milhões de equipamentos eletrônicos que são desovados aqui todos os anos!

Desiludidos, voltaram para o fundo escuro da gaveta.

Na manhã seguinte, um restinho de bateria lhes garantiu a ousadia:

— Vamos atrás dos nossos direitos! Vamos ao Tribunal de Justiça Sustentável, dar entrada numa ação de indenização por danos materiais, morais e ambientais!

Dito e feito.

O consumidor Paulo foi citado e juntou aos autos a contestação. A defesa se baseava na liberdade de comprar. Direito adquirido com a Revolução Industrial, do século XVIII.

A audiência de instrução foi marcada e começou o embate jurídico, introduzido pelo Juiz:

— Consumidor Paulo, o senhor é acusado de comprar estes dois aparelhos eletrônicos, num prazo de apenas três meses, para obter as mesmas funções tecnológicas. Conduta pela qual deve responder civil e penalmente, nos termos do Código da Sustentabilidade: "O ser humano poderá consumir apenas para satisfazer necessidades básicas".

— Mas a lei me garante o acesso irrestrito aos bens materiais, Excelência! Vivo na chamada "sociedade de consumo", alimentada pela produção, baseada no descartável, no supérfluo. Comprar é uma obrigação, e consumir, uma necessidade. Preciso acompanhar os lançamentos, porque minhas compras garantem crescimento do PIB, emprego e renda. Este é o modelo econômico.

— Este modelo está falido. Ele é predador e representa o esgotamento dos recursos naturais. Estamos em dívida com o planeta, precisamos preservá-lo e buscar uma relação de consumo equilibrada.

— *Data venia*, Meretíssimo, não fui eu que dei causa a essa degradação ambiental. Agora que tenho dinheiro, não posso ser privado de comprar. A gente trabalha pra quê?

— Para cultivar os prazeres do espírito! Todos terão que cooperar e aderir ao consumo consciente. As futuras gerações estão ameaçadas! É importante buscar um novo paradigma.

— Mas eu não saberei mudar depois de 40 anos inserido neste sistema!

— Sugiro que leia o livro *Gaia: alerta final,* do cientista James Lovelock. O senhor irá despertar para uma nova consciência, afastando-se desta visão antropocêntrica que valoriza o ter, em detrimento do ser. Profiro a seguinte sentença:

— Para fins de ressarcimento por danos morais, condeno-o a encaminhar os dois reclamantes aqui presentes ao posto de reciclagem mais próximo desta comarca.

Mas, Excelência, esta tarefa é do fabricante!

— A Política Nacional de Resíduos Sólidos impõe obrigações aos empresários, aos governos e aos cidadãos no gerenciamento dos resíduos. É a responsabilidade compartilhada pelo ciclo de vida dos produtos.

E continuou:

— A pena será convertida em serviço ambiental: plantar cem árvores para compensar as emissões de $CO_2$ pelo consumo extravagante. Sem mais, a audiência está encerrada!

### Questão de pele

Paulo abriu mão do recurso e cumpriu a decisão judicial. Mas naquela mesma semana fora acometido por novos desejos implacáveis de consumo.

Atormentado pela culpa, foi à missa no domingo e confessou seu pecado:

– Seu padre, fui condenado pela Justiça Sustentável, já cumpri a pena, mas não consigo refrear meus impulsos consumistas. Já estou de olho num *smartphone* que a Motorola vai lançar com a plataforma Android, do Google. Penso também no Storm, da BlackBerry.

– Cuidado, meu filho. A Terra pode se vingar dos maus tratos e nos condenar ao tão temido fogo do inferno aqui mesmo neste planeta. O aquecimento global já é visível...

– Eu sei, eu sei, seu padre, vou tentar me conter. Prometo! Sua benção e piedade...

– O senhor já o perdoou, meu filho. Vá em paz. E fuja das vitrines como o diabo foge da cruz: elas têm o mesmo poder de sedução que uma mulher! Se for inevitável passar em frente a uma loja, lembre-se das escrituras sagradas: "Orai e vigiai, para que não entreis em tentação!".

#### COMENTÁRIOS

FRED

Não podemos esquecer que os que mais agridem o ambiente, consomem e destroem são as grandes empresas. E que repassar essa culpa toda para o usuário final é uma ótima desculpa para culpabilizar o indivíduo e esquecer que, para combatermos qualquer mal, temos que entender o contexto em que vivemos, e não só a personalidade de determinada pessoa. Ninguém nasce consumindo, ninguém nasce poluindo. Se hoje consumimos, até desnecessariamente, é porque aceitamos esse modelo. Quando veremos cronistas criticando empresas, e seus governos dominados por questões econômicas que visam à sobrevivência de uma estrutura que não está nem aí para o consumo sustentável? Sinceramente? Acho que nunca. Ninguém tem peito para bater de frente com o Grande Capital.

Pagan Sênior
Fiquei sabendo de fontes fidedignas que a história que você contou a respeito do Paulo e seu smartphone teve desdobramentos dramáticos: ao sair da igreja, impressionado com o fogo do inferno iminente, Paulo prometeu e cumpriu não passar sequer em frente à tal loja; não comprar qualquer atualização de qualquer coisa atualizável, nem ficar sabendo das atualizações, já que iria cancelar a assinatura de revistas especializada em criar tentações. E mais: chegou em casa e decretou Lei Seca para tudo que representasse "impulso consumista", desde telefones, televisões e seus DVDs, computadores e seus programas, sapatos, roupas e adereços, livros e revistas, e tudo que não passasse pelo seu implacável crivo do que é e do que não é imprescindível, portanto, livre do fogo. E mais: aplicável a todos os membros de sua família, aí incluída a Cleide – secretária do lar – que se comprometeu a implantar o mesmo em sua casa e nas vizinhanças. Seu Facebook tinha 247 amigos que receberam suas detalhadas explicações e orientação sobre os detalhes de como, quanto e quando, o que causou grande impacto em quase todos eles (sempre há os céticos, do contra) que passaram a fazer o mesmo, irradiando entre seus próprios amigos.
Rapidamente se criou a comunidade Deusmelivredofogodoinfernodoconsumo. Os demais leitores de seu blog, Rosana, também se sentiram chocados com a história do smartphone e de um jeito ou de outro se solidarizaram com o Paulo e acabaram chegando à Deusmelivredofogodoinfernodoconsumo, que a esta altura já beirava trinta mil adeptos. Em questão de mais algumas horas se alcançou um milhão (viva a rapidez da internet!); mais uns dias e os servidores começaram a não aguentar mais tal enxurrada, mas muito mais grave do que isso, o consumo começou a despencar: as lojas vazias começaram a se livrar de seus vendedores, cancelar pedidos a seus fornecedores de mercadoria e embalagens (total desperdício), os quais começa-

### Questão de pele

ram a paralisar suas produções e a se livrar de seus operários, fornecedores. Na China e na Índia, hordas de desempregados caminhavam pelas ruas em busca de qualquer coisa para fazer, dali a pouco a saquear e roubar ou matar. E, finalmente, aqui no Brasil os jornais pararam de circular por falta de anunciantes e assinantes. Então, o que vamos escolher: o fogodoinferno ou a fome? Vivemos em um mundo que atualmente funciona baseado no consumo, e não somente, mas no crescimento do consumo. E será que é possível parar esse mercado? E será que dá para mudar esse paradigma cruel?

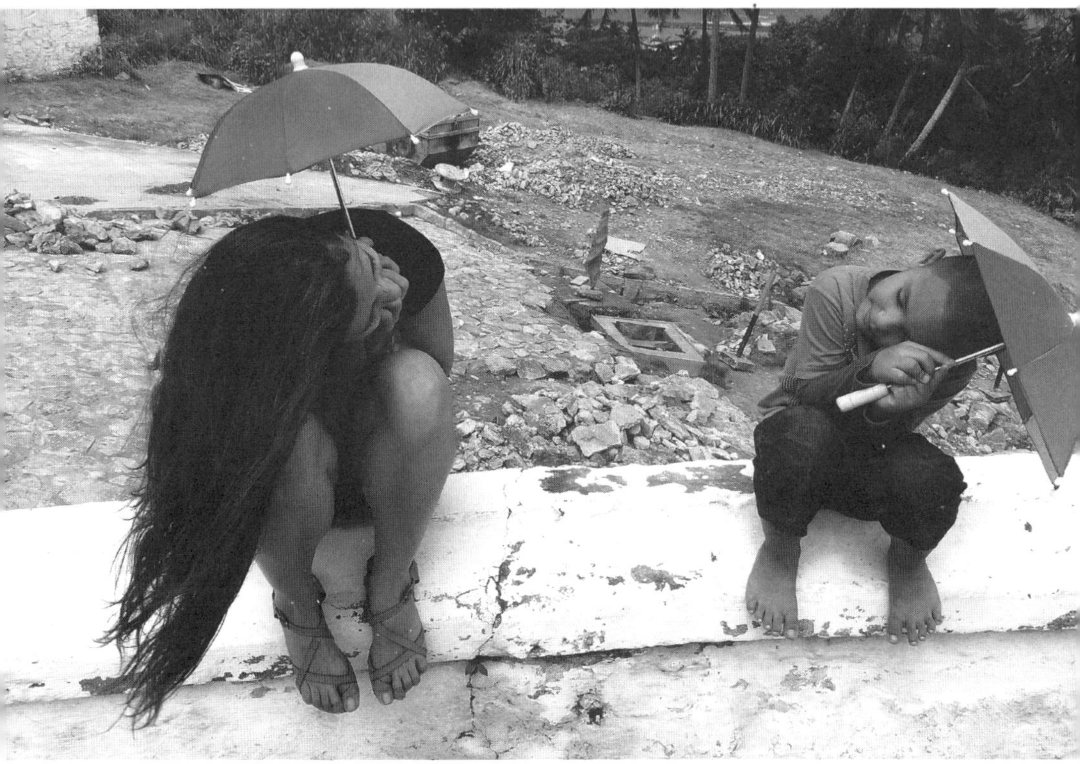

# A melhor notícia do mundo

---

Três de novembro. A previsão do tempo para o dia seguinte era de enfraquecimento da Zona de Convergência do Atlântico Sul, fenômeno que forma um corredor de nuvens carregadas entre o Sudeste e a Amazônia. As pancadas de chuva seriam, portanto, mais rápidas e menos intensas. Em parte do Sul e do Nordeste, tempo firme. Uma situação rotineira na primavera. Mas no "espelho" do JN (espécie de script das reportagens e notas a serem exibidas no jornal) eu dispunha de dois minutos para falar ao vivo. O dobro do tempo habitual. Fiz uma pesquisa mais aprofundada sobre as condições meteorológicas no país, liguei para alguns institutos de pesquisa, contatei editores de outros Estados e nada de novo que justificasse aquela aparição especial. Resolvi perguntar ao editor responsável pela aprovação dos meus textos:

– Chico, qual o assunto que devo abordar hoje à noite? Não há qualquer fenômeno impactante, nada de transtornos provocados por tempestades etc.

– O fenômeno de hoje é a sua barriga! O público não para de mandar mensagens, curioso pra saber sobre sua gravidez!

– Sério? E o que devo esclarecer? O que o Bonner e a Fátima vão perguntar?

– Eles preferem não adiantar as perguntas para que você não perca a espontaneidade.

Gravei o boletim diário e fiquei à espera da conversa com os apresentadores. Entraria no segundo bloco. A Fátima iniciou o diálogo:

– Vamos ao vivo a São Paulo, conversar com a Rosana Jatobá. Boa noite, Rosana. Nós acompanhamos todos os dias a previsão do tempo, as mudanças climáticas, vimos agora a chegada da primavera, do horário de verão, e a pergunta que nós e os telespectadores fazemos é a seguinte: quando vão chegar os gêmeos?

A risada foi inevitável. Clima de total descontração.

Informei a data mais ou menos prevista para o parto, o sexo dos bebês, o significado do nome deles e comentei a enorme felicidade daquele momento. Em resposta à pergunta do Bonner, brinquei com os cuidados para não encobrir o mapa com o barrigão.

Encarei o episódio como uma homenagem a milhões de gestantes brasileiras que, como eu, são depositárias do milagre da vida.

## Questão de pele

Mulheres cuja vivência se transforma radicalmente para abrigar e cuidar dos protagonistas do futuro. É maravilhoso perceber que a maternidade enternece e comove a todos, o que só reforça esse estado de graça, de plenitude e serenidade que a nobre tarefa nos confere.

Melhorar a saúde das gestantes faz parte das oito metas do milênio das Nações Unidas para a sustentabilidade, estabelecidas em 2000. A intenção é diminuir em 75% as mortes maternas até 2015. No Brasil, sobretudo nos grotões do interior do país, este é um grande desafio.

De acordo com o Unicef, 1,7 milhão de gestantes não faz o mínimo de consultas pré-natais – metade de todas as grávidas.

O estudo "Violência doméstica na gravidez", que acompanhou 1.379 gestantes atendidas em unidades de saúde pública de Campinas, entre 2004 e 2006, revela que 19,1% sofreram violência psicológica (foram intimidadas, ofendidas ou humilhadas) e 6,5% sofreram violência sexual.

Cerca de 20% das gestantes brasileiras apresentam quadros de depressão ou ansiedade, indica estudo feito pela Universidade de São Paulo e publicado no periódico Archives of Women's Mental Health. Estes tipos de transtornos psicológicos na gravidez estão associados a uma incidência maior de depressão no pós-parto, e o nascimento de bebês prematuros ou com baixo peso.

Apenas parte do funcionalismo público e das grandes empresas privadas brasileiras aderiram à licença maternidade de seis meses.

O casal mais querido do telejornalismo brasileiro experimentou a emoção de trazer ao mundo três filhos de uma só vez! Estão mais do que legitimados para empunhar esta bandeira de valorização das nossas gestantes e do fortalecimento do vínculo afetivo com o bebê.

Entrar ao vivo no JN, o jornal de maior alcance do país, presente em 97% dos lares, interrompendo a sequência de notícias duras para falar da benção de ser mãe de gêmeos, é mais do que um gesto de respeito às futuras mamães. Representa uma oportunidade de prestar atenção ao milagre da vida, a melhor notícia do mundo!

### COMENTÁRIOS

#### ELIANY DE MORAIS

Parabéns, Rosana!
Sua presença no jornal nos dá uma grande vitória, pois, quando estamos grávidas, continuamos produtivas e desevolvendo nosso trabalho. No dia do ocorrido, fiquei tão emocionada e feliz por sentir sua felicidade. Fiquei e fico superorgulhosa todos os dias!

#### VANDERLEI ANDRADE

Minha mulher me perguntou: – Como estará o tempo amanhã? Eu respondi: – O Brasil inteiro estará encoberto. – Caramba! Tempo ruim, então? – Não, respondi, um casal de gêmeos está abraçando e encobrindo o Brasil. E contei para ela sobre a reportagem. Muita Luz para toda a sua família.

#### EGUEL BORGES

Eu e minha família te acompanhamos desde o início e até brincamos – Será que ela está grávida, ou era a roupa? Minha filha de seis anos (Julia), já dizia, – O que é isso papai, ela está igual à mamãe quando estava esperando o Gabriel. Por isso, nós quatro, te desejamos toda a sorte e saúde para você e para eles. E parabéns ao paizão felizardo.

## Questão de pele

A Júlia está mandando dizer o seguinte: "Prepare-se para uma previsão do tempo daqui a pouco – uma frente fria e dois estão se aproximando, irão tirar todos do sério e as noites terão de ser monitoradas. Esses furacões poderão extinguir o sono de todos, sem contar as zonas mais úmidas e fortes. Trovões serão anunciados quando menos se esperar, com o significado, 'mamãe, estou com fome, quero mamar'."

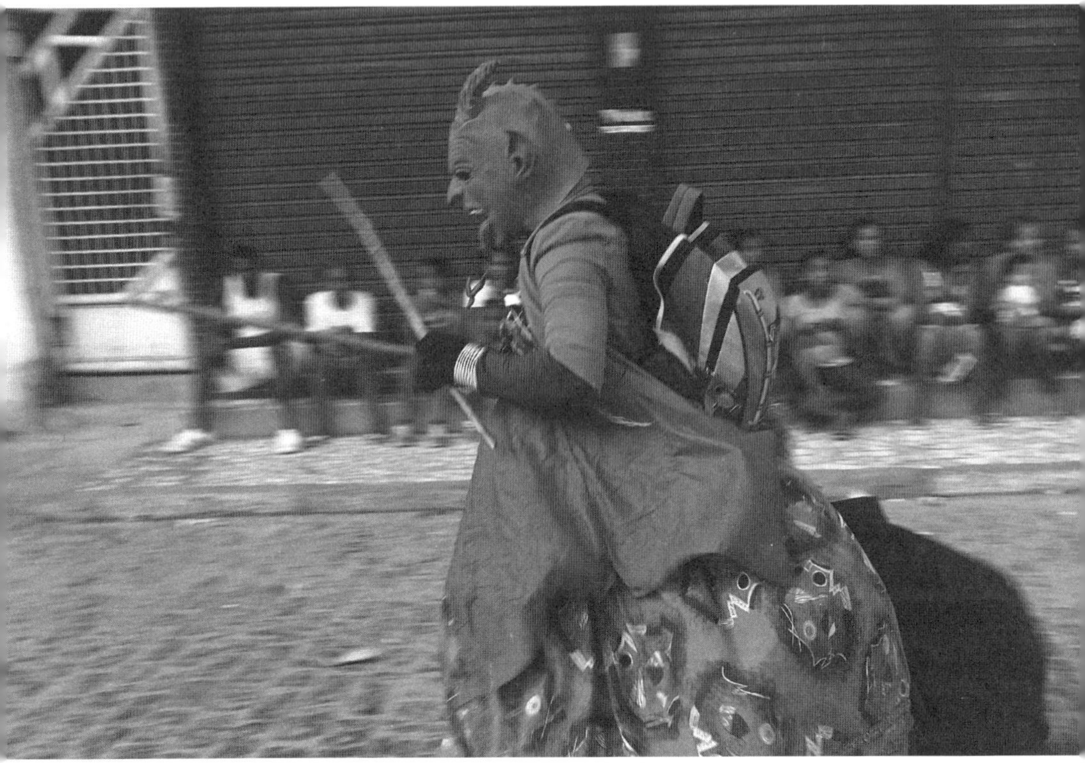

# Questão de pele

---

**E**la surgiu para esconder as vergonhas, mas hoje em dia revela o íntimo de cada um. A roupa é o sinal instantâneo da autoimagem que queremos exibir. E, na visão da grande dama da moda, ela pode ser uma arma poderosa e infalível:

"Vista-se mal, e notarão o vestido. Vista-se bem, e notarão a mulher".

Mademoiselle Chanel revolucionou, não apenas porque libertou a mulher dos trajes desconfortáveis e rígidos do fim do século XIX. Mas porque valorizou o senso crítico:

"O mais corajoso dos atos ainda é pensar com a própria cabeça".

Se os tempos modernos desafiam nossas escolhas em nome da sustentabilidade, invocar a genialidade de Coco Chanel pode ser norteador. Foi o que eu fiz quando recebi um presente, que chegou cheio de recomendações:

– Tenha muito cuidado, guarde-o em lugar fresco e escuro, e, se sujar, leve a um especialista. Esta pele pertenceu à sua avó. É um vison!

Vesti e imediatamente senti o poder de transformação do visual. A peça macia e felpuda, de cor castanha, tinha a pelagem espessa, brilhante e vistosa. Embora com mais de meio século, mantinha um design atemporal. Envolta na altura dos ombros, proporcionava uma sensação de conforto e proteção. Era a mais perfeita tradução do luxo, o acessório que permitia a metáfora: os diamantes estão para as orelhas assim como a pele está para o corpo.

Chegou o dia de exibi-la. A noite do casamento estava mesmo fria em São Paulo, coisa rara nos últimos invernos. A festa era de gala, num endereço tradicional da cidade, o Jockey Clube. Escolhi um vestido de seda preto, me enrolei no vison e me perfumei, afinal, segundo nossa musa:

"Uma mulher sem perfume não tem futuro!".

Mas a última olhada no espelho, em vez de glamour, revelava inquietação:

Eu sabia que o animal havia sido morto numa época em que não existia o risco de extinção da espécie. Tinha certeza de que ninguém iria me hostilizar na festa, pois grande parte das mulheres estaria ostentando a sua estola ou casaco de pele.

## Questão de pele

Possuía o aval da papisa da moda, Anna Wintour, editora da Vogue americana, fã incondicional de peles e uma das responsáveis pela *fur mania* atual, um *boom* que não se via desde os anos 1980.

Tinha, portanto, razões de sobra para usar o bicho, mas nenhuma tão contundente quanto a deixada pelo legado de Chanel:

"A moda não é algo presente apenas nas roupas. A moda está no céu, nas ruas, a moda tem a ver com ideias, a forma como vivemos, o que está acontecendo".

Não poderia ignorar que, se usasse o vison, vestiria a capa da indiferença diante de um mercado cruel e fútil, que não para de crescer.

De acordo com a Peta (Pessoas pela Ética no Tratamento de Animais), a indústria da pele mata 50 milhões de animais por ano no mundo. Só na China, a produção atingiu números entre 20 e 25 milhões em 2010, ao passo que, no ano 2000, oscilava entre oito e dez milhões de peles. A organização beneficente invade desfiles de moda e aterroriza as donas do acessório, jogando baldes de tinta para inutilizar a peça. É uma forma de protestar contra os maltratos dispensados aos bichos, que passam suas vidas confinados em minúsculas gaiolas.

Para a extração da pele, são eletrocutados, asfixiados, envenenados, afogados ou estrangulados. Nem todos morrem imediatamente, alguns são esfolados ainda vivos! Em alguns locais, para que as peles fiquem intactas, corta-se a língua do animal, deixando-o sangrar até morrer.

A voz da consciência soprou mais uma vez ao meu ouvido e ouvi o conselho da mestra das agulhas:

"Elegância é recusar".

Abri mão da gostosa sensação térmica da pele morta do vison e fui às bodas.

No salão ricamente enfeitado, a fauna mórbida desfilava à minha frente. Era uma profusão de visons, chinchilas, raposas, zibelinas, cabras e cordeiros. Bichos montados, pendurados, entrelaçados em mulheres superproduzidas... e bem agasalhadas.

Toda concessão tem seu preço.

O ar gelado entrava pelas janelas e resfriava até a minha alma, obrigando-me a contorcer os músculos.

Mas, toda renúncia, a sua recompensa.

O desconforto em pouco tempo desapareceu, quando me senti envolvida pelo calor dos braços de um certo alguém. Como dizia Gabrielle Coco Chanel:

"Uma mulher precisa de apenas duas coisas na vida: um vestido preto e um homem que a ame".

### Comentários

**JCPereira**

A pele surgiu "para esconder as vergonhas"? Mas o que é isso, senhora? A senhora não existiria se não fossem as peles. Estivessem desprovidos das peles e as "Idades do Gelo" teriam matado seus ascendentes. Os animais fornecedores de peles não são mortos porque pessoas compram os casacos em que são transformados. Os animais fornecedores de peles só existem porque pessoas compram os casacos em que são transformados. Ou não seriam produzidos e criados. A senhora chama de organização beneficente um grupo de celerados que "invade desfiles de moda e aterroriza as donas do acessório, jogando baldes de tinta para inutilizar a peça". Não são desrespeitadores do direito de propriedade? O direito de propriedade não é absolutamente indispensável à liberdade? Eles são contra a liberdade. Pon-

## Questão de pele

to! A senhora escreve de maneira elegante. É agradável lê-la. Mas todo escrito ou falado tem fundo e forma. Então, a forma é muito boa. Mesmo! Mas o fundo é um desastre ambiental.

### Eduardo

Que comentário infeliz do JCpereira. Tratarei de refutá-lo:
"A senhora não existiria se não fossem as peles. Estivessem desprovidos das peles e as Idades do Gelo teriam matado seus ascendentes".
Ah, tá, então a necessidade de algo num determinado momento histórico justifica sua prática *ad aeternum*? Isso me parece uma falácia lógica conhecida como *ad antiquitatem*. Para mais informações, pergunte a um filósofo ou desatrofie seu cérebro.
"A senhora chama de organização beneficente um grupo de celerados que invade desfiles de moda e aterroriza as donas do acessório, jogando baldes de tinta para inutilizar a peça. Não são desrespeitadores do direito de propriedade? O direito de propriedade não é absolutamente indispensável à liberdade? Eles são contra a liberdade". Que implicações absurdas, hahaha.
Há poucos séculos, alguém que libertasse escravos negros de seu "senhor" também seria "desrespeitador do direito de propriedade". Segundo a sua lógica legalista, estes seriam "contra a liberdade", hehehehe, assim como os que hoje lutam pela libertação animal e pelos direitos dos animais. Corpos não deveriam ser apropriáveis, sejam eles humanos ou não.

### Jorge Gerônimo Hipólito

Caros amigos e amigas, durante alguns anos, e por conta da minha profissão, proferia palestras sobre educação ambiental nas escolas e, óbvio, insistentemente eu procurava ou me esforçava para conscientizar os jovens sobre a preservação do meio ambiente. Entretanto, eu percebia que a maioria detém apenas conhecimento. Explico: com relação ao artigo que comento, gostaria de lembrar – por exemplo, as pessoas que adquirem casacos de pele, normalmente, são aquelas pertencentes a uma classe social mais elevada, ou seja, A e B e, por conseguinte, são essas pessoas que, pela lógica, possuem maior grau de escolaridade e cultura, mas, infelizmente, são ambientalmente analfabetas.

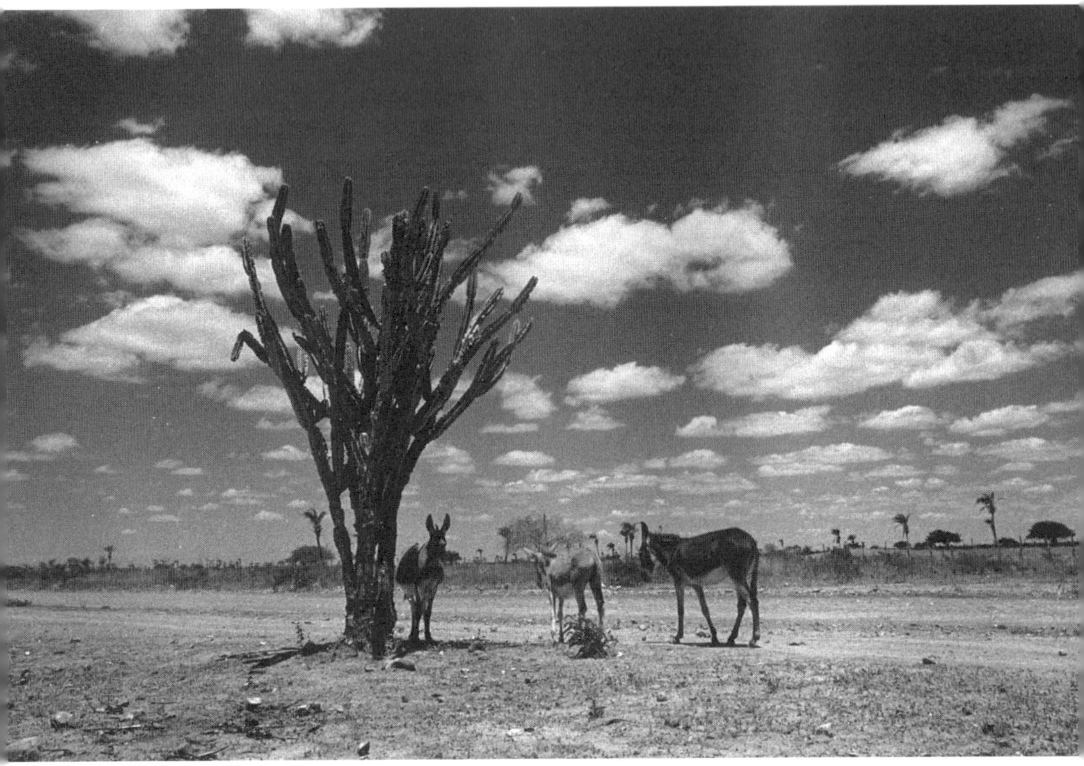

# Animal de extirpação

Conheci a Gica por meio de uma grande amiga, e logo me encantei. Morena, alta, de porte elegante, farta de curvas e músculos... uma imagem de alegria estampada na face de olhos claros, vivos e de sorriso fácil. A admiração aumentou quando ela me revelou sua surpreendente história profissional. Executiva do mercado financeiro, conhecia os luxos e privilégios que o dinheiro proporciona e gozava de prestígio nas rodas do poder. Mas não sabia como se livrar de um imenso vazio no coração, uma dor que a invadia, sobretudo quando refletia sobre o sentido da vida.

Numa praia do sul da Bahia, ela contemplava o imenso mar, quando pediu um sinal ao universo: teria êxito se largasse o mundo corporativo de Wall Street e se dedicasse a algum projeto de conservação ambiental? Eis que, segundos depois, ainda com os olhos fixos na imensidão azul, uma enorme tartaruga emerge das águas e, numa manobra espetacular, exibe quase todo o corpo para Gica.

– Fiquei atônita, Rosana. Entendi como uma benção, um ritual sagrado de passagem!

Desde então, Gica é paisagista, ganha o pão criando jardins verticais que ficam pendurados em paredes, e se dedica a promover os ideais da sustentabilidade.

Hoje, ela me enviou um pedido para participar de um abaixo-assinado promovido pelo Peta (Pessoas pelo Tratamento Ético dos Animais), em favor de cavalos de carga explorados e castigados mundo a fora.

– Clamo pelo dia em que nós, seres humanos, iremos entender que estamos aqui para cuidar, amar e zelar todas as formas de vida –, diz Gica a dezenas de amigos, pela internet.

As fotos dos abusos eram, de fato, revoltantes.

O teor de denúncia da mensagem da Gica coincidiu com uma notícia, estampada no caderno Vida do jornal O Estado de S. Paulo, em 21 de outubro de 2010. Em mais um protesto, ativistas da ONG Peta aparecem confinados em gaiolas para pedir o boicote ao KFC, restaurante especializado em frango, em Johanesburgo, na África do Sul. Os cartazes exibidos lembram que os animais são torturados, têm seus membros quebrados, vivem confinados e são escaldados vivos.

É verdade que em diversas partes do mundo procura-se impor regras mais "humanas" de abate, ou a proibição de atos que impli-

## Questão de pele

quem sofrimento, como a "briga de galo" e a "briga de canários", mesmo sendo costumes culturais enraizados. Há uma crescente mobilização popular contra as touradas na Espanha e no México.

A Declaração Universal dos Direitos dos Animais, da Unesco, prescreve o direito de o bicho "não ser humilhado para simples diversão ou ganhos comerciais", bem como "não ser submetido a sofrimentos físicos ou comportamentos antinaturais". O artigo 14 da Carta da Terra, criada na Rio+5, diz que devemos tratar todas as criaturas decentemente e protegê-las da crueldade, sofrimento e matança desnecessária.

Em nossas leis, maltratar animais, domésticos ou selvagens, caracteriza-se crime ecológico, conforme o artigo 32 da Lei nº 9.605, de 13 de fevereiro de 1998, com detenção de três meses a um ano, e multa. Existe, ainda, uma legislação específica que disciplina a utilização de animais em experiências científicas.

Mas o arcabouço jurídico e a mobilização de grupos setoriais não dão conta de coibir a violência, que também ocorre em escala industrial no mundo todo. Além dos frangos, há bovinos, suínos, patos, visons, chinchilas etc. sendo mortos com requintes de crueldade.

"A grandeza de uma nação e o seu progresso moral podem ser avaliados pela forma como tratam os seus animais", nos legou Mahatma Gandhi.

A nova mentalidade do século XXI entende que os animais não são máquinas de gerar lucro e é preciso ter ética em relação às escolhas alimentares ou de vestuário, uma que somos a ponta desta cadeia produtiva e, portanto, responsáveis indiretos pela matança indiscriminada.

É sabido que, apesar da proibição legal de pesca da lagosta em época de reprodução, o crustáceo é servido em restaurantes durante os 12 meses do ano. No mar Cáspio, o contrabando e a pesca clandestina dos esturjões já anuncia a extinção da espécie. O bacalhau e o atum estão condenados a sumir dos mares. Em Alagoas, o camarão Pitu, de água doce, já virou artigo raro e é vendido bem antes de atingir o tamanho adulto.

Quando a nossa querida Gica respondeu ao chamado que revolucionou sua vida, e juntou-se ao tímido exército de salvação da natureza, livrou-se do estresse diário e da típica voracidade do mercado financeiro pelo lucro. Mas empreendeu uma guerra infinitamente mais árdua: a de abrir os olhos de uma humanidade cega e errante, a caminho da autodestruição.

### Comentários

#### Laura

Temos que ressaltar que existem legislações nacionais e internacionais que prezam pelo bem-estar dos animais de forma cada vez mais rigorosa, e também se observa a questão ambiental referente aos efluentes dos locais de abate. Concordo que é completamente inadmissível um animal ser escaldado vivo, mas isso não deve ocorrer em abatedouros que seguem as leis brasileiras. Os médicos veterinários são os responsáveis pela inspeção de todos os produtos de origem animal, e nisso se inclui o momento de abate, que deve ser realizado de forma a minimizar o sofrimento dos animais, denominado abate humanitário. As criações animais regularizadas devem prover a seus animais pelo menos seus cinco direitos. Existe um Programa Nacional de Abate Humanitário, acordo realizado entre a Sociedade Mundial de Proteção Animal (WSPA) e o Ministério da Agricultura, Pecuária e Abastecimento, para o treinamento de fiscais federais agropecuários e dos frigoríficos, para treinamento de docentes e também na atualização das legislações específicas de cada espécie, principalmente aves, suínos e bovinos. Deste modo, acho relevante expôr que os maus tratos não devem

## Questão de pele

ocorrer, mas esclarecer que existe legislação e fiscalização para conter o sofrimento desses animais no abate, e contrapor esta matéria com uma que demonstre a atuação desses órgãos que atuam para a obtenção de um abate humanitário.

### Armando

Limito-me somente a perguntar, com cautela, se não haveria um pouquinho de exagero (licença poética?) nos conceitos. Ao levar ao pé da letra, não deveríamos comer nem usar nada proveniente do mundo animal. Não existe maneira de usar animais como alimento, ou couro, ou ovos, ou etc., sem confiná-los e matá-los. Uma evolução deste radicalismo seria até imaginar que não deveríamos consumir nada, absolutamente nada, que utilize trabalho degradante na sua produção (nem tração animal). Que tal pensarmos um pouco em como são extraídos o ouro e as pedras preciosas? E as pérolas? Escala e relatividade são conceitos que deveriam estar presentes em tudo o que fazemos ou pensamos.

### Will

O homem é o animal mais forte da cadeia alimentar, azar o dos outros bichos. Vai de cada país impor limites para o que fazem com seus animais. Há um que trata as vacas (minha comida) como deuses, e têm países que tratam mulheres a pedradas. Isso é questão de lei, e não cabe a ninguém de fora do país julgar o que fazem ou deixam de fazer em território deles.

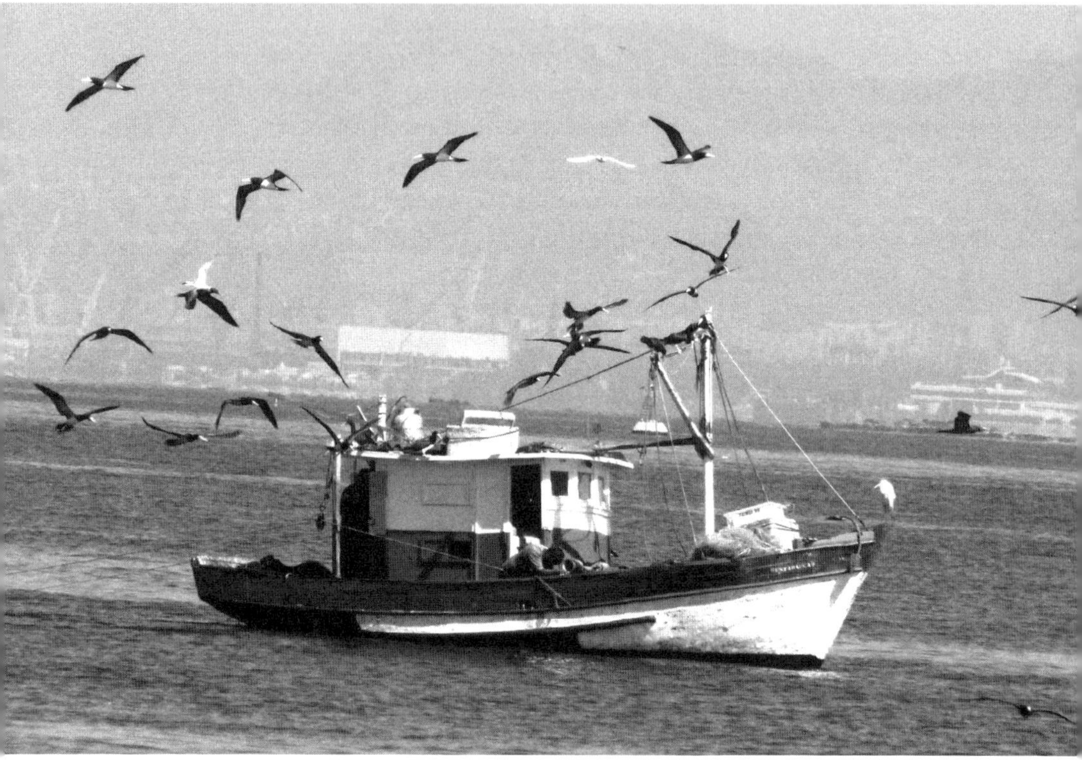

# Pirataria

---

Ao ler o jornal "O Estado de S. Paulo", constatei que há um perfil falso no portal "Você no Estadão" com meu nome. Alguém fazia campanha política em favor de um determinado candidato à presidência. No Twitter, também há um impostor cibernético que se passa por Rosana Jatobá. "Saqueada" em minhas ideias, sou vítima da pirataria virtual.

Dois anos atrás, a Justiça de Mato Grosso do Sul aceitou o argumento de que a sociedade brasileira aceita a compra e venda de produtos pirateados e absolveu, por unanimidade, um vendedor ambulante flagrado enquanto vendia CDs e DVDs piratas nas ruas de Campo Grande.

Em 2009, uma decisão da Justiça de Minas absolveu um vendedor de mercadorias piratas sob a justificativa de que a prática é "fomentada" pelo Estado. "Diversos são os shoppings populares, autorizados pelo Estado, para comercialização de artigos ditos "populares", mas que, na verdade, são uma grande feira de pirataria", diz a decisão de MG.

Em Belo Horizonte, uma empresa brasileira conseguiu na Justiça o direito de não ter de indenizar as empresas norte-americanas Microsoft Corporation e Autodesk Inc. por usar seus programas de computador sem licença. A decisão foi tomada por maioria de votos. Para os desembargadores, as empresas estrangeiras "não comprovaram a reciprocidade de proteção dos direitos autorais necessária para a proteção de empresas estrangeiras".

O tema é muito controverso. E exige um novo olhar. Sem abandono dos princípios éticos, que legitimam a defesa dos direitos autorais, precisamos compreender o movimento social que clama por uma mudança nos padrões de disseminação dos bens culturais e materiais.

**COMENTÁRIOS:**

ARLINDO BORGES

Com certeza a pirataria tem muitos aspectos, e um deles é a prática igual a um traficante de drogas que muitas empresas adotam. Vou dar o exemplo da Microsoft: tenho no meu computador uma cópia pirata do Windows 7, várias vezes recebo mensagens do programa me avisando que é uma cópia pirata e me dando a opção de comprar, pela internet, uma cópia original. Ora, se eles sabem que é pirata, por que não a bloqueiam? Não bloqueiam

## Questão de pele

porque interessa para eles ofertarem o programa padão de mercado, o que todo mundo tem. Assim como o traficante que oferece de graça as primeiras doses da droga, para poder cobrar caro, depois que o incauto estiver viciado. Eles toleram a pirataria, porque isso nos vicia no programa deles, fica fácil, posso enviar para a Moldávia um arquivo em Word ou uma planilha em Excel que quem receber vai conseguir abrir, porque eles são o padrão de mercado. Se começarem a bloquear as cópias piratas, abrem espaço para a entrada de programas gratuitos e, então, deixam de ser o padrão, ou seja, nos livraríamos do vício do programa deles e eles não poderiam cobrar o absurdo que cobram por uma cópia de programa. Assim, no cúmulo da hipocrisia, quando pegam algumas pequenas empresas com uma cópia pirata, vão com todo o peso dos bilhões de dólares da Microsoft para dar uma lição com o objetivo de amedrontar outros usuários de cópias piratas para que comprem, a peso de ouro, uma cópia original. Eu vivi isso de perto, um processo judicial da Microsoft destruiu a empresa em que eu trabalhava, dez pessoas perderam o emprego e meu ex-patrão até hoje não se recuperou financeiramente. Aliás, outra coincidência com drogas: tanto nos programas de computador quanto nas drogas, nós somos "usuários".

PAGAN SENIOR
Atrevo-me a dizer que seu presente envolvimento com sustentabilidade mais a preocupação com acesso aos bens culturais ("precisamos compreender o movimento social que clama por uma mudança nos padrões de disseminação dos bens culturais e materiais") constitui-se um ponto cego – e todo ponto cego é perigoso – que lhe obscurece o entendimento e a correta análise dos fatos. A Microsoft perdeu sua ação por um detalhe jurídico que exigia reciprocidade na legislação de seu país. Pode parecer uma arbitrariedade, mas está baseado numa legislação. Mas o que está dizendo o tal juiz do MS ao camelô dos DVDs piratas? Será que não transigiu em sua competência? Cabe a um juíz decidir o que a sociedade aceita? Não seria esse um assunto constitucional e, portanto, sob a guarda do STF?
O que mais a sociedade aceita? Ora, se há comércio de drogas, é porque há quem as consuma; se há máquinas de jogos ilegais, é porque há quem as use; se há corrupção na máquina pública, é porque há

quem os corrompa; se há... é porque... E como fica? Tudo pode? Não é isso que está sendo dito ao camelô? Não é isso mesmo que ele fará na manhã seguinte?

Esse raciocínio é o que valida todo o sistema da Lei de Gerson entre nós. Sei que é proibido trafegar pelo acostamento, mas eu estou vendo que não tem perigo e ganho algum tempo... eu compro sem nota porque os impostos são mal utilizados e com isso ganho algum desconto, eu enxergo mais e melhor e tenho mais direitos. Se não concordo com a cadeia produtiva de terminado produto, eu simplesmente não compro esse produto, nem original, nem falsificado, porque, ao comprar produtos falsificados, estou dando aval a uma outra cadeia produtiva igualmente perversa. Não posso justificar meus malfeitos pelos malfeitos dos outros. Se o detentor dos direitos de determinado produto é ganancioso, eu não o compro. Não posso fazer justiça com as próprias mãos e em meu proveito próprio. Se um produto é de interesse social, mas está submetido à ganância de seus produtores, cabe aos poderes públicos regularem a questão. Vide medicamentos genéricos, quebras de patentes, softwares gratuitos etc. Mas uma bolsa Gucci não é de interesse social, e então se coloca a questão: quem é o ganancioso, o produtor do original ou o consumidor do falsificado? O próprio mercado tem instrumentos reguladores à disposição. A mudança de modelo ocorrerá, pode ter certeza, em parte por causa pirataria, mas em parte também porque se apresentam outras possibilidades e oportunidades. Concordo com o Sr. Arlindo Borges, que denuncia que os próprios criadores de softwares se aproveitaram da pirataria para transformar seus produtos em referências de mercado. É verdade. Mas isso não justifica a questão pessoal, de foro íntimo. Há algo que antecede ideologias políticas, sistemas de governo, teorias sociológicas, moda, moral e costumes: a ética. Esta não varia, não depende, não é relativa. Ela te permite dormir tranquilo em qualquer circunstância.

**Questão de pele**

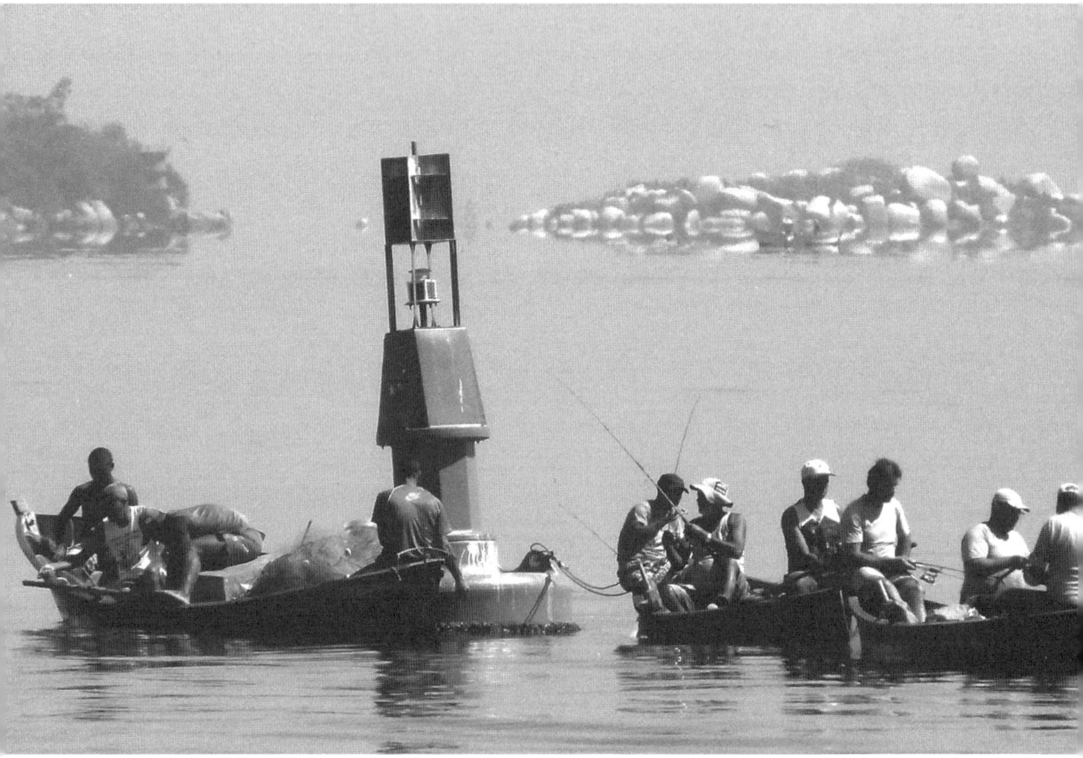

# Piratas e picaretas modernos

Depois de bater perna pela rua Oscar Freire, atraída pelas vitrines em liquidação, Patricia avisa à amiga:

– Preciso ir à 25 de março. Tenho que comprar minha Gucci. Soube que os coreanos estão fazendo cópias perfeitas!

– E se alguém descobrir que é falsa?

– Do jeito que eu sou fina e descolada, ninguém vai desconfiar. No meu *métier*, é preciso usar certos símbolos de status social...

– Você não acha melhor ir até a loja da Gucci e investir numa bolsa verdadeira? Você terá um produto de qualidade, que suas netas poderão herdar. Veja o custo-benefício.

– Você acha que eu tenho três mil reais pra dar numa bolsa?

– Mas eles dividem em até cinco vezes no cartão.

– Nem se dividissem em 20 vezes! Acho um absurdo a ganância desses empresários da moda internacional.

– E quem paga a pesquisa feita pra desenvolver um produto como este? Quem paga a matéria-prima de primeira? E o trabalho artesanal? Já ouviu falar em propriedade intelectual?

– Não sei quem paga. Eu é que não pago!

A conversa se esvazia na abordagem superficial dos direitos do autor.

Enquanto isso, do outro lado do mundo, o jornalista italiano Roberto Saviano lança o livro *Gomorra*, em que revela o modelo de produção de grifes italianas. Para reduzir os custos, as grandes marcas terceirizaram os serviços de tecelagem, normalmente em países da Ásia, por meio de um sistema de concorrência.

A grife desenha as roupas e entrega os modelos para inúmeras pequenas confecções. Imigrantes ilegais trabalham dia e noite, num regime análogo ao da escravidão, obrigados a produzir mais e em menos tempo. A confecção que ganha a concorrência é paga. Quem perde, não ganha nada, mas pode ficar com as roupas produzidas. Este "encalhe" vai para as mãos de comerciantes informais. O mercado é inundado por roupas e acessórios piratas infinitamente mais baratos do que os originais e com um alto padrão de qualidade.

### Questão de pele

Segundo dados da Câmara Internacional de Comércio (ICC), mercadorias falsificadas representam em torno de cinco a 7% do comércio mundial.

Dos guetos de Pequim para a 25 de março, a bolsa da Patrícia chega de navio, invisível aos olhos de quem fiscaliza.

Eu pergunto: se a poderosa indústria da moda não garante um processo de produção social e ambientalmente responsáveis, quem vai exigir tal responsabilidade do consumidor?

Eu respondo: historicamente, as leis criadas para proteger a propriedade e o lucro são mais severas e efetivas do que as que foram implantadas para defender a vida e a dignidade.

Ali mesmo, na 25, o motoboy Gilvan encontra o desejado DVD que vai assistir com a família no fim de semana. Mas, antes, ouve a provocação do colega de profissão.

— Seu Capitão Gancho do asfalto, qualquer hora dessas tu vai ser preso. Pirataria é crime!

— A 25 tá cheia de polícia e em toda esquina tem venda de produto pirata, na cara dos homens da lei. O próprio presidente Lula assistiu a "Dois Filhos de Francisco" em cópia pirata. Se eu posso comprar o DVD por quatro reais, por que pagar 40?

— Tá sonegando imposto e incentivando o crime organizado!

— Se eu pagar imposto, aí é que vou incentivar o crime organizado. Ou você conhece quadrilha mais organizada que o governo, que toma os impostos e não devolve nada ao povo? Pelo contrário, enfiam o meu dinheiro nas meias e cuecas. "Ladrão que rouba ladrão tem cem anos de perdão." E eu ainda tô ajudando o camelô, coitado, que tá trabalhando, em vez de assaltar por aí.

Enquanto isso, o pesquisador Pablo Ortellado, do GPOPAI (Grupo de Pesquisa em Políticas Públicas para o Acesso à Informação), da USP (Universidade de São Paulo), legitima o comportamento do Gilvan:

– Vejamos o caso da pirataria comercial, na venda em camelôs, que é uma transação comercial e um empreendimento de capital de pequeno porte. Quando esse tipo de pirataria é voltado para o segmento popular, ele tem a característica de oferecer às pessoas pobres o acesso a bens culturais digitais. O benefício comercial é enorme: a estimativa é de que se multiplica por sete o acesso à música e por 2,5 aos filmes. Isso não causa prejuízo significativo para a indústria porque essas pessoas estavam excluídas do mercado, pois não têm meios econômicos para pagar 30 reais em um CD ou 60 em um DVD.

Em uma outra universidade, o aluno Marvin sente-se à vontade para contar como usa os programas de compartilhamento na internet:

– Faço parte do grupo musical da minha igreja e posso afirmar que mais de 70% dos CDs e playbacks utilizados por grupos e corais são piratas. Quem nunca usou uma imagem em seu blog que não foi criada pelo próprio blogueiro? Quem não baixou ou deixou alguém instalar um programa sem a compra da licença? Será que todos os programas que as pessoas têm em seus computadores foram comprados em lojas de produtos de informática?

Marvin engrossa as estatísticas. Entre os brasileiros que têm internet em casa, 45% revelam que baixam conteúdo pirata.

Eu pergunto: considerando que a internet é uma rede baseada em computação digital, copiar arquivos digitais ou baixar um arquivo que está disponível é pirataria?

### Questão de pele

Desta vez, quem responde é Sérgio Amadeu da Silveira, sociólogo e doutor em ciência política pela Universidade de São Paulo:

"Os negócios construídos no mundo industrial não têm mais sentido nas redes digitais. No mundo das redes digitais, quando alguém copia um arquivo, não está tomando nada do original. É equivocada a ação das indústrias de copyright no mundo das redes digitais. Falar para não copiar nas redes digitais é ir contra a natureza técnica das próprias redes. A indústria agonizou sem se adaptar à nova situação tecnológica do mundo, e optou por reagir à pirataria de uma maneira repressiva. Só agora, há cerca de dois anos, é que efetivamente começou a desenvolver novos modelos de negócio, com a venda de música digital a preços mais baratos".

Patrícias, Gilvans e Marvins representam a parcela de 72% da sociedade que admite já ter utilizado um produto pirata.

Antes da crítica feroz, vale uma reflexão.

Tomemos o cuidado de não virarmos "piratas sociais", seres que ouvem ou leem as versões lançadas pelos governos ou pela indústria, apropriam-se das informações oficiais e tecem longos discursos moralizadores.

O crescimento econômico não pode ser um fim em si mesmo a serviço de um modelo predador. Precisa atingir objetivos sociais de sustentabilidade, que prega uma sociedade múltipla, em que todos são ouvidos e valorizados em seus desejos e necessidades.

Rosana Jatobá

## Comentários

### Silvia Affiune

Um ponto importante do seu texto são as desculpas que criamos para atos "duvidosos". Se irão administrar mal os impostos, não é desculpa para deixar de cumprir com meu papel. Se fosse assim, poderíamos abandonar toda ética e respeito ao próximo. Aprendi desde cedo, com minha mãe, que se não posso pagar, não devo ter.

### Zezé Dias

O maior incentivador da pirataria é o próprio governo, quando persiste em manter a escorchante carga tributária sobre os produtos industrializados. Recentemente precisei comprar um cartão de memória de um gigabyte para uma câmera digital. Preço do original: R$ 130,00. Preço do pirata com dois gigabytes: R$ 40,00.
Se eu tivesse a mesma facilidade que grande parte dos políticos têm para desviar dinheiro público e ficar impunes, eu teria comprado o original!
O arrocho tributário e a impunidade dos crimes cometidos pela corja da politicalha, que faz de suas canetas um verdadeiro pé-de-cabra para arrombar os cofres da nação, é o câncer bem mais perverso e mais danoso que a pirataria.

### Rita Carvalho

Seu artigo é excelente e percebo como o debate no Brasil ainda passa pelo dilema "comprar ou não" e "moral e ética". Vivendo na China, a distinção entre o original e o *fake* é o grande desafio porque, apesar da moral e da ética que aprendi na minha infância, conheci em Pequim somente um advogado alemão especializado em IPR que secretamente lamentava o fato de não poder comprar nada *fake*, pois o seu contrato de trabalho o proibia de forma explícita. O que faria se sua esposa comprasse? Todos compram ainda, mas os mercados *fakes* diminuíram significativamente depois das Olimpíadas de 2008 e da considerável pressão internacional, porque Beijing é o centro com forte controle do governo, fora de Beijing, e principalmente na região de Guangzhou, existe outra realidade. Certa vez estive visitando

## Questão de pele

a grande feira de cantão em Guangzhou. Era o primeiro dia e observava a torre de babel que se formava nos portões de entrada. Todos os continentes designados em um crachá como "Buyer", literalmente. De repente, vi aquela faixa branca enorme escrita en "chinglish" vermelho: "China e outros países lutam juntos contra a pirataria". Enquanto isso, tentava entender a luta que se formava para chegar primeiro quando os portões finalmente foram abertos.

WALNICE

Lendo este texto tão bem escrito, passou por minha cabeça uma teoria que provavelmente poderá vir a ser considerada maluca ou mero devaneio, de uma reles e desconhecida mortal. Mas por que não jogá-la ao ar? 1) Quem nos garante que os produtos comercializados como piratas não tenham a mesma origem dos ditos originais? 2) O que as grandes empresas fazem com os produtos que não passam pelo controle de qualidade? 3) Quem nos garante que, para burlar o fisco, as próprias empresas não lançam os "piratas" no mercado por um valor, onde não estejam incluídos os direitos autorais e a incidência dos impostos abusivos cobrados em nosso país? Fato esse que poderia vir a explicar a comercialização de CDs e DVDs piratas antes mesmo de seu lançamento oficial?

SILVIA AFFIUNE

Outro ponto importante são as desculpas que criamos para atos "duvidosos". Se irão administrar mal os impostos, não é desculpa para deixar de cumprir com meu papel. Se fosse assim, poderíamos abandonar toda a ética e o respeito ao próximo. Aprendi desde cedo, com minha mãe, que, se não posso pagar, não devo ter.

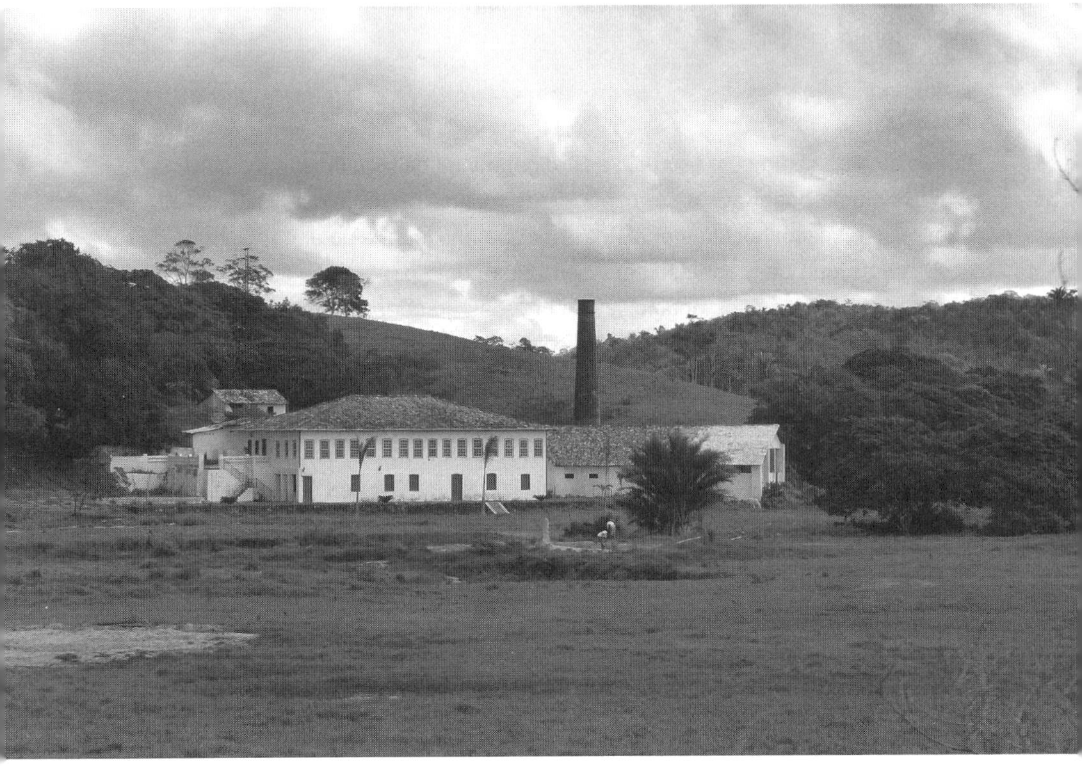

# Herança de família

Antes de lançar sua biografia, Cid Moreira me ligou, interessado em saber a origem do meu sobrenome:
— Você é parente do Luiz Jatobá? Ele era o meu ídolo. Tinha a voz mais linda, foi o apresentador do primeiro noticiário da televisão brasileira. Trabalhamos juntos na extinta TV Tupi. Foi o único a representar o Brasil na Columbia Broadcasting System, em Nova York. Brilhou por muito tempo gravando trailer de cinema e, quando voltou para o Brasil, foi lançado como repórter Esso. Estou tentando localizar a família dele, a fim de conseguir fotos e informa-

ções para o meu livro. Poderia me usurpar da grandeza alheia. Afinal, Jatobá é um sobrenome incomum. E, se conhecido por meio da televisão, a associação parecia inevitável.

Mas preferi a verdade, principio que herdei de um outro "galho da mesma espécie", um homem também muito especial.

– Muita gente me pergunta sobre o Luiz, Cid. Mas somos de famílias diferentes. A minha é da Bahia, e a dele, de Maceió.

– Pensei que esse seu dom para a comunicação fosse herança do Luiz.

– É legado do meu pai: Agenor Cefas Cavalcante Jatobá, filho de Agenor e Rozentina, nascido em Campo Formoso, interior da Bahia. Discursa com a veemência de quem domina o poder da retórica. Seduz com os encantos da língua e convence com os artifícios da inteligência! Se fosse radialista ou jornalista, teria feito o mesmo sucesso.

– Quem sai aos seus, não degenera! Disse o lendário apresentador do Jornal Nacional. Por tudo que herdei do meu pai – o dom da palavra, o gênio forte, o senso de justiça – sou profundamente grata. Mas se a inveja me concede uma licença, poderia apontar a sua generosidade. Aposentado como Juiz de Direito, advoga as causas dos pobres, a quem destina grande parte do tempo e uma quantia impublicável dos proventos. Assume as dificuldades dos amigos e os calotes dos espertos, sem esperar recompensa.

Diante da provocação dos filhos:

– Você poderia aproveitar seu tempo livre para viajar mais, gastar com trajes mais finos, desfrutar da boa comida, presentear sua mulher com jóias, meu pai!

Ele responde, impávido:

### Questão de pele

— Não posso sentir prazer em satisfazer esses desejos quando vejo meu próximo passando fome!

Dr. Jatobá é um voluntário desses que amam a solidariedade e orgulham qualquer ativista da responsabilidade social. É um dos 42 milhões de brasileiros anônimos que, de acordo com o Instituto de Pesquisas Econômicas Aplicadas (IPEA), dedicam-se a fazer o bem.

Nos últimos cinco anos, o número de voluntários no país dobrou, em virtude das campanhas fomentadas pela ONU, mas ainda é considerado baixo se comparado ao índice de países desenvolvidos.

Pesquisas apontam que, nos Estados Unidos, uma em cada três pessoas desenvolve este tipo de atividade. Entre os jovens, a proporção é ainda maior: seis em cada dez jovens americanos participam de atividades voluntárias. No Brasil, apenas 7% dos jovens são voluntários. Mas a boa notícia é que, segundo dados do Instituto Brasileiro de Geografia e Estatísticas (IBGE), mais de 60% dos brasileiros entrevistados disseram possuir desejo de trabalhar como voluntários se soubessem como e onde ajudar.

Pela força do gene, e do exemplo paterno, espero um dia responder a este chamado de compromisso com o próximo, de descobrir esta sensação de paz e gratidão, comum aos voluntários, que faz brilhar os olhos do meu pai.

Confesso que ainda tenho o coração endurecido, que é menor que o ego e seus egoísmos. No entanto, a experiência da maternidade renova as esperanças. Inspiro-me na seguinte frase, vencedora em um congresso sobre vida sustentável:

"Todo mundo está 'pensando' em deixar um planeta melhor para nossos filhos... Quando é que se 'pensará' em deixar filhos melhores para o nosso planeta?".

### Rosana Jatobá

Afinal, como diz o mais famoso apresentador da TV brasileira: "Quem sai aos seus não degenera!".

Ouça a voz do Luiz Jatobá acessando o link abaixo:
<http://www.vozesbrasileiras.com.br/html/galeria.html>

#### COMENTÁRIOS

##### RITA DE CÁSSIA BARRETO SÁ

Deparei-me com seu relato a respeito do exemplo de abnegação e humanidade de seu pai. Dentre todas as reflexões que podemos fazer sobre seu texto, a que mais me procupa hoje, é, sem dúvida, como estará o nosso mundo daqui há 10, 15 anos. Acredito que este intervalo de tempo seja suficiente para colhermos os frutos do nosso egoísmo, da preocupação exacerbada com a aparência, da extravagância de uns e da escassez de outros. Nossos filhos, netos, bisnetos, comandarão o futuro da nação, do planeta. Para que haja sustentabilidade é necessário, que desenvolvamos essa consciência de que somos exemplo pelo que fazemos e não pelo que dizemos que deve ser feito.

##### SILVIA

Engraçado, a primeira vez que ouvi esse lance de que tipo de crianças deixaremos para o mundo, foi pela voz do meu marido, semianalfabeto e com uma sabedoria e inteligência incríveis! Deixei de fazer churrascos, encontros na minha casa! Tenho a casa mais gostosa do mundo e estou tendo uma imensa dificuldade em manter os meus amigos depois dela... Sabe por quê? Os filhos deles! Seu filho faz xixi na picina? Assoa o nariz dentro e fora da água? Entra em casa todo molhado? Toma banho na piscina dos outros e pede toalha emprestado? Rabisca, ou melhor, desenha nas paredes da casa dos outros? Mexe na parte íntima na casa dos outros? Estraga, danifica plantas e demais coisas quando voce não presta atenção nele? Pede o que o dono da casa não poderia dar? Senhores pais, não mintam pra si mesmos! Nossos filhos estão cheios desses hábitos horrendos e nós não percebemos, parece que não queremos ver. Estou cheia dessas mães que

## Questão de pele

sentam, tomam cerveja e batem papo enquanto seus filhos depredam a minha casa, estou cheia de emprestar toalha. Ficarei sem amigos, mas sem crises de nervo extremo, sensação de uso! Converso abertamente com os meus, sempre falamos das feiuras das crianças que nos rodeiam e digo a eles o quanto os admiro por captarem essas pequenas coisas. Hoje são semiadultos e, graças a Deus, não passei vergonha; algumas, claro, são inevitáveis. Mas fica o alerta. Quer ver filho maleducado? Filho de rico! Pense numa galerinha que faz na casa dos outros, tudo o que faz na própria? Senhores pais, tirem a cortina de amor cego e "vejam" os hábitos feios de seus filhos. Sem isso, o mundo não será melhor... para eles mesmos!

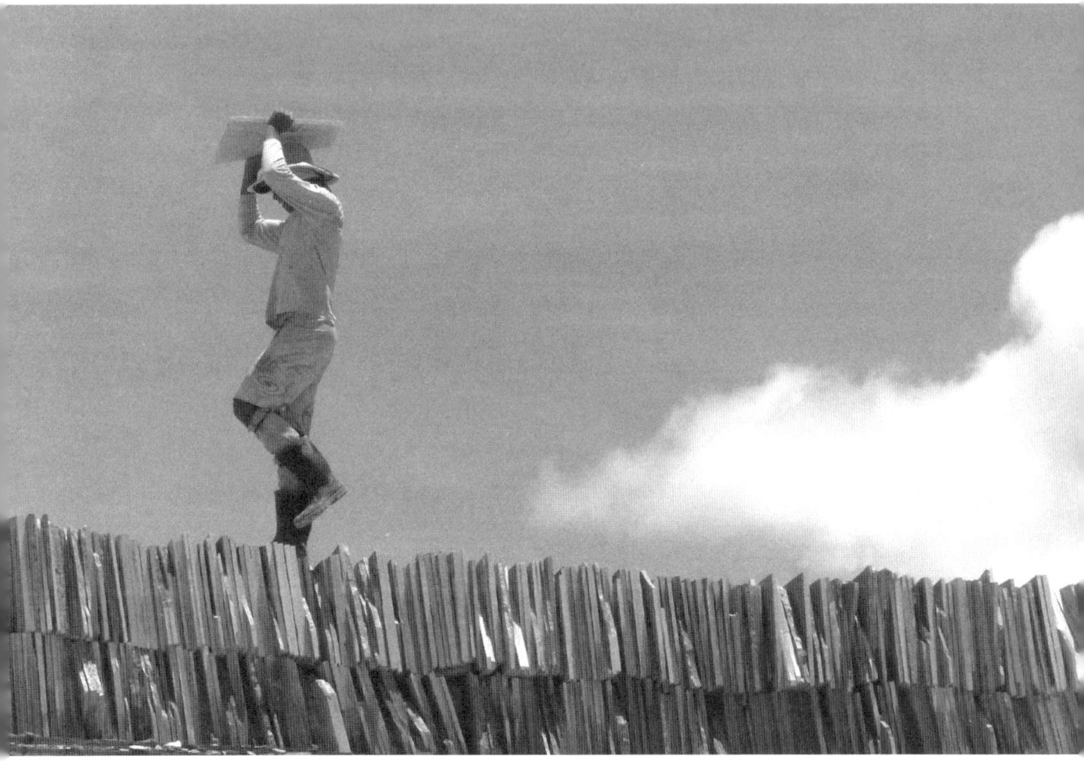

# Um bem-te-vi só faz verão!

---

O editor pediu pressa na gravação da nota. A hora do jornal se aproximava e tínhamos que contar aquela história de solidariedade. Um bem-te-vi enroscado em fios de alta tensão monopolizava as atenções em um bairro da zona norte da capital paulista. Qual seria o destino daquele ser indefeso, que alegrava as manhãs dos moradores com seu canto habitual? Teve gente que tentou resgatá-lo com uma vara, mas a teia que o prendia era por demais intrincada e os esforços foram em vão.

A ideia derradeira partiu de uma criança:

— Vamos chamar o corpo de bombeiros!

Os homens-heróis chegaram em pouco tempo e iniciaram o espetáculo. A escada Magirus se ergueu por dezenas de metros até alcançar o animal, que ao perceber a aproximação de seu redentor, permanecera calado, embora assustado.

De posse do passarinho, o bombeiro o exibiu para a plateia curiosa, de olhos arregalados, grudados no céu. Os aplausos encerraram o show de humanidade!

Narrei o episódio no SPTV segunda edição, com a sensação de estranheza. Numa metrópole como São Paulo, mergulhada no caos de ocorrências como incêndios, acidentes de veículos, afogamentos, deslizamentos etc., o corpo de bombeiros parara tudo e promovera uma operação daquela magnitude para salvar um simples bem-te-vi?

Em seguida, ocorreu-me que o bicho-homem, ao empreender tamanho esforço em favor de um reles pássaro, parecia querer se redimir de tantos maus tratos à natureza, buscava a indulgência e o contato com sua verdadeira essência animal.

— Que nada! — replicou o editor. Bicho na TV é pra quebrar a crueza do noticiário e garantir o ibope.

Intrigada com o caso, fui, no dia seguinte, moderar um debate sobre preservação ambiental. Era o lançamento de uma carta empresarial na qual grandes empresas declaram uma série de compromissos para a conservação e o uso sustentável da biodiversidade. Nada mais oportuno, uma vez que, duas semanas mais tarde, se realizaria em Nagoya, no Japão, a reunião da convenção sobre diversidade biológica da ONU, o evento mais importante sobre biodiversidade do planeta. E o Brasil anda a passos de tartaruga nessa área, com apenas 1,5% dos ecossistemas costeiros e marítimos pro-

## Questão de pele

tegidos por lei, por exemplo. A exceção é a Amazônia, nossa mais vistosa vitrine, onde 40% da floresta estão sob alguma forma de proteção.

A história do bem-te-vi me veio à mente e inspirou a primeira pergunta aos representantes das empresas Natura, Alcoa, Vale e Wal-Mart:

– A sua empresa tem o real compromisso com o meio ambiente ou uma poderosa estratégia de marketing para vender a imagem "verde"?

Não houve demagogia nos discursos.

Os projetos de conservação ambiental e de responsabilidade social promovidos pelas empresas fazem parte de um plano para torná-las mais competitivas, mesmo à custa de uma reestruturação trabalhosa e cara. É uma questão de oportunidade de surfar a onda da sustentabilidade adotada pelo mundo corporativo. E de medo de ficar à margem do mercado. Pesquisa feita pela IPSOS neste ano, divulgada no encontro, não deixava dúvidas sobre as intenções dos empresários frente a importantes dados: 81% dos consumidores brasileiros entrevistados declararam que deixariam de comprar produtos de empresas que desconsideram práticas éticas de fornecimento. E 82% dos consumidores têm mais confiança nas empresas que se submetem a uma verificação independente da cadeia produtiva.

No Reino Unido, cerca de metade dos respondentes indicou que estaria disposta a pagar entre 10 e 25% a mais em compras para compensar os impactos sobre a biodiversidade e os ecossistemas.

Vê-se, portanto, que quem pauta a indústria é consumidor. Se nós detemos o poder na relação de consumo, porque não exercê-lo, buscando a revolução, como fazem os homens de negócios? Dar preferência a produtos, cuja cadeia produtiva considera a variável do impacto sócio-ambiental é uma forma de libertar os bem-te-vis aprisionados pelo atual modelo econômico. Se as empresas são escravas da imagem e do lucro, nós somos livres para fazermos escolhas mais sustentáveis, em nome deste patrimônio natural, infinitamente mais precioso que o dinheiro.

### Comentários

#### Francieli Spadari

A questão da sustentabilidade se transformou em ferramenta capitalista. Proteger o meio ambiente tem sido referência de modismos não só pelo comércio, algumas pessoas dizem praticar atitudes responsáveis apenas para ficar bem perante um amigo ou grupo social. Usar um tema tão importante como fachada demonstra o falso moralismo presente nas pessoas. Desse tipo de proteção ambiental, obrigada, mas não precisamos.

#### Pagan Senior

Os empresários do seu debate foram honestos o suficiente para não deixar dúvidas. A preservação ambiental não é o foco deles, não é a razão de ser de seus negócios, mas, ao mesmo tempo, estão conciliando o interesse de seus negócios com o interesse de parcelas da população que tem seu foco voltado para essa questão. Gostando e concordando ou não, o capitalismo é a realidade vigente e é neste contexto que temos de lidar com nossos problemas e buscar soluções. Não importa que a razão de ser dessas empresas não seja a preservação ambiental, mas a interação de interesses mostrou a eles que precisam levar em consideração o pensamento e a prioridade do outro. Visto de outra forma, um pequeno bando de assim chamados "ecochatos" consegue elevar suas vozes o suficiente para influenciar a política de produção e vendas de empresas desproporcionalmente mais poderosas. Isso tudo para dizer que não preciso con-

#### Questão de pele

vencer os outros a pensar como eu; basta exercer minha própria consciência e implementá-la no meu cotidiano que estarei exercendo influência sobre o vizinho ao lado, sobre o fornecedor da quitanda da minha rua, sobre o Pão de Açúcar ou o Carrefour do meu bairro, sobre o vereador da minha região.

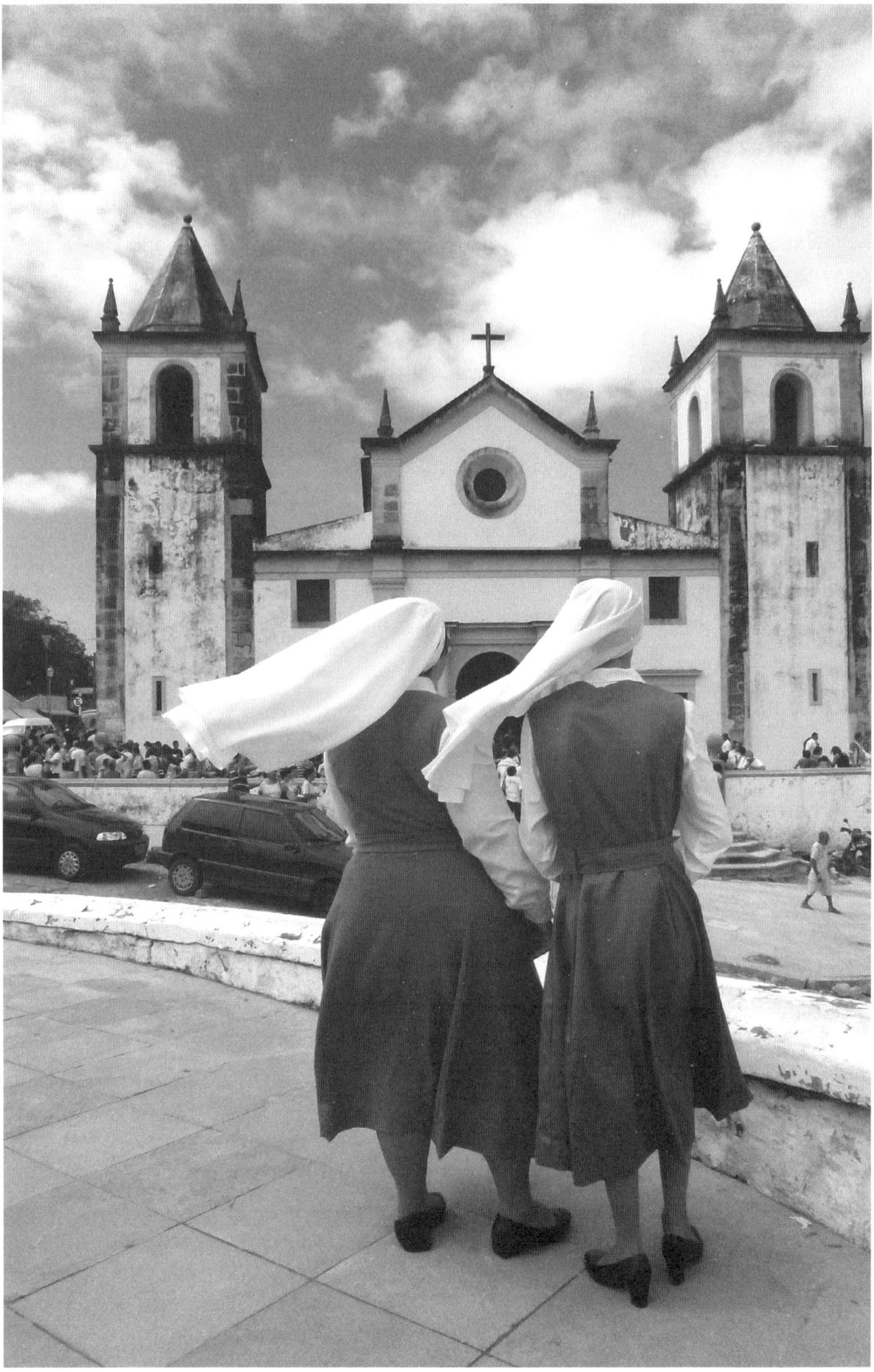

# À moda antiga

— O Arthur seria perfeito se nascesse no século passado, disse a noiva, em tom de censura.

— Por quê? Ele é antiquado, não acompanha os tempos modernos? – perguntei, curiosa.

— Ao contrário. Ele ama tecnologia, mais do que a mim. Vive grudado nesse Twitter!

— É bom se acostumar, querida. Este é um caminho sem volta. Aconselhei a moça romântica e desiludida.

Matéria da revista Veja publica em meados de 2010 diz que oito em cada dez brasileiros conectados à internet já pertencem a algum dos círculos de relacionamento virtual. A maior proporção do mundo. E a legião de 56 milhões de usuários tende a aumentar com o surgimento da Twitcam, ferramenta do Twitter que permite transmitir, via webcam, imagens em tempo real.

Criado para estimular a curiosidade sobre a vida alheia, já que propõe que seus usuários escrevam em até 140 caracteres o que estão realizando no momento, o Twitter ampliou o olhar.

E o "pombo-correio" digital ultrapassou os portais da intimidade. Venceu barreiras de repressão e ditaduras militares. É o único modo de transmitir informações contrárias ao governo de Hugo Chávez, uma que a imprensa venezuelana está amordaçada.

Viabilizou o debate político durante as eleições presidenciais no Irã em 2009 e, como canal de utilidade pública, foi o primeiro veículo a divulgar a situação das regiões brasileiras atingidas pelo blecaute do ano passado. Durante as enchentes que atingiram o Rio de janeiro em abril de 2010, twitteiros usaram o serviço de micropostagens para saber quais as ruas intransitáveis e as livres.

Para além dos limites terrestres, o Twitter conseguiu realizar em janeiro a primeira conexão e acesso pessoal à internet de origem espacial. O astronauta Timothy Creamer, escreveu "Hello Twitterverse!".

Em um mundo em que se discutem formas para criar um novo modelo econômico que nos redima da destruição ambiental e da irresponsabilidade social, a conexão virtual, com a possibilidade de transformar o vasto planeta em uma aldeia global, parece ser a chave da revolução.

### Questão de pele

Mas a vida virtual movimentada cobra um preço alto: o risco de mitigação dos relacionamentos da vida real.

Andrew Keen, autor de *O culto do amador*, conhecido como o anticristo das redes sociais, adverte: "O Twitter representa a nova era do individualismo".

No texto "O aniquilamento do diálogo", publicado na revista Vogue, a consultora de moda Constanza Pascolato relata um encontro que teve com uma amiga de longa data em um restaurante, em Paris:

– Estávamos com saudades e havia tempo que não nos víamos. Desandei a contar novidades. Mas logo notei que a sua atenção não estava comigo e percebi que o alheamento tinha endereço certo: o iPhone! Incrédula, acompanhei o olhar se esgueirando para o visor do aparelho, repetidamente. Fim do glamour!

E continua, citando um artigo escrito pelo papa da moda Karl Lagerfeld, na revista do jornal Le Figaro, sobre o assassinato da conversação:

– As pessoas sabiam ser ao mesmo tempo graves e superficiais, sérias e divertidas. Este convívio espirituoso, baseado na réplica, no jogo de palavras e no conhecimento real e profundo, tem vários assassinos. O primeiro suspeito é exatamente o telefone celular e seus cúmplices – o BlackBerry e o iPhone – que têm hoje lugar cativo sobre mesas ao lado de talheres e louças, ou balançando em equilíbrio precário sobre os joelhos dos convivas. Vítima anuente, o usuário se transforma em uma espécie de secretário ultra-atarefado, lendo e respondendo textos, além de dar a desagradável impressão de querer estar em outro lugar, com outras pessoas.

Voltando ao papo com o Arthur e sua noiva, descobri que a razão da desatenção do rapaz residia no esforço para eleger um candidato à Presidência do Brasil:

– Tenho 150 seguidores e preciso acompanhar a movimentação dos tweets! Depois do dia três de outubro, prometo relaxar e ceder ao enamoramento de olhar fixo e palavras criteriosamente escolhidas, de longas e profundas conversas ou da simples contemplação da minha linda noiva!

–Isto se, até lá, eu não jogar esta porcaria no lixo! – replicou a dócil, porém, revoltada companheira.

### COMENTÁRIOS

THAIS.HEREDIA

Estou com Andrew Keen e Constanza Pascolato! Sinto saudade dos meus amigos mesmo quando estou com eles num chat virtual! Ficamos cada um no seu casulo nos "relacionando" com centenas de pessoas, sem escutar vozes, sentir cheiros ou reconhecer alegria ou tristeza num olhar! A Glorinha Kalil disse, já há algum tempo, que colocar o celular na mesa durante almoço ou jantar, além de ser desrespeitoso com a companhia, é anti-higiênico! Desde então, me recuso a dispor o aparelhinho junto dos meus talheres! Fiz alguns acordos para não achar que o mundo acaba se não resolvermos tudo naquele instante. Em minha casa, o combinado é: se me ligam e eu não atendo é porque não posso; se ligam a segunda vez seguida, é porque precisam falar comigo assim que possível; e, finalmente, se o "tombo foi feio" (dos meus filhotes), ligam a terceira e, portanto, peço licença ao meu companheiro de mesa e atendo! Até agora funciona e, ainda bem, não chegamos ainda ao terceiro telefonema!

## Questão de pele

Armando

Os avanços tecnológicos sempre provocaram mudanças de comportamento. O Twiter é mais um deles. Logo será substituído por algo mais moderno. É só esperar. A noiva do Arthur provavelmente ainda não se deu conta de quanto tempo ela utiliza, observando as tendências da moda, dos cortes e cores dos cabelos, saltos dos sapatos, comprimentos das saias etc. Nada contra; apenas constatação. Calma, querida noiva do Arthur. Certamente, Rosana, quando seus nenéns forem adolescentes, outros meios de comunicação existirão e eles comentarão que, no passado, (há uns 15 anos) as pessoas se comunicavam por meio de um trambolho esquisito e obsoleto – um tal de celular! Imagine só!

Pagan Senior

A paixão pelas novas formas de tecnologia é apenas mais uma paixão. E paixão, por definição, é passageira; não se sustenta (ou vira amor, ou se apaga e pronto). Por isso o ser humano se lança em busca de novas paixões, para não se defrontar com esse vazio. E, quando acha, se joga de cabeça, ou seja, sem medidas, cultuando o muito, o mais, o sempre. E é assim que se lança nos twitters da vida. Ontem, o Orkut; hoje, o Facebook, o Twitter; amanhã, sei lá o quê, que colocará o tal do celular no ostracismo. Na verdade, trata-se de optar por não ser consciente, não ser presente. Por incrível que possa parecer, opta-se por não ser consciente. Abre-se mão de ser presente, por que dá trabalho, exige dedicação, entrega. Não preciso me preocupar com uma economia global apoiada no "crescer sempre", porque a ciência garante que sempre dará uma resposta mais rápida a todas as ameaças que nós mesmos nos criamos e no fim tudo acabará bem. Me falta a habilidade para arrematar esse escrito como você o faz, mas fica registrado que entendo que a obsessão do Arthur pelo Twitter (iPod, iPhone, iPad etc.) "só até as próximas eleições", é, na essência, o mesmo tipo de fenômeno que justifica e provoca os desequilíbrios de que você fala. Trata-se de consciência, querida, consciência. Você o sabe.

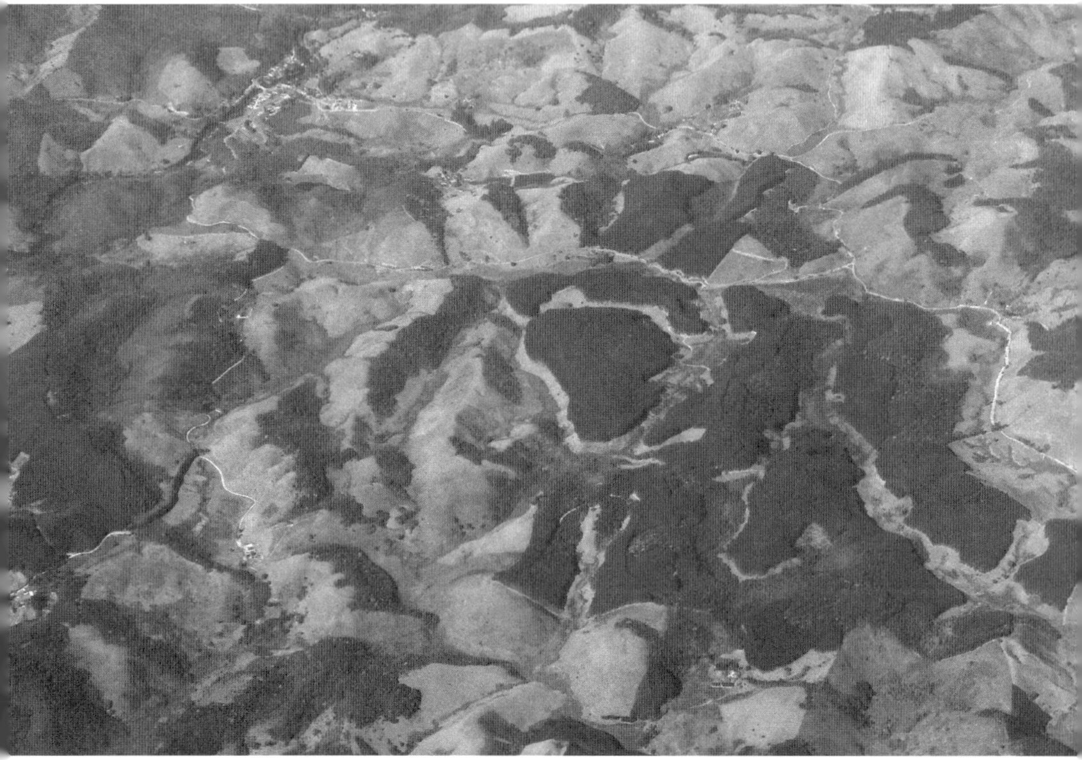

# No núcleo da
# questão ambiental

---

Enquanto eu escrevia estas linhas, os desdobramentos do terremoto seguido do tsunami ocorridos no Japão no dia 11 de março de 2011 enchiam as telas das TVs e as páginas dos jornais. Era a catástrofe da vez.

Por mais estarrecedoras que fossem as imagens, perdiam em intensidade diante do tsunami de dezembro de 2004, que devastou a bacia do Oceano Índico, matando mais de 230 mil pessoas. Um desastre se sobrepõe ao outro, restringindo na memória o espaço para as lembranças.

Desconfio que, da mesma forma, os países que suspenderam a construção de novas usinas nucleares ou pediram a revisão das existentes, por causa do acidente nuclear japonês, logo se esquecerão dos riscos da indústria atômica e retomarão seus projetos. Foi assim durante os últimos 25 anos, período em que os monstros de Chernobyl e Three Mile Island ficaram adormecidos.

A vedete da questão ambiental neste momento é o aquecimento global, vendido como a grande ameaça de extinção da espécie. Algo como o cataclismo que dizimou os dinossauros há 65,5 milhões de anos.

O lobby a favor da fissão dos átomos tem apoio de um dos papas do ambientalismo. São fortes os argumentos defendidos por James Lovelock em *A vingança de Gaia*, no sentido de que a energia nuclear é um elemento fundamental de um futuro com baixas emissões de carbono – necessário para evitar uma mudança climática catastrófica.

"O uso da energia nuclear como fonte segura e confiável representa uma ameaça insignificante, comparada à ameaça real de ondas de calor intoleráveis e letais e do aumento do nível do mar, pondo em risco todas as cidades costeiras do mundo. Energia renovável soa bonito, mas até agora tem sido ineficiente e cara. Ela tem um futuro, mas não dispomos de tempo agora para fazer experiências com fontes de energia visionárias: a civilização corre perigo iminente e precisa usar energia nuclear, se não quiser sofrer o castigo a ser infligido em breve por nosso planeta indignado. Não estou recomendando a fissão nuclear como a panaceia de longo prazo para o nosso planeta doente ou como solução de todos os nossos problemas. Vejo-a como único remédio eficaz de que dispomos

## Questão de pele

agora. Quando alguém adquire diabetes na vida adulta, sabemos que os remédios sozinhos não são suficientes: é preciso mudar todo o modo de vida. A energia nuclear é apenas o remédio que sustenta uma fonte constante e segura de eletricidade, para manter acesas as lâmpadas da civilização até que estejam disponíveis a fusão limpa e perene – a energia que alimenta o sol – e energia renovável. Paremos de nos preocupar com os riscos estatísticos minúsculos do câncer provocados por produtos químicos ou radiação. Quase um terço das pessoas morrerá de câncer de uma maneira ou de outra. Se deixarmos de concentrar nossas mentes na ameaça real, que é o aquecimento global, poderemos morrer ainda mais cedo, como aconteceu com mais de 30 mil vítimas do calor na Europa no verão de 2003. Vivemos numa época em que emoções e sentimentos contam mais do que a verdade, e existe uma grande ignorância sobre a ciência".

As vozes contrárias ao pensamento de Lovelock ressoam dentro do próprio movimento ambientalista. O Greenpeace e o Conselho Europeu de energias renováveis montaram um estudo chamado "Energy (R)evolution", que demonstra como a energia limpa é mais barata, mais saudável e traz resultados mais rápidos para o clima do que qualquer outra opção. Este plano pede o desligamento progressivo dos reatores nucleares e uma moratória à construção de novos reatores comerciais.

A Agência Internacional de Energia Atômica salienta que, mesmo que se quadruplique a capacidade de energia nuclear até 2050, a proporção de energia que ela forneceria ainda ficaria abaixo de 10% em âmbito global. Isso reduziria as emissões de dióxido de carbono em menos de 4%.

Aqui no Brasil, o governo deu de ombros e se omitiu ao não convocar a comunidade científica para debater o nosso modelo energético, diante da polêmica mundial sobre uso da energia nuclear. Questionado, o Ministro das Minas e Energia, Edison Lobão, deixou claro que não havia motivos para nos preocuparmos com a segurança das usinas brasileiras.

Esqueceu-se de que em 1985 houve um deslizamento na área da usina em Angra, soterrando o laboratório de radioecologia. Depois resolveu anunciar que iria reavaliar as condições, mas manteve intocado o programa nuclear que prevê, além de Angra 3, em construção, mais quatro usinas até 2030. Note-se que o então ministro Carlos Minc condicionou o licenciamento de Angra 3 a uma solução definitiva para os resíduos dos reatores, o que não foi feito, e nem por isso impediu-se o início das obras.

Agora, o contribuinte deve desembolsar quase 50 milhões de reais para a construção de quatro píers para a eventual retirada pelo mar de 22 mil pessoas que vivem em um raio de 15 km de distância das usinas, no caso de acidentes. Os projetos já foram concluídos pela Eletronuclear, que administra as centrais atômicas.

Enquanto escrevo este texto, em meados de 2011, rezo para que o clima sombrio se mantenha distante de Angra, já tão castigada pelas sucessivas manifestações de fúria da natureza. E rogo à sorte que lance seus dados devastadores bem longe da civilização e seus brinquedos mortíferos, já que uma nova catástrofe, em algum lugar do planeta, é uma questão de tempo.

## Questão de pele

**COMENTÁRIOS**

GERMANO WOEHL JUNIOR

O que faz uma fonte de energia parecer mais limpa do que outra são as mentiras. Uma das fontes alternativas mais sujas que existe é a solar, em virtude dos processos para fabricação das células solares, que envolve produtos químicos altamente tóxicos, extremamente venenosos e gera resíduos químicos também tóxicos que contaminarão para sempre o planeta. Ninguém vê e se preocupa com a saúde dos trabalhadores porque essas fábricas estão concentradas na Índia e na China. Só vemos os painéis limpinhos aqui e temos a ilusão de que finalmente o homem conseguiu obter uma fonte de energia limpa e inesgotável, que vem do sol. As pessoas também não se dão conta de que o consumo de energia para fabricar o painel solar é maior do que a energia gerada durante o seu tempo de vida. Por isso, só é viável em regiões remotas. Estamos, também, perdendo as mais belas cachoeiras do Brasil, nosso patrimônio natural, com as famigeradas PCH, pequenas centrais hidrelétricas, que destroem as cachoeiras ao desviarem as águas para aproveitamento da queda. Qualquer pessoa pode montar uma empresa e construir uma PCH sem precisar investir um centavo do próprio bolso. Há financiamento público garantido para tais empreendimentos. Tudo o que ele precisa fazer é prospectar uma cachoeira nos guias turísticos e jogar essa conversa mole de energia renovável, ecologicamente correta... Quanto às temidas usinas nucleares, as estatísticas comprovam que as usinas nucleares norte-americanas, por exemplo, são mais seguras do que os parques de diversões do Brasil, onde, nos últimos anos, tivemos seis mortes e centenas de pessoas feridas, algumas gravemente. Creio que não há muitas fontes alternativas que consigam atender à demanda de consumo que cresce sem parar. Repare que o aumento de consumo no Brasil é proveniente, em grande parte, da entrada de novos consumidores domésticos, ou seja, são famílias pobres tendo o acesso a energia elétrica pela primeira vez e também novas residências devido ao crescimento populacional.

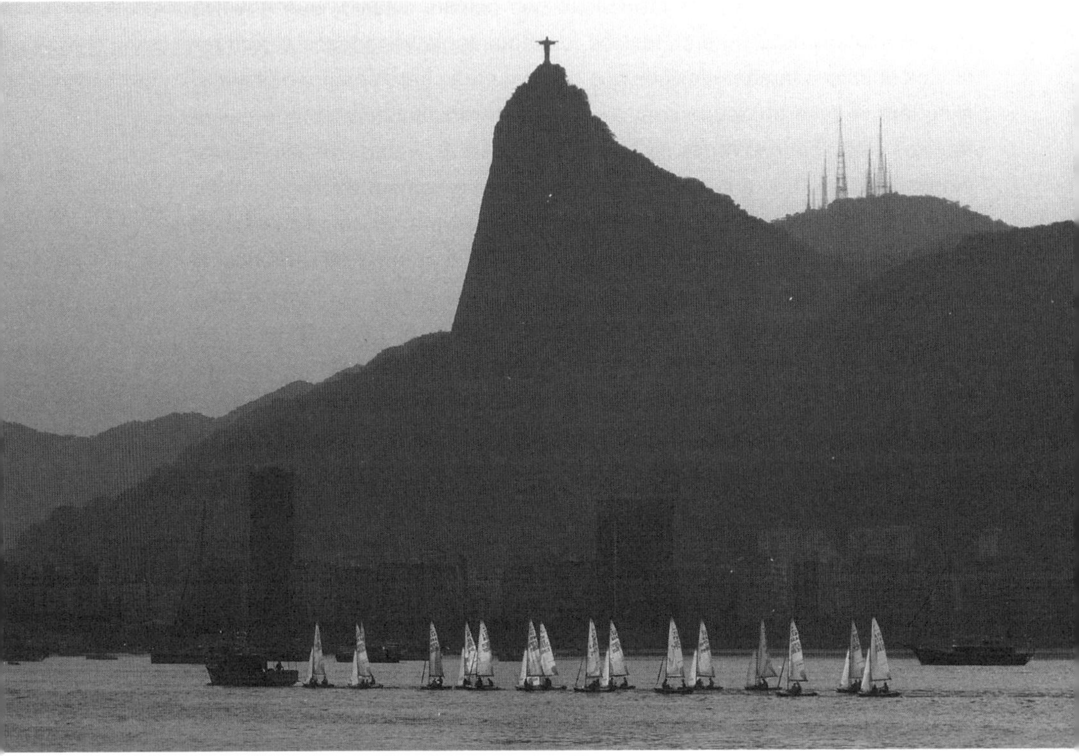

# "Diga aí, negão!"

---

Caro amigo Obama,

Sabemos que não somos prioridade para os Estados Unidos, apesar de todo o falatório sobre parcerias estratégicas. No entanto, agradecemos a inclusão do nosso país no seu *tour* latino-americano e a quebra do protocolo. É a primeira vez que um titular da Casa Branca visita o Brasil antes que o seu homólogo no Palácio do Planalto tenha ido aos Estados Unidos.

Imagino que isso tenha lhe custado muitas críticas entre os seus compatriotas, sobretudo por causa da desfeita por parte do nosso ex-presidente, a quem o senhor reverenciou apresentado-o a outros dignitários como "o cara". O senhor teve que engolir a radicalização antiamericana da política externa do lulismo. Sabe como é... Lula estava disposto a pagar qualquer preço para adquirir um papel de liderança no cenário mundial. Por isso, votou contra a imposição de mais uma rodada de sanções ao Irã por suas violações ao tratado de não proliferação nuclear. Não vamos desistir de buscar um assento permanente no Conselho de Segurança das Nações Unidas, mas nos comprometemos a ir mais devagar com o andor. Agora temos uma mulher no poder! E elas sabem fazer as coisas com jeitinho. Veja que, em vez de votar contra o bloqueio aéreo Líbio, preferiu ficar em cima do muro... já é alguma coisa! Por tudo isso, rogamos o vosso aval, endossando a reivindicação de inclusão do nosso país no colegiado.

O seu encontro com a Dilma será memorável! A primeira mulher presidenta do Brasil com o primeiro negro no topo de Washington! A ONG Maria Preta fez até um outdoor para tematizar, pelo viés da luta racial, a sua chegada, presidente!

A sua visita tem um valor incalculável: o marketing em favor do Rio de Janeiro como cidade segura o suficiente para o homem mais visado do mundo passear com a família.

Para brindar à diversidade, ao poder das minorias e aos dividendos políticos para a Copa, Dilma está toda serelepe. Já mandou servir pão de queijo, recomendou uma bela apresentação de capoeira para suas filhas Sacha e Malia, e todo o cuidado para que seu passeio ao Corcovado seja abençoado por Deus.

## Questão de pele

E a Michele também será tratada como rainha. Sabemos que ela adora uma horta, por isso, não será servido nenhum prato de origem animal. Até a feijoada será preparada com tofu defumado. Ah! Também tem um espaguete de palmito pupunha fresco.

Nossa presidenta acredita que a voz dos Estados Unidos é, neste momento, a de um democrata distinto e de mente aberta, e não mais de um rústico republicano supremacista que veio bisbilhotar nosso programa sucroalcooleiro e parece que deixou um rastro de mau-olhado. Sabe, Obama, o preço do etanol vem disparando nos postos, com reflexo sobre o da gasolina. Os aumentos no valor do álcool vendido pelos produtores aos distribuidores são repassados ao consumidor. Estão abrindo espaço para o avanço do consumo da gasolina, que deve continuar em ascensão com a expansão da frota nacional de veículos, incluindo os importados que não têm motores flex, biocombustíveis. Assim, fica difícil assumir a liderança do mundo verde, até porque não conseguimos conter o avanço do desmatamento na Amazônia. Veja se pode dar uma forcinha e aceita importar nossa "menina dos olhos". Saiba que há várias agroindústrias que já funcionam exclusivamente como destilarias de etanol. Quem sabe o biocombustível não se torna uma commodity internacional?

– I'm not sure, dear Rosana. I'm most interested in your fossil fuel! (Sei não, querida, Rosana. Eu tô interessado mesmo é no seu combustível fóssil.)

– Entendemos que a descoberta do pré-sal e a instabilidade do mundo árabe despertam a cobiça e põem o nosso petróleo no centro da agenda. Mas lembre-se do acidente com a Deepwater Horizon.

Você não disse que as energias alternativas encontrariam seu lugar ao sol neste governo?

Esperamos que seja bem acolhido e volte sempre. Por sua causa, consertaram as calçadas da Cinelândia e ordenaram uma faxina na Cidade de Deus. Tudo bem que o lixo foi para debaixo do tapete, mas, no seu retorno, se o Cristo Redentor quiser, vai encontrar uma casa mais arrumada!

### Comentários

#### Emmerson Frank

É incrível como é criada a imagem de um Obama "super-homem". Está evidente que o grande interesse americano aqui é o pré-sal. O presidente negro mais branco que eu já vi não é bobo. Os Estados Unidos nunca deixaram a sua política externa expropriadora. Alguém já reparou que os Estados Unidos só procuram levar a "liberdade" a países produtores de petróleo? (e talvez sejamos os próximos!). Mas eu tenho que conter as minhas críticas ao ilustríssimo vencedor do Nobel da Paz, alguém tão comprometido com a paz deve ser honrado eternamente, e principalmente no quintal de sua casa! Ah, se todos soubessem como é feita a política...

#### Armando

Alguém (acho que foi algum diplomata brasileiro) já disse que países não têm amigos; têm interesses. Se o presidente Obama vem ao Brasil, ou vai para a Burundi, o faz obedecendo a uma rigorosa programação de interesses do seu país. Só em republiquetas e países do quarto mundo é que os presidentes e toda a corja de políticos fazem aquelas imensas caravanas de analfabetos e peruas, enchendo as lojas de Nova York e Paris. Não nos iludamos: o Brasil tem sua devida importância no cenário mundial, mas está bem longe dos chamados primeiro-mundistas. Sem dúvida, um dia chega-

## Questão de pele

remos lá, porém, teremos que esperar. Falou-se também que o presidente Obama poderia anunciar eventualmente a dispensa de vistos para brasileiros! Que bobagem. Como eles poderiam absorver 30 milhões ou mais de pessoas sem qualificação profissional?

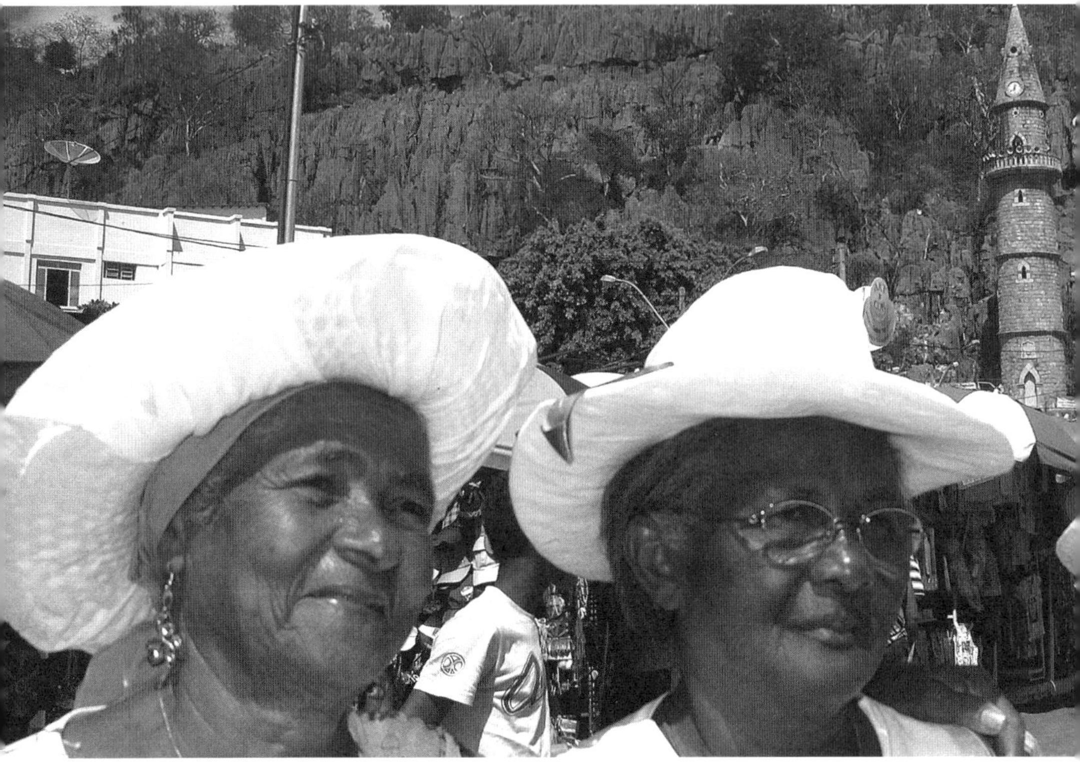

# Espelho, espelho meu, existe alguém mais plastificada do que eu?

---

**D**os tempos de mocinha, Stella carrega uma tatuagem com os dizeres Peace&Love e a saudade de ser comparada à atriz francesa Brigitte Bardot, símbolo sexual dos anos 1960. Sonhadora e romântica, formou-se professora, casou-se aos 22, teve três filhos, mas conseguiu se livrar do mau gênio do marido, com quem viveu por 30 anos. Agora, aposentada e bem de vida, está às voltas com outro algoz.

– O que você fez na cara?

– Não gostou do resultado da plástica que fiz nas pálpebras?

— Ficou muito esticada, mudou a expressão e, de quebra, você ganhou uma cicatriz!

— Tem razão. Vou fazer um retoque. E o que achou dos lábios mais carnudos? É uma técnica chamada bardotização, inspirada na minha musa.

— Ficou beiçuda demais. Você entrou num devaneio de se parecer com a Angelina Jolie e virou uma carranca.

— Pelo menos o botox funcionou!

— Como funcionou? Sua cara está lisa, inchada, inexpressiva. Quando se espanta, ganha ares de bruxa com as sobrancelhas arqueadas. E o que aconteceu com suas bochechas?

— Injetei silicone e fabriquei novas maçãs para o rosto.

— Parece que levou vários tapas na cara ou chorou a noite toda!

— E o meu corpo? Fiz uma lipo.

— Está cheio de celulite, gordura localizada. Só uma lipo não resolve. Trate de fazer uma dieta antes de cair na faca.

— Faz anos que luto para me manter jovem e bela e você não reconhece meus esforços. Sou uma mulher de quase 60 anos. Você queria o quê? Não tenho como recuperar o frescor da juventude.

— Isso é desculpa das preguiçosas e frustradas. Há um arsenal de produtos e serviços para combater a velhice. É só usar na medida certa. Mas você sempre exagera…

— Chega! Não aguento mais os seus insultos!

— Eu é que estou farto de sua necessidade de aprovação.

A briga foi mais uma dentre inúmeras que Stella trava diariamente. A qualquer hora, lá está ela novamente, cara a cara com o inimigo, perdendo-se no espelho à procura de si mesma.

### Questão de pele

"O espelho é a nova forma de submissão feminina", afirma a historiadora Mary Del Priore. Segundo ela, "no decorrer deste século, a brasileira se despiu. O nu na tevê, nas revistas e nas praias incentivou o corpo a se desvelar em público. A solução foi cobri-lo de creme, colágeno e silicone. O corpo se tornou fonte inesgotável de ansiedade e frustração. Diferentemente de nossas avós, não nos preocupamos mais em salvar nossas almas, mas em salvar nossos corpos da rejeição social. Nosso tormento não é o fogo do inferno, mas a balança e o espelho. Nos curvamos não aos pais, irmãos, maridos ou chefes, mas à mídia. Não vemos mulheres liberadas se submeterem a regimes drásticos para caber no tamanho 38? Não as vemos se desfigurar com as sucessivas cirurgias plásticas, se negando a envelhecer com serenidade? Se as mulheres orientais ficam trancadas em haréns, as ocidentais têm outra prisão: a imagem".

Um estudo mundial da Unilever apontou que 40% das mulheres não se sentem à vontade para se definirem como "bonitas". Apenas 2% das mulheres se classificaram assim. O peso está acima do normal para 47% das entrevistadas, mesmo que, tecnicamente, muitas delas não tenham sobrepeso. A afirmação "quando me sinto menos bonita, sinto-me pior em geral" teve 48% de concordância. Para 68%, a mídia divulga um padrão de beleza que as mulheres nunca poderão alcançar. A afirmação de que "mulheres bonitas têm maiores oportunidades na vida" obteve a concordância plena de 45% das entrevistadas. As mulheres brasileiras são as que mais consideraram a hipótese de cirurgia plástica, constituindo o índice mais alto entre todos os países.

Mas o feminino também se supera e nos surpreende. A diva do cinema com quem Stella se comparava nos tempos da juventude e que, por ironia, dá nome a uma técnica da cosmeatria para inflar os lábios, denuncia os testes cruéis e inúteis praticados em milhares de animais, mortos pelas injeções de botox. Segundo Brigitte Bardot, os músculos dos pobres bichos são paralisados até a morte.

"É ainda mais escandaloso o fato de já haver métodos alternativos aos testes em animais e que deveriam ser impostos aos fabricantes (principalmente ao grupo francês Ipsen) desta toxina que provoca uma paralisia facial pelo único e fútil propósito de se ficar com a pele lisa. É uma desolação ver que certas pessoas preferam ter um rosto sem expressão, com traços de estupidez crassa, a assumir as suas rugas, mas isso deixar-me-ia perfeitamente indiferente se esse capricho não implicasse a morte de animais sacrificados pela vaidade".

Se antes as roupas nos aprisionavam, agora a ditadura da beleza nos prende na ilusão de máscaras e na justeza das próprias medidas. Se fomos capazes de rasgar espartilhos, queimar soutiens e libertar musas da escravidão da imagem, talvez seja hora de estilhaçar os espelhos.

### Comentários

#### Fabiana

Infelizmente, caminhamos cada vez mais fundo nessa massificação e robotização das mulheres. Um exemplo típico é que todos os peitos estão ficando iguais! Não há mais nenhuma diferença, em razão da onda do silicone. Sabe, não tenho nada contra, acho até que fica bonito, mas quando foi, em que época, que aprendemos a rejeitar nossos próprios peitos? Por que estamos condicionadas a achar que o natural é feio? Por que eles precisam ser enormes, duros e separados como bolas injetadas para serem sexy e atraentes? Por que estamos condicionando nossos homens a não gostarem deles naturais? Sabe, não entendo por que somos tão volúveis a esse ape-

## Questão de pele

lo midiático. Toda essa exposição faz com que precisemos ficar parecidas com todas as mulheres nuas que vemos (e não são poucas!), e para quê? Onde está escrito que temos de seguir esse padrão gostosona, "lipada" e siliconada? Af! Estou tão cansada disso, mas, ao mesmo tempo, não sei direito como fugir da tendência, uma vez o mundo está cada vez mais enfiado nessa ladainha.

Armando

Apesar de não ser politicamente adequada, minha opinião é a de que beleza e atratividade não são conceitos relativos e que estão, também, intimamente ligados à sexualidade. Mulheres bonitas (atraentes), e homens bonitos (atraentes), despertam desejos sexuais. É difícil imaginar que alguém, olhando para a fotografia da Brigitte Bardot jovem, possa dizer que ela é feia ou pouco atraente. Será que aos 70 anos ela ainda desperta paixões? Grande parte das pessoas, e principalmente aquelas que sempre usaram (com todo o direito) a sua aparência, têm enorme dificuldade em aceitar o inexorável envelhecimento. Tenho vontade de rir e ao mesmo tempo tento ser minimamente compreensivo com pessoas que se expõem ao ridículo de imaginar que, esticando-se, acolchoando-se com silicone, ou injetando botox, possam parecer 20 anos mais jovens. É curioso observar que a maior parte das mulheres de meia-idade, que se submetem a esses tratamentos, ficam todas com a mesma cara – parecidíssimas com uma conhecida política paulistana. Eu conheço pelo menos umas quatro. Será que depois de se submeter àquelas verdadeiras mutilações aos 50, 60 anos, elas se olham no espelho e, com toda a honestidade, pensam: eu agora, pareço no máximo 38? Duvido. Então, a quem elas pretendem enganar? É patético. Lembra-me a história da menina de seis anos que pergunta à avó:
– Vovó, por que você pintou o cabelo de vermelho?
– Para ficar bonita.
– E por que não ficou?
Quanta infelicidade!

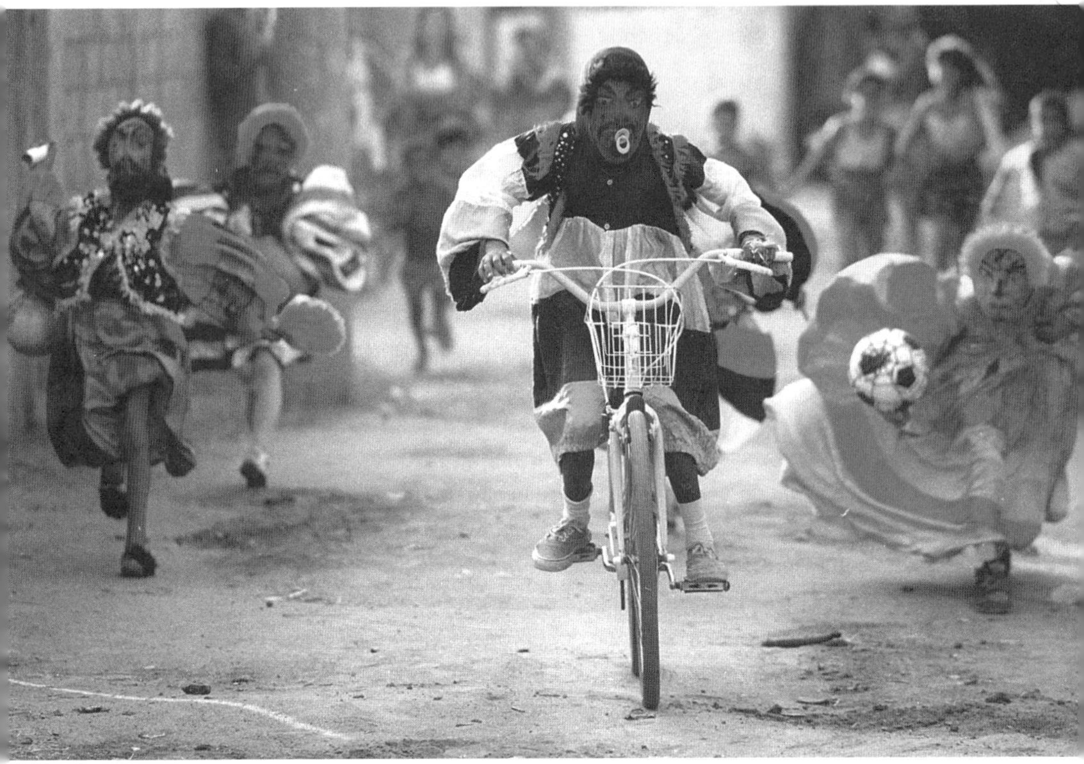

# Índigo blue!

Na porta do restaurante, Ana Luisa paralisou diante do rapaz que lhe dava as boas-vindas. Observou com interesse aquela criatura de aparência inusitada e lançou um olhar intrigado para mim, seguido de uma exclamação.

– Tia, olha pra ele! Olha!

Em meio ao meu silêncio desconcertante, a minha linda sobrinha, então com cinco anos, disparou contra o moço:

– Você é adulto ou criança?

— Sou adulto! Respondeu o anão, do alto de seus um metro e dez centímetros.

— Adulto? Hum... Então você não comeu tudo!

A minha gargalhada irrompeu abruptamente, tão inesperada quanto a demonstração de sagacidade da garota.

Ana Luísa nunca vira um adulto daquele tamanho e achara que ele tinha baixa estatura porque se recusara a seguir o conselho diário de sua mãe:

— Se você não comer tudo, Lulu, não vai crescer!

Para além da piada nada politicamente correta, o que me chamou a atenção nesta história foi a capacidade da criança, de tão pouca idade, de assimilar ensinamentos e fazer associações e inferências, com todo sentido. Não se trata de corujice, caro leitor. Existe mesmo um consenso de que os meninos e meninas de hoje estão bem mais espertos.

Há os que atribuem esse desenvolvimento "precoce" à quantidade de estímulos a que são submetidos desde os primeiros meses de vida. Estímulos decorrentes especialmente dos avanços da tecnologia, ausentes nas gerações passadas. Fatores como a mídia, por exemplo, tem um enorme impacto na formação deles. Só de programação televisiva, uma criança, ao chegar na idade escolar, já assistiu em média, mais de cinco mil horas.

Há também uma corrente que defende o surgimento de uma nova geração formada por seres especiais. As "crianças índigo", responsáveis por uma Nova Era para a Humanidade, trazem um DNA modificado. Segundo a teoria, elas possuem uma estrutura cerebral diferente. Os dois hemisférios, direito e esquerdo, são integrados, o que faz com que tenham a capacidade inata de ver "o todo" em vez

## Questão de pele

de ver a realidade de forma fragmentada. Eles detêm a chamada visão holística ou sistêmica como um traço natural. Isso quer dizer que elas vão além do plano intelectual. Têm habilidades sociais mais refinadas, maior sensibilidade e desenvolvimento profundo de questões ético-morais. As "crianças índigo" formariam uma sociedade mais autêntica, transparente, verdadeira, com maior confiança nos relacionamentos. Elas também nos ajudariam a mudar o foco do eu para o próximo.

A teoria sobre a geração índigo, também conhecida como "geração y", não tem comprovação científica, mas não deixa de ser um alento quando imaginamos um mundo melhor para os nossos filhos, onde seja possível resgatar a qualidade das relações humanas e a fertilidade de um planeta degradado, já estéril em muitas de suas aptidões.

Resta saber se nós, pais, teremos a sabedoria para enxergar o novo, disposição para encarar os desafios e interesse em investir neste magnífico potencial dos protagonistas do futuro, por meio de uma educação baseada em valores éticos, atitudes de respeito à diversidade e comportamentos ecologicamente orientados. Embora mais evoluídos, nossos rebentos não chegam prontos. E é por meio dos exemplos materno e paterno nas miudezas do cotidiano, nas brincadeiras, nas conversas e em cada pequena ação que eles crescem e transformam a sociedade.

A semente da chamada "Revolução Verde" está em nossas mãos. E o preparo da Terra tem que começar já. Mas o esforço exige uma profunda mudança de mentalidade.

A nossa geração foi concebida sob o manto do desrespeito ao meio ambiente. Fomos criados com a falsa ideia de que os recursos naturais são inesgotáveis. Para que economizar água se o Brasil tem a maior reserva de água doce do planeta? Para que fazer a coleta seletiva do lixo, se a prefeitura vai misturar os dejetos e destiná-los aos aterros já saturados? Para que aderir ao cosumo consciente, se o sistema funciona na direção oposta? Para que adotar um estilo de vida sustentável, se as grandes e poderosas forças da economia insistem em manter os velhos paradigmas de produção? Para que mudar, se o pior virá de qualquer jeito e não há quem possa com a fúria da natureza?

A resposta reside na capacidade de reinvenção do ser humano. Na possibilidade de se surpreender com a sua sina visionária, passada de geração em geração.

Se as boas-novas chegam por meio dos nossos pequeninos, só nos cabe "cuidar do broto, para que a vida nos dê flor e fruto!".

### Comentários

#### Leandro Pereira

A existência deste fenômeno é fato... Aí, identificar a causa já é outra coisa, e cada qual escolha o que mais lhe convence. Seja o estímulo intelectual maior, evolução neurológica/mutação do dna ou evolução espiritual... Fato é que muito pouco conhecemos sobre a vida, a existência, a matéria e, por que não, também sobre espiritualidade. Mas uma coisa intrigante são as coincidências. De poucos anos para cá veio a bioética, a fisica quântica a ganhar espaço no campo da física clássica, o "holismo" ganhou o repeito dos intelectuias e tantas coisas mais que visem um mundo mais equilibrado e menos dissimulado. Se a evolução é provada na formação do planeta e na formação da vida sobre o pleneta, por que não exista também em meio a coisas mais profundas, coisas estas que talvez nós não imaginemos nem nos mais profundos devaneios da ficção possamos cogitar. Se estamos no limiar da nova era, era que tornará o homem mais integral, que tomemos nossa parte em propiciar a estes seres a educação necessária afim de que se tornem plenos.

### Questão de pele

RUBIA BURNIER

Lendo sua reflexão sobre a "geração índigo", ou "a geração do terceiro milênio", fiquei particularmente atraída a comentá-lo. Não só pela sintonia de pensamentos, que seu texto objetivo e esclarecedor expressa, mas por sua sensibilidade em abordá-lo. Assim como você, acredito que a espécie humana evolui de forma positiva, e que nossos "genes" se encarregam de transmitir as estratégias de adaptação necessárias é perpetuação da vida. A natureza segue seu rumo, em ciclos que alternam destruição e reconstrução. Todas as formas de vida compartilham grandes desafios, embora só as mais fortes sobrevivam. O cérebro humano representa um salto evolutivo incomparável, um presente que não podemos desperdiçar. Um novo paradigma para a ciência, uma esperança de vida para nós. Seja bem-vinda a geração dos justos e incorruptíveis!

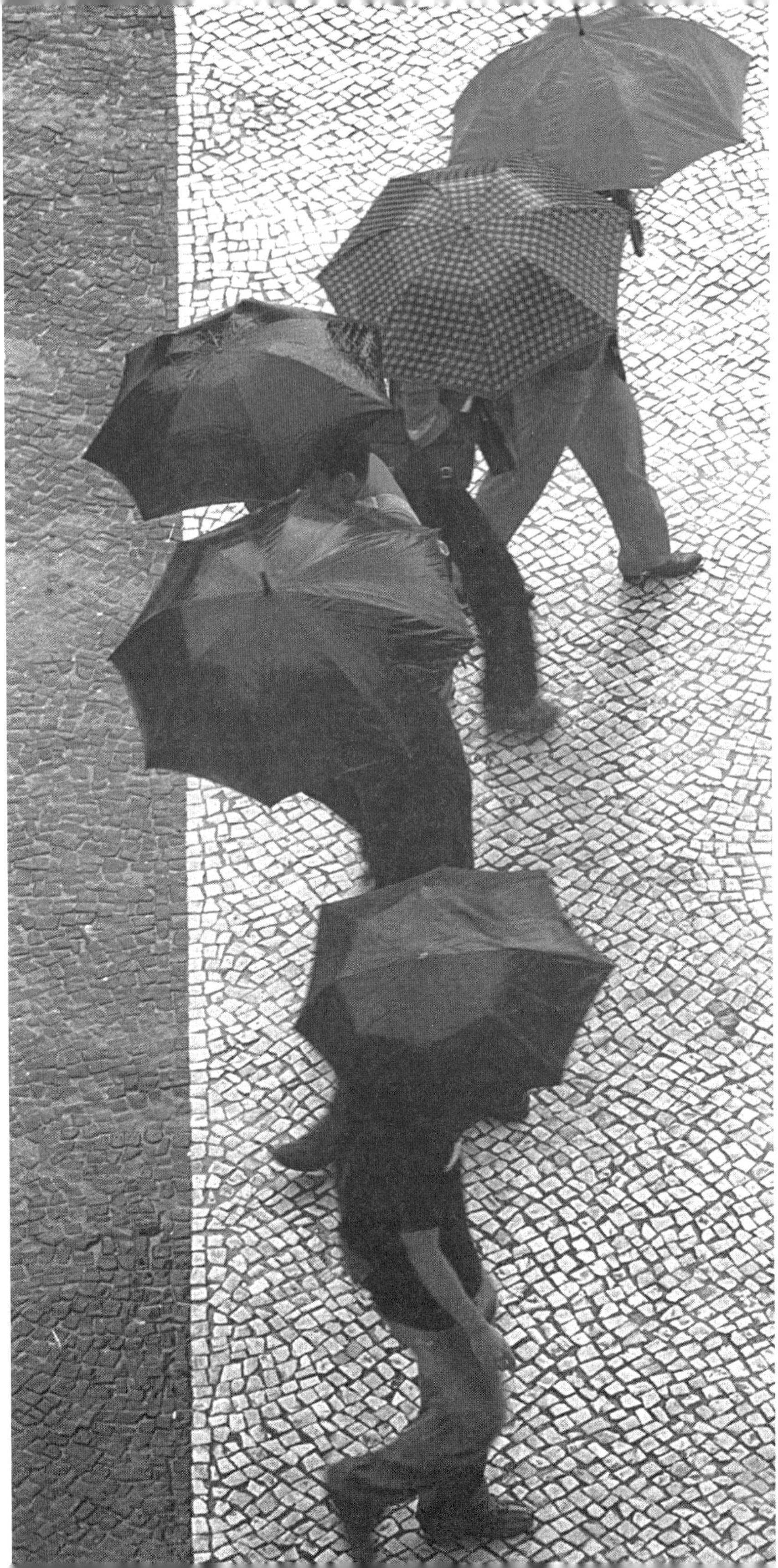

# A chuva e a canção

---

Sinto a paz do quarto de bebê, um universo particular que abriga duas pessoas recém-nascidas e suas infinitas possibilidades. Entre mamadas e trocas de fraldas, "não cuidamos do mundo um segundo sequer". Por alguns instantes, minha atenção se volta para a música que toca no rádio. A canção interpretada pelo cantor americano Louis Armstrong descreve o cotidiano de um planeta maravilhoso.

*Eu vejo as árvores verdes, rosas vermelhas também*
*Eu as vejo florescer para mim e para você*

*E eu penso comigo: que mundo maravilhoso!*
*Eu vejo céus azuis e nuvens brancas*
*O brilho do dia abençoado, a sagrada noite escura*
*E eu penso comigo: que mundo maravilhoso!*
*As cores do arco-íris tão bonitas no céu*
*Estão também nos rostos das pessoas que passam*
*Eu vejo amigos apertando as mãos dizendo: como vai você?*
*Eles estão realmente dizendo: eu te amo!*
*Eu ouço bebês chorando, eu os vejo crescer*
*Eles vão aprender muito mais do que eu jamais saberei*
*E eu penso comigo: que mundo maravilhoso!*
*Sim, eu penso comigo: que mundo maravilhoso.*

Mas a imagem através da janela chama à realidade. A chuva que cai copiosamente, monitorada pelo olhar do noticiário, provoca a maior destruição de todos os tempos no Sudeste do país, especialmente no Rio de Janeiro. Imagens de dor, impotência, indignação. E um saldo de mais de 800 mortos.

Uma análise mais simplista culparia as mudanças climáticas globais pela catástrofe: tormentas severas e duradouras seriam fruto de uma atmosfera superaquecida pela emissão de gases de efeito estufa. Ocorre que a intensidade e o volume das chuvas não são uma explicação suficiente das causas desta que é uma das maiores tragédias humanas do Brasil. Os temporais e os deslizamentos de terra fazem parte do histórico das serras da região Sudeste. Não só pela geomorfologia propícia a escorregamentos, mas pela urbanização desordenada, com ocupação extensiva de encostas, morros e várzeas inundáveis.

### Questão de pele

"Os mortos, as famílias devastadas, os desabrigados são produto de décadas de escolhas baseadas numa racionalidade avessa ao interesse público e, muitas vezes, às próprias leis", diz o sociólogo e doutor em geografia humana pela USP, Demétrio Magnoli.

Ele acrescenta:

"Cada uma das áreas de risco ocupadas na região serrana fluminense tem a sua história singular. Alguns bairros surgiram por incúria das autoridades públicas. Outros se estabeleceram sob o amparo de acordos espúrios entre loteadores e políticos em cargos de mando. Prefeitos e vereadores formaram clientelas eleitorais estimulando a ocupação de vertentes de várzeas, ou apenas condescendendo com a violação das normas. A catástrofe foi tecida com os fios de uma política que combina populismo, patrimonialismo e clientelismo".

De volta ao universo protegido do quarto dos meus filhos, casulo de plena felicidade e calmaria, onde o tempo espera e se inunda de sol, reflito: o que será que nossas crianças vão encarar nos próximos anos? Como vão se adaptar a um planeta exaurido, revoltado com os maus tratos, saturado de desmandos? Quantos homens e mulheres estarão comprometidos com a causa socioambiental? Quantos reproduzirão o recorrente cinismo, em nome de interesses pessoais?

Alguém dirá que os desastres anunciados de verão tem solução: criem um programa plurianual ambicioso de reconstrução das cidades devastadas e de remodelação estrutural dos padrões de ocupação do solo das cidades e corredores urbanos do país!

O que parece não ter jeito é a insanidade de quem não enxerga além das fronteiras do individualismo. Cegueira que impede a visão ainda possível de um mundo maravilhoso.

## Comentários

Luiz Gustavo

Sou morador de Nova Friburgo e gostaria de expor minha opinião sobre as chuvas na região serrana. Quando vejo a mídia dizendo e afirmando que esse tipo de chuva é normal, que todo ano acontece, as pessoas não sabem o que estam falando. Nós, friburguenses, somos testemunhas de uma evento inédito, uma chuva fora do comum. Estamos falando de no mínimo 300 mm de água em 12 horas. Foi isso mesmo: 300 mm na minha casa, raios de dez em dez segundos durante aproximadamente sete horas, uma intensidade jamais vista, e estamos falando de uma cidade com quase 200 anos de idade. Muitos dos prédios e casas que caíram estavam em áreas de risco, mas a maioria não estava. Foram áreas de mata atlântica primária que derreteram. Pude olhar do alto de uma montanha e presenciar o caminho da "coisa". Montanhas e mais montanhas com seus cumes destruídos. Se foi o desmatamento da amazônia ou o aquecimento global eu não sei, mas algo está mudando em nosso planeta, e mudando rápido. Se esse tipo de chuva caíse em qualquer outro lugar urbano do Brasil, causaria destruição e mortes da mesma forma.

Armando

Há algumas semanas, uma pessoa que conheço há muitos anos veio me contar muito feliz que estava finalmente a ponto de realizar o sonho da casa própria. Estava comprando um terreninho na Cantareira, em São Paulo. Precisava apenas de um pequeno empréstimo para completar a entrada. Opa! – disse eu – na Cantareira? Olhe com cuidado. A serra da Cantareira, é, em grande parte área de manancial e, portanto, protegida. Verifique se o loteamento é oficial, se existe alvará etc. Alguns dias depois meu conhecido voltou e disse que o corretor "garantiu" que o negócio era sério, que os proprietários eram homens de bem etc. Quase todos os lotes já estavam vendidos! Peça a documentação, insisti. Não acredite no corretor, mesmo sendo ele seu parente (o que era verdade). Disse para ele,

### Questão de pele

então, me colocar em contato com o parente-corretor, que eu queria fazer umas perguntas. Meu conhecido-quase-amigo, não me procurou mais. Deve ter comprado o tal lote e assinado uma centena de notas promissórias e vai começar a construir nos fins de semana. Os jornais de hoje contam histórias de fiscais que autorizam construções irregulares no litoral paulista. Alguém tem esperança?

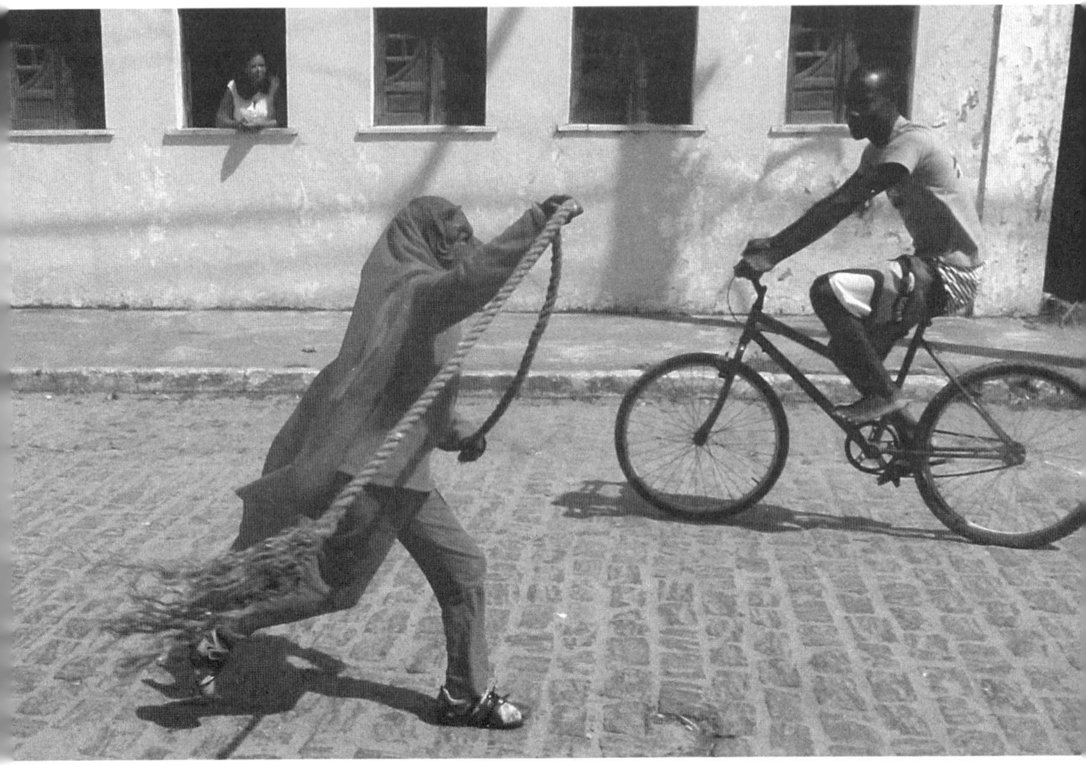

# Dá licença?

---

Em pouco tempo vou saciar a curiosidade que me acompanha há meses. A aparência dos filhos que ainda habitam meu ventre nestas 37 semanas de gravidez já foi revelada por meio de sonhos que tive. Ela parece com a mãe, e ele, a cara do pai. Os exames de ultrassom em 4D reforçam a minha percepção. Mas os palpites dos mais chegados, expostos com veemência, dizem o contrário.

Especulações de todo tipo são inevitáveis quando a barriga vira território de domínio público.

– Quando você vai dar a luz? – perguntou um jornalista, colega de redação.

– Espero os gêmeos para o começo de janeiro, respondi.

– Mas você não vai ficar tanto tempo fora do ar, não é? Ou vai se aproveitar desta nova licença-maternidade? Me desculpe, mas acho um absurdo uma profissional ficar seis meses sem trabalhar. Isso provoca um desequilíbrio de forças na empresa. Muitas mulheres emendam as férias, folgas, outros tipos de licença e desaparecem por quase um ano. E essa proposta de ampliar a licença-paternidade para 15 dias? Um *nonsense* total. Os pais ficam em casa assistindo Sessão da Tarde ou bebendo com as visitas.

Antes de contra-argumentar, preferi entender o tal "desequilíbrio de forças" suscitado pelo colega.

Com base nos interesses corporativistas, a CNI (Confederação Nacional da Indústria) entende que a ampliação da licença de quatro para seis meses acarretaria novos custos às empresas, devido à substituição da funcionária. Defende também que o benefício deixaria as próprias mulheres inseguras com relação à sua inserção no mercado de trabalho. Empresários dizem que pode haver restrição quanto à contratação de mulheres que estão no início de carreira, recém-casadas ou que ainda não possuem filhos.

A legislação avança no caminho oposto.

A licença-maternidade de 180 dias já é obrigatória no funcionalismo público e facultativa em parte da iniciativa privada. Empresas de grande porte que aderiram ao projeto "Empresa Cidadã" podem oferecer o benefício às suas empregadas, e, em contrapartida, têm direito a incentivos fiscais do governo federal. Os quatro primeiros meses da licença são pagos pela empresa e compensados pelo INSS. Os outros dois meses são abatidos do Imposto de Renda.

### Questão de pele

Por enquanto, o Brasil tem 150 mil grandes empresas que podem aderir ao programa. Mas a tendência é que o benefício se torne obrigatório para todo o setor privado. O Senado aprovou, por unanimidade, a Proposta de Emenda Constitucional neste sentido. A PEC será submetida a um segundo turno de votação no Senado e, em seguida, encaminhada à Câmara.

Do ponto de vista da saúde pública, a amamentação regular e exclusiva (sem introdução de água, chás e quaisquer outros alimentos) durante os seis primeiros meses de vida reforça a imunidade do bebê e reduz o risco de ele contrair pneumonia, desenvolver anemia e sofrer crises de diarreia. De acordo com a Sociedade Brasileira de Pediatria, o país gasta cerca de R$ 300 milhões por ano para atender a crianças com doenças que poderiam ser evitadas caso fossem beneficiadas com o aleitamento regular durante este período.

Outra vantagem da licença-maternidade de seis meses seria o possível retorno de mulheres mais produtivas ao desempenho de suas funções e a diminuição das faltas e atrasos.

O que pouco se discute é a importância da licença-maternidade de seis meses como forma de resgatar uma das experiências humanas mais primitivas e animais.

Como defende o pediatra Carlos Eduardo de Carvalho Corrêa, "facilitar a aproximação incondicional das mães com seus bebês é preservar o vínculo mais importante e prematuro da humanidade. Não permitir, nem considerar natural, o afastamento entre eles é lutar por uma ordem social que respeita as nossas necessidades de seres humanos".

Este aninhamento necessário pode até esbarrar na lógica de mercado, mas se revela determinante para a formação de uma sociedade mais pacífica, igualitária e coesa.

### Rosana Jatobá

Tão bom quanto matar a curiosidade de ver o que gestei, será enxergar, em breve, uma nação mais consciente dos cuidados com as próximas gerações.

#### Comentários

##### Cátia

Só quem já foi mãe ou quem acompanhou de perto o nascimento e o desenvolvimento de uma criança é capaz de entender a importância da licença-maternidade. Como uma pessoa que é completamente responsável pelo bem-estar e alimentação de uma criança pode desenvolver suas atividades normais de trabalho, com intervalos para amamentação? Não faz sentido nenhum. Nenhuma mãe (no seu sentido mais amplo e real) pode afastar sua cabeça de uma criança que ainda é completamente indefesa e dependente dela. O intervalo para amamentação não funciona porque nem sempre trabalhamos perto de casa. Os seis meses são superimportantes para o laço que é criado para toda a vida. Depois desse tempo, é natural (e necessário também) o afastamento gradativo entre as partes. Uma jornada de meio período seria o perfeito, até que ambas as partes se acostumem com o novo ritmo da vida. Pensem que haverá o resto da vida inteira para trabalhar, mas o cuidado, o carinho e a atenção de uma mãe, isso nunca se poderá compensar.

##### Frank, o excelso!

Para que ter mais filhos? Em um mundo com sete bilhões (e crescendo), nossa espécie está numericamente ameaçada (não seria o contrário?). Precisamos nos reproduzir assim para manter nosso pool genético "vivo"? O mundo futuro, concretamente, oferece indícios reais de que nossos netos usufruirão das maravilhas que, hoje, já estamos perdendo? Não existem crianças demais no globo sem família, carinho ou símiles, para que queiramos satisfazer nossas vaidades, inseguranças, curiosidades ou tradições, colocando mais gente no mundo?

### Questão de pele

E o impacto que nossos filhos trazem aos que já vivem nele? Quantas fraldas, brinquedos e produtos plásticos, recursos naturais, desvios sociais etc. serão proporcionados para a vida de um indivíduo? Entendo que seja uma "necessidade" biológica para alguns "atender ao chamado da natureza". Mas isso é justificável? Não somos os autointitulados homo sapiens? Entendo que recebemos vários chamados da natureza diariamente e os controlamos das mais diversas formas. Precisamos de tantas pessoas assim? "Ah, mas é maravilhoso ser mãe!" Não duvido. Mas não é igualmente maravilhoso salvar uma vida já existente? Quando pensamos em sociedade, planeta, sustentabilidade, futuro profisisonal da prole, vida em grupo, ilha, o que pensamos, de fato? Muitas vezes já ouvi pais dizerem "Se pensar muito, você não os têm". Isso é curioso. Pensar. Achei que fôssemos seres pensantes. E que, por sermos pensantes, podíamos usar o "pensar" com o intuito de melhorar a vida dos que já existem. Ter filhos é lindo, mas, socialmente falando, desnecessário.

Armando
Fico perplexo com a maior parte dos comentários sobre a licença-maternidade. Seis meses seria pouco? Muito? Razoável?
Será que a discussão está com o foco certo? Longos comentários sobre coisas tão óbvias não levam a nada. Será que existe neste mundo alguém que seja contra a licença? A questão a ser levantada e discutida com seriedade é: Quem paga por este período de afastamento?
Neste país, no serviço público, é óbvio que o governo conceda longas licenças aos borbotões. Quem paga somos nós. Mas, e na iniciativa privada? E nas pequenas empresas? Por exemplo, uma confecção que tenha algumas costureiras. Para cada uma que entra em (muito justa) licença, o patrão tem que colocar outra no lugar. E quando a primeira voltar após a licença? Absorve a nova funcionária ou arca com os pesados encargos da dispensa? Esses enormes custos são obviamente repassados aos consumidores, tornando nosso país um dos mais socialmente desiguais do planeta.

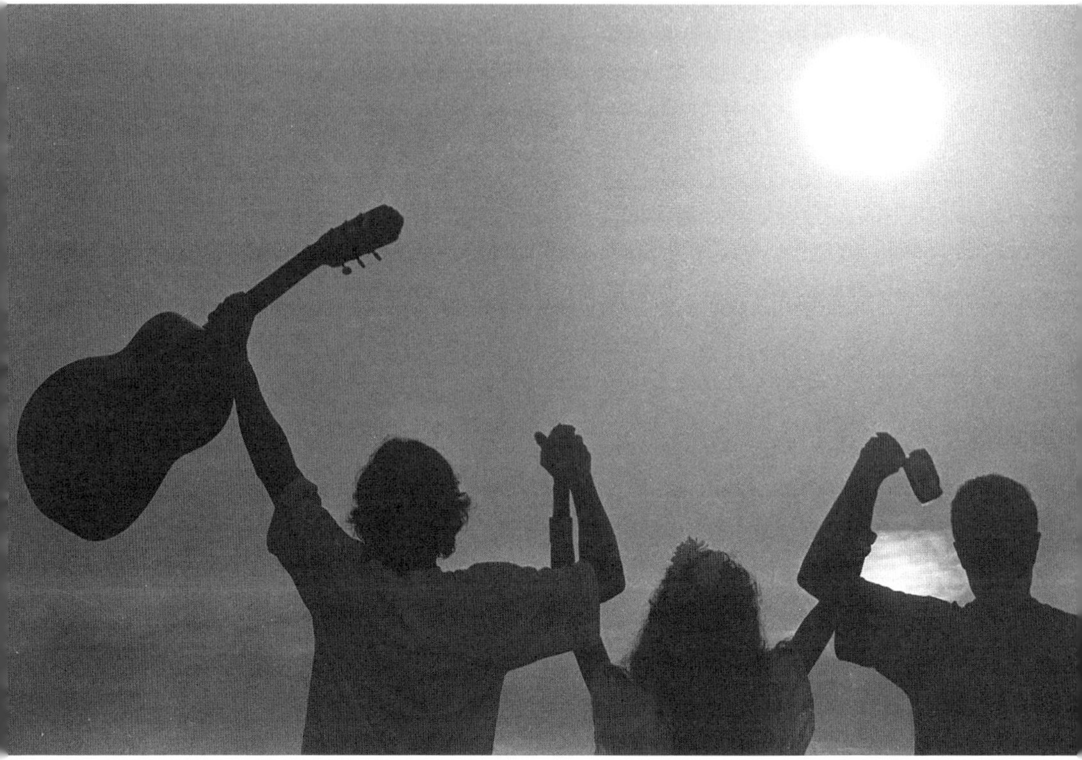

# Nosso pequeno grande mundo!

O momento é propício para declarações. Todos esperam receber votos de muitas felicidades, paz, amor e saúde. Grandes realizações de metas e objetivos no ano vindouro.

Farei diferente!

Calma, que eu não vou transcrever exortações, emitir alertas apavorantes, exibir visões apocalípticas do fim do planeta em gelo ou em chamas, desafiar princípios religiosos, tampouco sobrecarregar seus cansados ombros com mais uma dose de culpa por não ter cumprido o manual ecologicamente correto neste ano de 2010.

Somos o que podemos ser!

Vou reproduzir um texto que recebi de uma pessoa querida, escrito pelo astrônomo Carl Sagan. Em 1990, o astrônomo pediu para que os controladores da espaçonave "Voyager" mirassem o equipamento para a Terra. Seria uma fotografia única, a bilhões de quilômetros de distância. O resultado foi uma imagem que mostrava um pálido ponto azul (Pale Blue Dot), título de um livro que Sagan escreveu tempos depois. Trata-se de uma mensagem capaz de redimensionar nossa visão de mundo, de nos remeter ao mistério da vida e sua constatação do quanto somos criaturas especiais: ínfimas frente ao vasto universo e, ao mesmo tempo, grandiosas diante da magnitude da existência. O que desejo em 2011 é coragem para reconhecer esta dualidade e nos tornarmos seres melhores aqui neste pedaço de chão de todos nós!

Vista de uma distância cósmica, a Terra não parece ter nenhum interesse especial.

Mas para nós é diferente. Este pontinho solto no espaço é o nosso lar. Somos nós. Nele, todos a quem você ama, todos aqueles que você conhece, todos de quem já ouviu falar, todos os seres que já existiram, viveram suas vidas. Toda a nossa mistura de alegria e sofrimento, milhares de religiões, ideologias e doutrinas econômicas, todos os caçadores e saqueadores, cada herói e covarde, cada criador e destruidor de civilizações, cada rei e camponês, cada casal jovem apaixonado, cada mãe e pai, cada criança esperançosa, inventor e explorador, cada professor de moral, cada político corrupto, cada superastro, cada líder supremo, cada santo e pecador de nossa história viveu aqui, neste grão de poeira suspenso num raio de sol.

A Terra é um palco muito pequeno em uma imensa arena cósmica. Pensem nos rios de sangue derramados por todos os generais e imperadores, para que, na glória do triunfo, pudessem ser os senhores momentâneos de uma fração deste ponto.

Pensem nas crueldades infinitas cometidas pelos habitantes de um canto deste pixel contra os habitantes mal distinguíveis de algum outro canto, o quão frequentes são seus desentendimentos, o quão dispostos estão para matar uns aos outros, e quão inflamados seus ódios. Nossas atitudes, nossa pretensa importância, a desilusão de que temos uma posição privilegiada no universo, tudo isso é posto em dúvida por esse ponto de luz pálida.

Nosso planeta é um pontinho solitário na grande escuridão cósmica circundante. Em nossa obscuridade, em meio a toda essa imensidão, não há nenhum indício de que, de algum outro mundo, virá o socorro que nos salve de nós mesmos.

A Terra é, até agora, o único mundo conhecido que abriga a vida. Não há nenhum outro lugar, ao menos no futuro próximo, para onde nossa espécie possa migrar. Para visitar, sim. Para se estabelecer, ainda não.

Gostemos ou não, a Terra é, por enquanto, o único lugar em que podemos viver.

Dizem que a astronomia é uma experiência que forma o caráter e ensina a humildade. Certamente não há melhor demonstração da tolice das vaidades humanas do que a imagem distante do nosso minúsculo mundo.

Para mim, ela revela a responsabilidade de nos relacionarmos mais gentilmente uns com os outros, para preservarmos e amarmos este pálido ponto azul, o único lar que conhecemos.

### Comentários

#### Janaina

Magnifico refletir sobre nossa minúscula grande existência.
Aqui, em nossa "casa", onde nos sentimos à vontade, por muitas vezes nos falta este senso de dimensões. Mas a verdade é que, se deixarmos imunda nossa casa, não poderemos pedir abrigo ao vizinho. Filosofia não resolve de imediato, mas nos coloca numa posição reflexiva sobre nossos atos e até sobre nosso futuro.

#### Francisco Edson

Os seres humanos deveriam ser mais humildes e ter um pouco mais de respeito com o planeta, pois a humanidade não descobriu ainda um outro planeta com as mesmas características da Terra, onde temos seres tão diversos vivendo em um mesmo ambiente.
Uma simples alteração química na composição da água ou do ar tornariam a vida inexistente na Terra, portanto, somos uma dádiva em um universo tão extenso.
Se formos comparar com a grandeza do universo, os seres humanos são apenas átomos em um grão de areia.

#### Sérgio de Melo Moraes

O texto exemplifica bem quanto somos pequenos e quanto também somos grandes por pertencermos a esse universo incomensurável. Se todos os seres humanos se dedicassem aos menos duas vezes por ano para con-

## Questão de pele

templar à noite este imenso universo, com certeza teríamos um mundo mais justo, com mais amor, mais espiritual e, consequentemente, com mais paz.

João Luiz Ribeiro da Silva

Dissertar sobre o espaço e as suas imensas distancias é como uma pequena ameba querer saber quem eu sou. A consciência dela é muito pequena para dimensionar a imensidão do meu corpo. Entretanto, ela pode me destruir se eu a deixar proliferar no meu organismo. Destarte, só duas coisas são infinitas: a imensidão do universo e a estupidez humana.

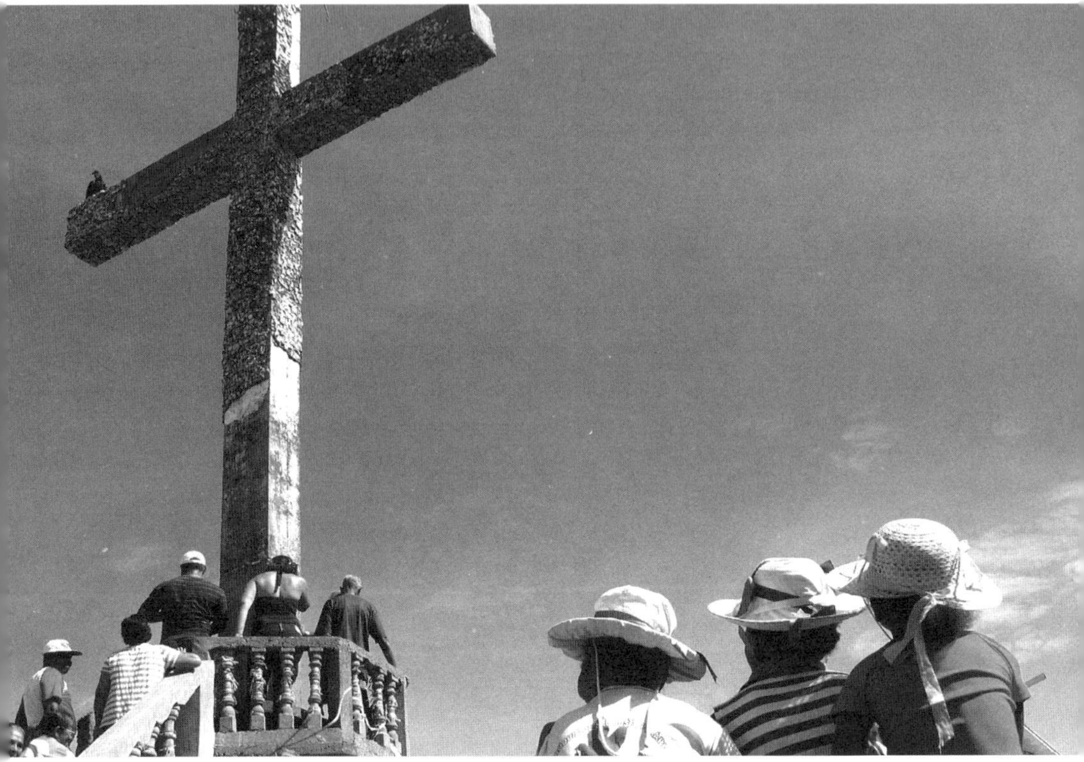

# Um sonho de Natal!

O pai, cristão, tenta aceitar o namoro da sua filha com um judeu. Esforça-se para convencer a si próprio de que Jesus Cristo deixou um legado de tolerância e amor ao próximo, e que esse negócio de fazer separação religiosa contraria os princípios do Evangelho.

Mas, no dia do primeiro encontro com o candidato a genro, prevalece o impulso atávico. O pai se lembra do ensinamento bíblico atribuído ao Messias: "Eu sou o caminho, a verdade e a vida; ninguém vem ao Pai senão por mim" (Jó, 14.6), e dispara contra o rapaz:

— Quer dizer que você acha que Jesus foi um impostor?

A namorada, aflita com um possível conflito entre os homens da sua vida, estremece. Mas a diplomacia vence a provável desavença:

— De jeito nenhum! Acho que Jesus foi um grande judeu! –, respondeu o namorado apaixonado.

O "confronto" acaba em sorrisos e demonstrações de acolhimento.

O fato aconteceu no ano de 2004 e de lá pra cá os dois, agora genro e sogro, nunca discutiram a natureza divina de Jesus, se ele é ou não o Intermediador entre o homem e Deus e Salvador da humanidade, ponto nevrálgico que diferencia o cristianismo do judaísmo.

Invoco esta experiência própria (sou a filha/esposa em questão) para afirmar que podemos superar as diferenças e evitar que as convicções religiosas se sobreponham à capacidade humana de buscar a harmonia, em torno do bem comum. Infelizmente, estamos bem longe desta sabedoria.

Em nome de princípios religiosos, milhões de vidas são interrompidas em guerras perpétuas e povos amargam a opressão política e econômica.

Mas é Natal! Tempo de generosidade e de se emocionar com um homem muito especial, cujos relatos históricos dão conta de um grande exemplo de vida, propagado por meio de palavras e atitudes.

Jesus veio de uma família humilde de operários da Galileia. Sua primeira casa foi uma estrebaria, junto com guardadores de rebanho, ouvindo o relincho dos jumentos e o balido das ovelhas. Ele peregrinava a pé, fazendo o bem e ensinando o caminho da abnegação. Negava-se a aceitar qualquer tipo de recompensa material pela dedicação ao próximo e acreditava que a elevação espiritual

## Questão de pele

solucionaria a inquietude humana. Morreu ciente de que cumprira sua missão.

O ego humano se encarregou de distorcer este legado e transformou a lembrança do nascimento de Cristo numa festa de cartas marcadas, que, em nome da união familiar, alimenta o atual modelo econômico e seus desatinos consumistas. A indústria, que sempre exaure os recursos naturais, celebriza a figura de um velhinho bondoso que distribui presentes na noite encantada. O marketing do Papai Noel é muito eficaz.

De acordo com a consultoria MB Associados, o comércio no Natal cresce a um ritmo de 14% ao ano, e só a festa natalina deve movimentar R$ 96 bilhões. Os dados profetizam que em dezembro serão vendidos, por minuto, no país: 101 celulares, 23 notebooks, 16 computadores, 12 smartphones, 7 carros. O homem de Nazaré certamente ficaria atônito diante da ironia dos "preparativos" modernos para seu aniversário.

Nesta data, nada mais apropriado do que homenagear a verdadeira herança de Jesus, um presente valiosíssimo nestes tempos em que o mundo se depara com as dificuldades de pôr em prática os princípios da sustentabilidade. Reciclar valores, voltar às raízes e aos fundamentos, privilegiar o ser em detrimento do ter, buscando uma vida frugal e solidária, participativa e distributiva, em vez de egoísta e cumulativa. A poderosa mensagem vem de um homem que, independentemente de seu papel como líder religioso, lançou a semente da revolução que pode nos libertar das armadilhas do mercado. Pode nos devolver o senso crítico para resistir à sedução desenfreada do consumo, que fragiliza o ser humano e a Terra em que ele habita.

Convicção religiosa, cada um tem a sua: genro e sogro, escritora e leitor(a). Ou não! Consciência social e ambiental, esta sim, precisa ser um bem comum e incontestável! Feliz Natal!

## Comentários

Marco A.

Este sofisma (Papai Noel), que já está impregnado no mundo, não tem mais jeito de reverter, é uma verdadeira tradição mundial. Nós vemos esforços de pais para comprar um presente para seus filhos, chegando a endividar-se, somente por um propósito de agradar seus filhos. Mas isso não é o problema, o problema em meio a todos estes esforços de amor é que os pais entregam o presente em nome de alguém que não existe, que não fez nada, nem se quer diz obrigado por dar um presente em seu nome: Papai Noel! (Muito louco isto!) É bonito ouvir os pais dizendo: – Filho, este presente é do papai e da mamãe, nós amamos você.
Isto é confraternização, isto é aquecer laços familiares. Famílias que podem ser restauradas por este ato de amor. (Creio que muitos que estão lendo estão dizendo: – Que exagero! Por que aumentar tanto? Mas esta é a realidade de muitas pessoas, que perderam seus familiares. por falta de afeto, falta de não saber expressar o seu amor.) Nossas crianças já crescem na mentira, iludidas e enganadas desde o berço. Eu vi uma criança chorando no shopping quando o seu pai disse que não existia Papai Noel, que tudo era mentira, que é apenas um homem vestido etc. E o pai estava totalmente sem graça porque outras crianças olhavam sem entender. Maldade! Por que falar que existe se não existe? A história de Jesus já é diferente, é linda! Não é à toa que crescem mundialmente os números de seus seguidores. Mas como pode uma simples criança, que nasceu em uma estrebaria, homem de família simples, tendo como profissão a carpintaria, conseguir dividir a história? Nós já vimos homens que mudam a ciência, fizeram grandes descobertas, que salvaram muitas vidas etc. Mas somente um conseguiu dividir a história, para alguns Ele é um Deus, para outros, um grande judeu e, por incrível que pareça, para outros Ele não é nada. (Res-

## Questão de pele

peito sua opinião.) Suas mensagens ainda falam através de muitas vidas, seu modo de vida exemplar arrasta multidões até hoje, e a Biblia é o livro mais vendido no mundo por muitos anos consecutivos. Nascimento de um grande homem merece ser celebrado. Ninguém é mais inteligente só porque segue a Jesus. Conheço ateus e pessoas de outras religiões que são mais inteligentes do que muitos cristãos que eu conheço, inclusive eu. Sejamos felizes e pronto.
Um carpinteiro que conseguiu dividir a história. Muito bom!

ADRIANA

Esta semana pude ver e sentir na pele o consumismo desenfreado de nós seres humanos. Isso eu digo porque foi dentro de casa. Estou de mudança e pedi para cada um que fizesse um limpa nos seus pertences, eu também. Fiquei assustada, simplesmente saíram para doações seis sacos de lixos de cem litros de roupas (poderiam ser caixas). Fiquei me perguntando: porque tanta roupa? Algumas que por muito tempo só estavam lá ocupando lugar, às vezes compramos pelo simples impulso de comprar e, quando chega o Natal, o que a gente faz? Roupa para o Natal e outra para o Ano Novo. É incrível. Sem contar, é claro, os eletrônicos que sempre tem alguém que quer.
Podemos, sim, viver sem comprar muito, não temos tanta necessidade assim, pelo menos sei que pude ajudar algumas pessoas com as doações, é meu consolo. Precisamos mais de amor e fraternidade e menos individualismo. Se cada um ajudar com um pouquinho e ensinar aos seus o correto, com certeza teremos um mundo melhor e pessoas melhores. E menos consumo. O planeta agradece. Pensem ambientalmente.

SOU DO BOM JESUS
PELA GRAÇA DO PAI.
31ª
ROMARIA
1º DAS SETE
MARAVILHAS DO BRASIL

# O *mea culpa* divino!

———

Milhares de anos depois de sua mais espetacular façanha, Deus desabafa com São Pedro:

— Estou profundamente arrependido de ter criado o ser humano. Não imaginava que ele fosse me desapontar tanto...

— Quer que eu o destrua com a força das intempéries? Tu me concedeste poderes para isso...

— Não acho justo, Pedro, até porque parte da culpa é minha. Quando criei o mundo e suas maravilhas, dei de mão beijada para a minha criatura, sem impor qualquer limite. Permiti que meu filho se achasse o centro do universo, subjugando a tudo e a todos. Agi como um pai que mima demais a cria e acaba criando um mostro. Está tudo registrado em Gênesis, 1:28:

"Crescei e multiplicai-vos, e enchei a terra, e sujeitai-a; e dominai sobre os peixes do mar e sobre as aves dos céus, e sobre todo o animal que se move sobre a terra".

E continuou:

– Eu deveria ter limitado a capacidade de reprodução da espécie. Este formigueiro humano que vemos daqui de cima, não para de crescer. Daqui a menos de 40 anos, eles serão quase nove bilhões. E vão precisar de mais um planeta, pois o *playground* chamado Terra estará saturado. O consumo dos recursos naturais ocorre em velocidade muito maior do que aquela com a qual a natureza consegue renová-los.

Em nome do livre arbítrio, permiti que a humanidade transformasse a casa que doei em um poço de degradação. Deveria ter estabelecido uma espécie de contrato de locação da Terra, como hoje sugere um dos meus filhos, Luís Fernando Veríssimo. No Juízo Final, eu teria o planeta de volta, como o criei naquela fatídica semana, ou todos os estragos feitos seriam contabilizados e cobrados!

Perdi as contas de quantas florestas foram extintas e continuam desaparecendo: 200 quilômetros quadrados de mata por dia. Já nem sei mais quantas espécies sumiram, quantos mares, lagos e rios apodreceram ou secaram, quantas toneladas de lixo profanam a minha obra...

Até o jardim do Éden, a minha mais perfeita relíquia natural, a primazia, foi tomado pelo cinza do concreto...

### Questão de pele

E esse filho desnaturado ainda argumenta que explorou minas, escavou crateras e ergueu termoelétricas para levantar lindas e douradas catedrais de adoração a mim... Não tem ideia do valor dos bens da natureza!

— Ainda é tempo de mudar o rumo dos acontecimentos, oh, Todo Poderoso! Deixe que eu acabe com esta raça, ao tempo em que o Senhor pensa em outra criatura para por no lugar, disse Pedro.

— Mas há alguns exemplares da raça humana que merecem ser poupados, Pedro. Não posso me sentir ainda mais culpado pela morte dos inocentes.

— Então, vamos reeditar o que está escrito em Gênesis, 7:17:

"O dilúvio caiu sobre a terra durante quarenta dias. As águas incharam e levantaram a arca, que foi elevada acima da terra".

— Boa ideia! Mas a arca precisa ter espaço para pessoas comprometidas com as causas ambientais e sociais. Os justos e retos de coração. Deixarei a seu critério o embarque dos escolhidos.

São Pedro utilizou as armas produzidas pelo próprio homem para por em prática o cataclismo moderno. Usou as 90 milhões de toneladas de carbono, lançados diariamente na atmosfera, para derreter as geleiras e calotas polares. O nível dos oceanos subiu e fez submergir as cidades costeiras. O aquecimento provocado por $CO_2$ e metano aumentou a extensão dos desertos. Secas causticantes se abateram sobre extensas áreas. Tempestades e furacões devastaram outras. Tsunamis, ciclones, ondas de frio e de calor...

Mas o plano de extermínio de grande parte da humanidade fracassara.

— Deus, já usei todos os meu poderes, lancei toda a fúria das águas e do fogo sobre esse povo ingrato, mas não consigo dizimá-los.

É uma praga que não para de se reproduzir. Eles têm uma poderosa arma de sobrevivência chamada "tecnologia", capaz de criar maravilhas. Operam verdadeiros milagres!

– Pois é, Pedro, fui eu mesmo que o coroei com estes poderes. Está lá em Gênesis, 1:27:

"E criou Deus o homem à sua imagem; à imagem de Deus o criou; homem e mulher os criou".

E concluiu:

– Pedro, façamos diferente. Deixe que a própria Gaia se encarregue da vingança contra os humanos. Eu desisto. Vá para Marte e despeje muita água por lá. Leve também plumas de metano para sua atmosfera e inicie uma vida microbiana na superfície. É no Planeta Vermelho que vou refazer o meu plano de criação, onde cada habitante saberá de cor a Lei do inquilinato e o preço impagável da indenização pelos estragos!

**COMENTÁRIOS**

EUSTÁQUIO QUEIROZ
Devagarzinho, passo a passo, o antropocentrismo vai sendo desfeito. O homem precisa jogar a seu favor. O bom é que parece ainda haver tempo. E pelo menos temos tecnologias e ciência.

CLAUDIO HIDEKI KURAHAYASHI
Seu texto me fez lembrar de três citações de Millôr Fernandes:
"Dizem que Deus escreve certo por linhas tortas. Pelo mundo que temos, parece que melhor mesmo ainda é a caligrafia". "Deus, como se sabe, para fazer o mundo não usou régua e compasso, apenas o verbo. Daí a falta de perspectiva". "O mal do mundo é que Deus envelheceu e o Diabo evoluiu".

## Questão de pele

ABDIAS FILHO

É possível captar o sentido "alegórico" que você quis dar ao seu artigo. Contudo, ao tomar trechos literais da Bíblia vinculando-os ao "Deus" a que você se refere, em vez de criar uma personagem fictícia, você tomou a identidade de uma pessoa real: "O Deus", o Criador, para atacar o Seu princinpal atributo divino: a perfeição. Isto fere a quem reconhece a Bíblia como a Verdade e ao Deus bíblico como pessoa real. Isto é assim porque muitos dos seus leitores não conhecem a Bíblia e muito menos a Deus, e passam a ter a imagem Dele que você elaborou: um Deus fraco, incapaz, impotente para dar esperança. A lealdade ao Pai pode levar alguém a se ressentir com a sua brincadeira. Como um filho, que não admitiria seus colegas criarem uma imagem falsa de fraqueza para o seu pai biológico. Por outro lado, colocando a culpa da barbárie ambiental em Deus, parece que seu artigo criou para o mau inquilino da Terra um senso de justificativa moral que o levará a persisitir na sua maldade. Isso o confrontará com a decisão antiga do Criador, registrada em Apocalipse, capítulo 11, versículo 18, que diz: "...e veio o tempo designado... para [Deus] arruinar os que arruinam a Terra". Deus continua responsável pelo Seu planeta e ele o consertará para a alegria do mansos que ainda quiserem reconhecê-lo como o seu Rei. O paraíso terrestre será uma realidade para os que confiarem em Deus como o seu Pai.

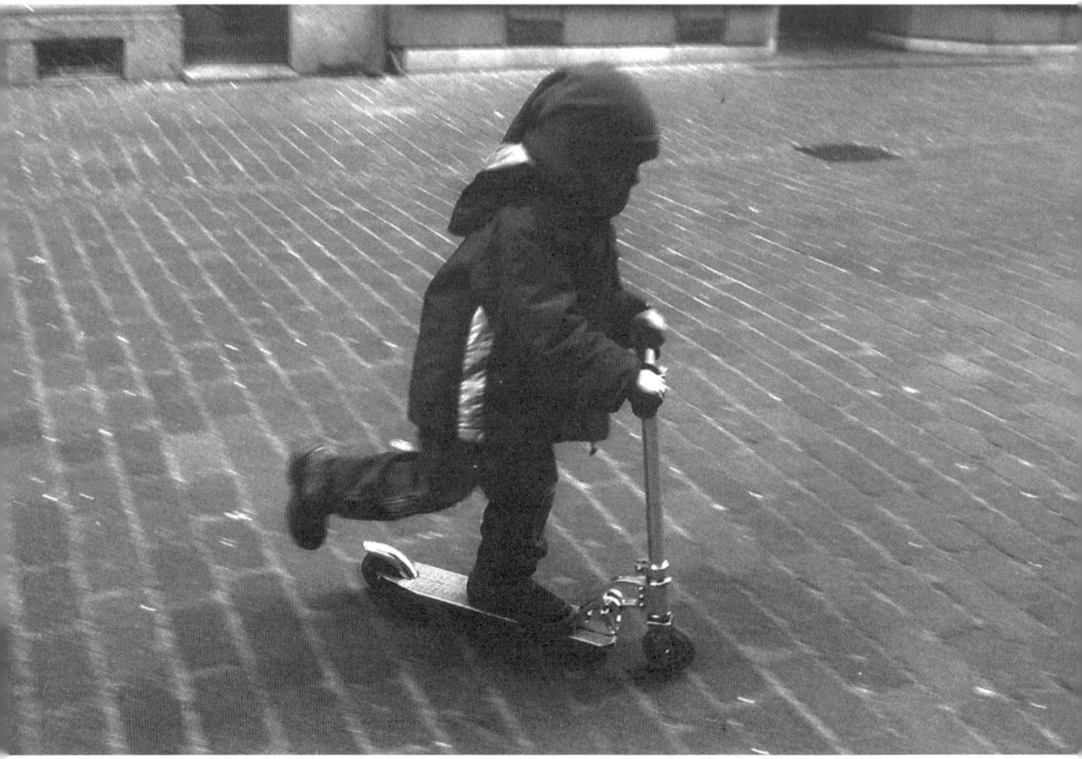

# Enquanto não ligo meu carro na tomada!

O telefone toca na redação. É o Jô Soares, interessado em saber sobre o risco de chuva naquela tarde quente de verão em São Paulo.

Consulto o último boletim da meteorologia e vou ao encontro do meu amigo, no estacionamento da emissora.

Ele veste uma camiseta com emblema do Super-Homem, à bordo de um jipe conversível, réplica do modelo usado pelo exército americano para a invasão da Normandia, na Segunda Guerra mundial. A intenção é dar umas voltas pela zona sul da capital paulista no brinquedo recém-comprado.

— Vá tranquilo, Jô; o radar meteorológico indica chuva forte só no início da noite. Você ainda tem pelo menos três horas de passeio.

O humorista aproveita para perguntar sobre meus projetos na área de sustentabilidade, e provoca:

— Outro dia eu te vi saindo da TV. Como uma pessoa tão envolvida com as questões ambientais pode ter um carrão daqueles, um utilitário beberrão?

"E agora?", pensei. Que saia justa...

No mês anterior, tinha ido ao "Programa do Jô" divulgar a série "Um mundo pra chamar de seu", um programa ambiental de treze capítulos que gravei para o canal a cabo GNT. Na ocasião, falei da importância de minimizar a sobrecarga sobre o planeta e dei dicas de como adotar medidas para reduzir a "pegada de carbono". Agora, minha coerência estava sendo posta à prova...

— Meu carro é o meu calo, Jô. Incomoda minha consciência, mas não consigo me livrar dele. Sempre tive carros utilitários, robustos, que me fazem sentir protegida no trânsito caótico e violento de São Paulo.

Ele pareceu convencido, o que não diminuiu meu constrangimento.

Em casa, desabafei com meu marido:

— Amor, vou trocar o carro. Não posso levantar as bandeiras ambientalistas e acelerar um motor que só roda seis quilômetros e meio a cada litro de gasolina e emite 348 g de dióxido de carbono por quilômetro. Preciso de um carro flex, movido a etanol, o nosso combustível verde!

### Questão de pele

— O etanol tem rendimento inferior ao da gasolina. Você vai precisar de mais álcool para percorrer a mesma distância. No cano de descarga, o volume de emissão de $CO_2$ será praticamente o mesmo entre os dois combustíveis.

— Mas, se a gente considerar a cadeia produtiva, o etanol é mais eficiente no combate ao aquecimento global. Todo o gás carbônico emitido pelos veículos movidos a álcool é reabsorvido pelas plantações de cana-de-açúcar. Isso reduz em até 70% as emissões do gás. Além disso, o etanol usa o gás carbônico retirado da atmosfera pelas plantas. Já o petróleo joga na atmosfera o gás carbônico armazenado no solo e não o reabsorve.

— Mas você acabou de comprar este carro. Já perdeu 30% do valor original. Vai jogar mais dinheiro pela janela?

— Então vou converter o motor.

— Aí você perde a garantia. Seja racional. Você já faz a coleta seletiva do lixo, reduziu o consumo de sacolas plásticas, compra alimentos orgânicos, trocou as lâmpadas incandescentes, comprou móveis de madeira certificada e aparelhos elétricos eficientes... não seja radical, porque ninguém aguenta uma ecochata!

— Ecochata, eu?

O termo ecoou dentro de mim pelos dias seguintes. E me despertou para o risco de cair na armadilha mais comum na vida dos ambientalistas: seguir à risca o manual ecologicamente correto, o que nem sempre resulta em consumo consciente. É preciso bom senso para fazer as escolhas.

Para mitigar a culpa por ter um vilão na garagem, reformei a velha bicicleta, com a qual faço os percursos mais curtos no bairro, como ir à academia, à banca de frutas ou ao parque.

Mas a minha redenção está a caminho. Estou de olho no carro elétrico. Ele tem zero de emissão direta e aproveita as fontes alternativas de geração elétrica. É mais eficiente, pois se reabastece na frenagem, na descida e não gasta energia em ponto morto. É mais barato, pois não requer sistemas de transmissão e refrigeração sofisticados e dispendiosos. E simplesmente não tem sistema de injeção de combustível, de lubrificação do motor, de escapamento, motor de arranque, catalisador e abafamento de ruído. O motor elétrico custa uma fração de um motor à combustão e seus acessórios. Resolvido o problema da bateria, o carro elétrico custará menos do que os carros convencionais, terá custo de abastecimento muito inferior, desempenho superior em torque e nenhuma emissão de barulho e gases poluentes.

Até parece que sou *expert* na parafernália automobilística, não é? Que nada! Toda esta propriedade ao comentar as vantagens do carro elétrico vem do trabalho "Carro elétrico, a revolução geopolítica e econômica do século XXI e o desenvolvimento do Brasil", de Gustavo Antônio Galvão dos Santos, Bruno Galvão dos Santos, Rodrigo Loureiro Medeiros e Roberto Pereira D'Araújo – os dois primeiros, economistas do BNDES (Banco Nacional do Desenvolvimento Econômico e Social); o terceiro, professor de engenharia da Universidade Federal do Espírito Santo; e o quarto, engenheiro eletrecista.

Com um veículo superpoderoso como este – quem sabe? – eu possa vestir uma fantasia de Mulher-Maravilha e, a exemplo do que fez o Super-Jô Soares com seu jipe retrô, eu consiga pilotar o carro dos meus sonhos, sem culpas, e sem o medo das ameaças que vêm dos céus e da Terra!

## Questão de pele

### Comentários

**Francisco**

O carro elétrico nunca funcionará, não há energia para isso. Façamos uma pequena conta: vamos supor que substituamos metade da frota brasileira por carros elétricos pequenos de 40 cavalos, a frota é composta de aproximadamente 20 milhões, então, temos 10 milhões x 40 cavalos = 10 milhões x 40 x 735 watts (1 cavalo tem 735 watts de potência) então, continuando: 10 milhões x 40 x 735 = 294 bilhões de watts ou 294.000 megawatts ou 294 gigawatts, o que equivalente a 21 usinas de Itaipu! A potência instalada de Itaipu é de 14 gigawatts!

Você acha que é só ligar o carrinho na tomada? Nós teremos "apenas" que construir 21 Itaipus se quisermos trocar "metade" da frota por carrinhos eletricos!

**Adherbal Jr.**

Apesar do motor elétrico ter menos partes móveis que um motor à combustão interna (motor à gasolina ou álcool), o sistema de controle e variação de velocidade é de alto custo, e ainda temos de pensar no que fazer com as baterias do carro elétrico! Como reciclar? Como não poluir mais o ambiente com metais pesados do qual elas são feitas? Aqui no Brasil, ainda temos a "matriz energética", em sua maior parte composta por hidrelétricas, mas e os outros países que tem sua energia originada do carvão usado nas termoelétricas? E o impacto ambiental de novas usinas hidrelétricas? Esta é uma questão que deve ser muito bem pensada e analisada. Será mesmo o carro elétrico a solução?

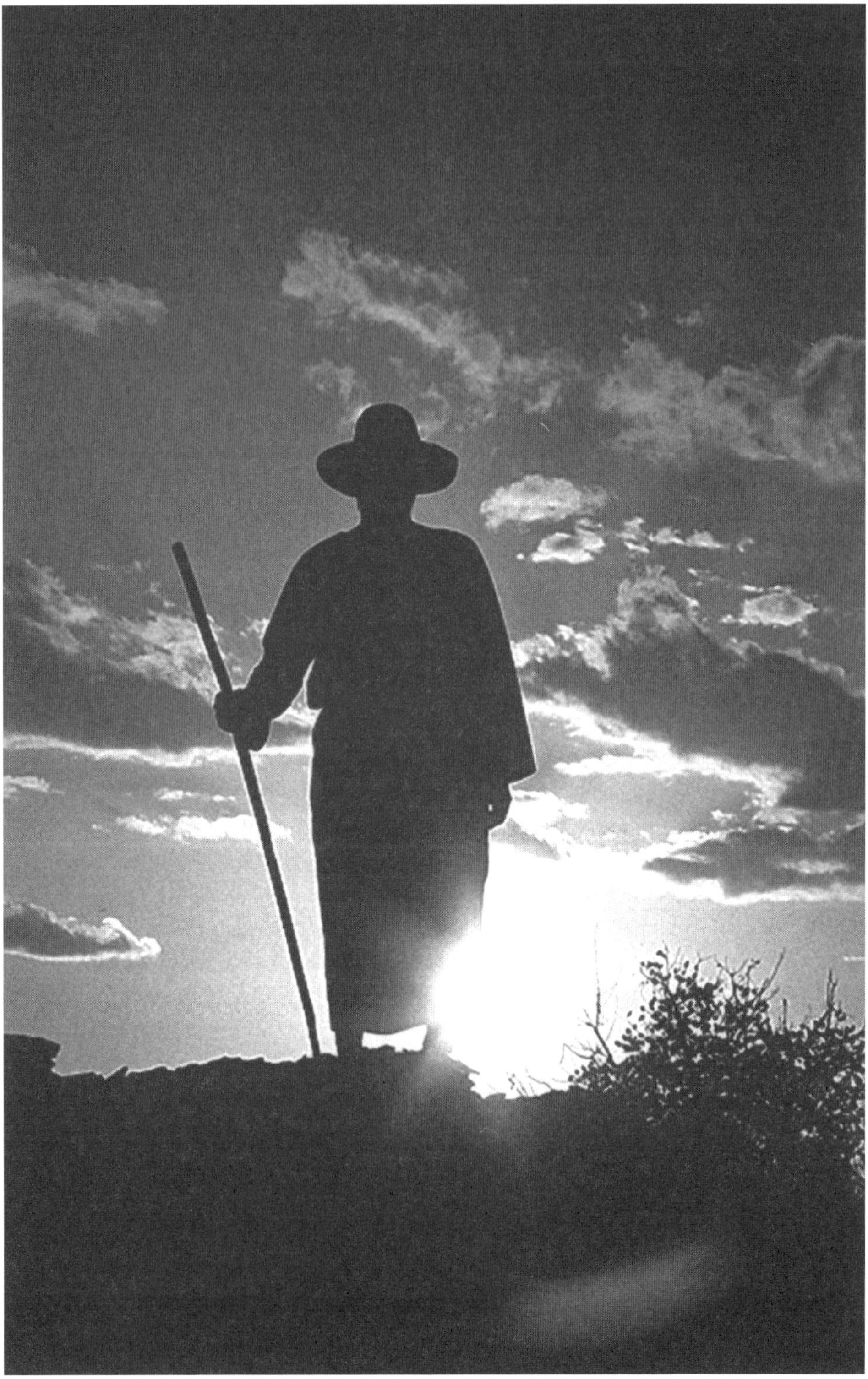

# O futuro do meio ambiente

O estádio estava lotado para o clássico Bahia e Vitória, o BA-VI. Pela primeira vez eu veria um jogo de futebol ao vivo. Eu e meu pai estávamos na tribuna de honra. Ele, vidrado no campo com o inseparável radinho de pilha na orelha. Era um ondas curtas que transmitia o sinal de rádios do mundo todo. Um xodó que funcionou bem por mais de vinte anos, até que um dia pifou.

— Eu vou te dar um rádio novo, mais moderno, pai.

— Eu tenho muito apreço por este, filha. Já tentei consertar aqui em Salvador, mas não tem assistência técnica. Será que você não conhece algum serviço em São Paulo?

Fui em busca do conserto, sem sucesso. O Zé, da engenharia da TV Globo, gentilmente examinou o falante e recobrou-lhe as forças. Imagine a alegria do dono!

O episódio encontra eco no texto do Rui Bittencourt, enviado pela minha sogra: "Desabafo. A idade e o meio ambiente".

Na fila do supermercado o caixa diz a uma senhora idosa que deveria trazer suas próprias sacolas para as compras, uma vez que sacos de plástico não eram amigos do meio ambiente. A senhora pediu desculpas e disse:

– Não havia essa onda verde no meu tempo.

O empregado respondeu:

– Esse é exatamente o nosso problema hoje, minha senhora. Sua geração não se preocupou o suficiente com nosso meio ambiente.

– Você está certo – respondeu a velha senhora –, naquela época, as garrafas de leite, de refrigerante e de cerveja eram devolvidas à loja. A loja mandava de volta para a fábrica, onde eram lavadas e esterilizadas antes de cada reuso, e eles, os fabricantes de bebidas, usavam as garrafas, umas tantas outras vezes.

Realmente não nos preocupávamos com o meio ambiente no nosso tempo. Subíamos as escadas, porque não havia escadas rolantes nas lojas e nos escritórios. Caminhávamos até o comércio, em vez de usar o nosso carro de 300 cavalos de potência a cada vez que precisávamos atravessar dois quarteirões.

Mas você está certo. Nós não nos preocupávamos com o meio ambiente. Até então, as fraldas de bebês eram lavadas, porque não havia fraldas descartáveis. Roupas secas: a secagem era feita por nós mesmos, não nessas máquinas bamboleantes de 220 volts. A

### Questão de pele

energia solar e a eólica é que realmente secavam nossas roupas. Os meninos pequenos usavam as roupas que tinham sido de seus irmãos mais velhos, e não roupas sempre novas.

Mas é verdade: não havia preocupação com o meio ambiente naqueles dias. Naquela época, tínhamos somente uma TV ou rádio em casa, e não uma TV em cada quarto. E a TV tinha uma tela do tamanho de um lenço, não um telão do tamanho de um estádio, que depois será descartado como?

Na cozinha, tínhamos que bater tudo com as mãos porque não havia máquinas elétricas, que fazem tudo por nós. Quando embalávamos algo um pouco frágil para o correio, usávamos jornal amassado para protegê-lo, não plástico-bolha ou *pallets* de plástico que duram cinco séculos para começar a se compor.

Naqueles tempos, não se usava um motor a gasolina apenas para cortar a grama. Era utilizado um cortador de grama que exigia músculos. O exercício era extraordinário, e não precisávamos ir a uma academia e usar esteiras que também funcionam a eletricidade.

Mas, você tem razão: não havia naquela época preocupação com o meio ambiente. Bebíamos diretamente da fonte, quando estávamos com sede, em vez de usar copos plásticos e garrafas pet que agora lotam os oceanos. Canetas: recarregávamos com tinta umas tantas vezes, em vez de comprar outra. Abandonávamos as navalhas, em vez de jogar fora todos os aparelhos "descartáveis" e poluentes só porque a lâmina ficou sem corte.

Na verdade, tivemos uma onda verde naquela época. Naqueles dias, as pessoas tomavam o bonde ou o ônibus e os meninos iam em suas bicicletas ou a pé para a escola, em vez de usar a mãe como um serviço de táxi 24 horas. Tínhamos só uma tomada em cada quarto, e não um quadro de tomadas em cada parede para alimentar uma dúzia de aparelhos. E nós não precisávamos de um GPS para receber sinais de satélites a milhas de distância no espaço só para encontrar a pizzaria mais próxima.

Então, não é risível que a atual geração fale tanto em meio ambiente, mas não queira abrir mão de nada? Não seria bom viver um pouco como na minha época?

Com o inseparável radinho de pilha da década de 1990, o meu pai acompanhou, com alegria, a vitória do Bahia contra o Atlético Paranaense e ouviu seu time escapar da zona do rebaixamento, nessa semana.

A sabedoria dos mais velhos pode ser música para os ouvidos!

### Comentários

#### Rodrigo

Você acha que as pessoas daquela época se comportavam assim por que queriam ou por que não tinham escolha?
As pessoas andavam de bicicleta, pois os carros na época ainda eram caros. Hoje, qualquer cidadão com ensino médio completo e renda fixa pode ter seu próprio meio de locomoção.
As empresas precisavam das garrafas de volta, pois não existia um meio barato de produzir, o plástico barateou o meio de produção de uma maneira que eles nunca imaginariam.
A tecnologia não fez nada além de proporcionar qualidade de vida e prosperidade, o meio ambiente está como está em virtude da atitude das pessoas, e não por causa do desenvolvimento tecnológico.

## Questão de pele

SAULO

Este texto me fez refletir sobre como tenho tanta coisa supérflua e, antes de ler, eu estava pensando sobre como iria comprar tantos objetos que ainda não tenho e gostaria de ter. Depois dessa leitura, vi que a minha casa está cheia de produtos, mas parece que a gente só enxerga o que não tem, e o que possuímos passa despercebido.

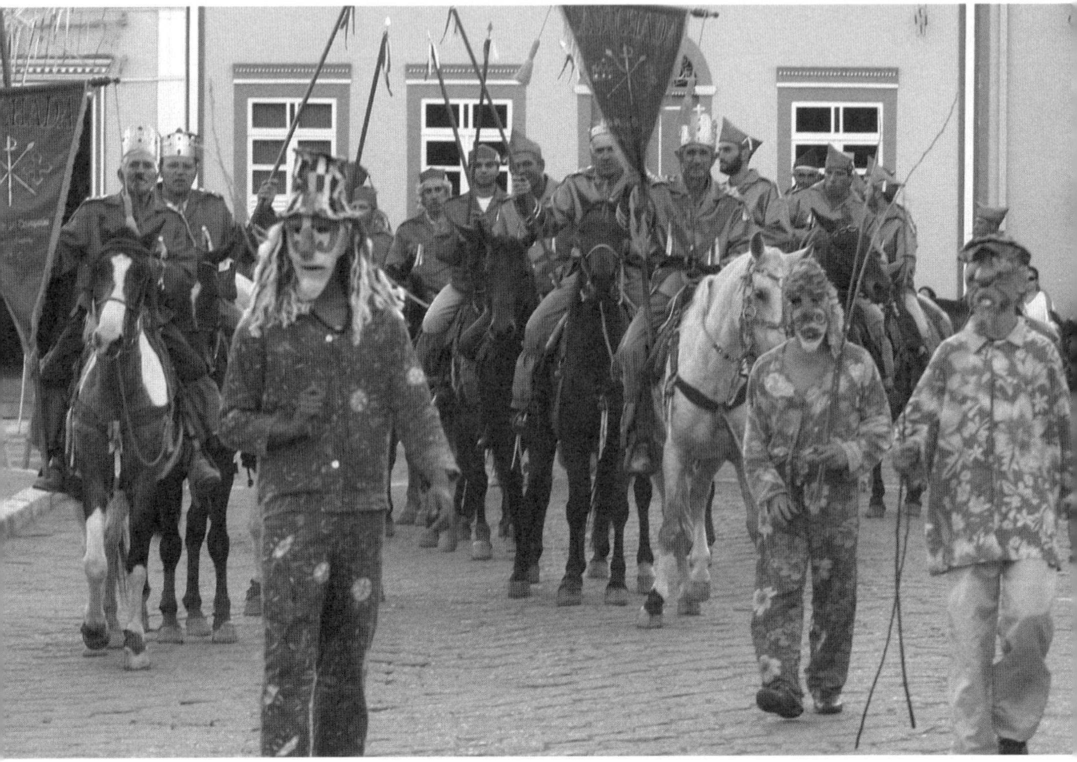

# A batalha vencida

Posso descrever com riqueza de detalhes a minha rotina naquele dia. As imagens são recorrentes na memória e hoje, uma década depois, permanecem acesas, marcadas na mente, como uma tatuagem, um assunto inescapável.

Como de costume, cheguei à emissora às 4h15, apresentei a edição diária do Globo Rural e fui para a redação escrever uma matéria sobre degustação de café. Eram quase nove horas quando levantei para tomar água e me deparei com um dos monitores, sintonizado na

CNN, transmitindo ao vivo a imagem do prédio em chamas. Era a Torre Norte do World Trade Center, em Nova York. Olhei atônita para o repórter Vico Iasi, que também estava perplexo. O avião deveria ter perdido o controle, o piloto errado a rota, sei lá... que loucura aquele acidente!

Tensão e nervosismo na redação do jornalismo. O então diretor Amauri Soares sai de sua sala e convoca a todos para a transmissão imediata em cima das imagens da emissora americana. O âncora Carlos Nascimento, que preparava a edição do Jornal Hoje, correu para a bancada e passou a improvisar com a maestria que lhe é peculiar. O cara tirou leite de pedra, sem qualquer informação. Tinha apenas o enquadramento fechado da câmera no edifício que desmoronava. Enquanto observávamos a cena chocante, a outra Torre, a Sul, é atingida por outro avião, em um golpe cronometrado para ser o mais surpreendente espetáculo midiático de que se tem notícia. Aí a ficha caiu. Tratava-se de um atentado.

— Eu estava ali na minha mesa de trabalho e a minha colega disse assim: olha, tem aqui na tela um prédio e um buraco. Um avião bateu num prédio, em Nova York. Não sabia que era o WTC, não sabia nada. Nada, porque a imagem não abria, era só uma imagem fechada e um rombo no prédio. Para mim era impossível que na cidade mais importante, no país mais poderoso do mundo, alguém fizesse uma coisa daquela, quanto mais com um terrorista suicida, era tudo novo, disse Nascimento.

A apresentadora Ana Paula Padrão adentra o estúdio com a maquiagem pela metade e senta-se ao lado do Nascimento para dar continuidade à cobertura. A experiência de ter vivido um ano na cidade seria fundamental para tentar exprimir o sentimento dos

## Questão de pele

americanos diante da tragédia. A dupla arrasou. Fiquei orgulhosa pelos colegas e quase chorei quando vi o Amauri abraçando o Nascimento, em sinal de dever cumprido, no apagar das câmeras.

Neste dia, formou-se um consenso de que o mundo seria outro.

Os Estados Unidos, de fato, mudaram. Passaram a dar prioridade absoluta a questões relacionadas à segurança e terrorismo, reagindo com duas guerras e expandindo seu poder unilateral ao invadir o espaço aéreo do Paquistão para capturar e matar o responsável pela tragédia em Manhattan. No âmbito doméstico, leis radicais que arranharam a Constituição naquilo que ela tinha de melhor: a preservação das liberdades civis. Era o fim da privacidade e a legitimação da repressão a suspeitos de ações terroristas.

Outra revolução foi a eleição de um democrata sensato, jovem e negro, que hoje lida com a deterioração da estabilidade da economia norte-americana e o fim de sua hegemonia.

Outros avanços vieram na esteira de um mundo mais consciente, como o anseio por liberdade política nos países do Norte da África e do Oriente Médio e o consequente enfraquecimento do fundamentalismo. "Mas a maioria das questões levantadas pelos escombros permanece não resolvida", ressaltou o jornalista Daniel Piza no aniversário de dez anos da tragédia. Ele argumentou que ainda vivemos "a rendição das classes políticas às gigantes multinacionais, a dependência de petróleo e outros combustíveis fósseis, o estilo de vida cada vez mais consumista etc".

O 11 de setembro ainda vai rechear a memória do noticiário por décadas.

### Rosana Jatobá

Infelizmente o Daniel não estará mais aqui para retratar a história com o mesmo talento e competência dos apresentadores que tentaram explicar aos telespectadores o absurdo daquelas cenas de horror.

#### COMENTÁRIOS

##### JUAREZ
Engraçado como nenhuma palavra foi dita a respeito de outro ataque, ocorrido também em 11 de setembro, mas de 1973, contra a nação chilena e financiado pelos americanos. Não que eu aprove qualquer ataque, mas a abordagem que a mídia dá a um ataque e não ao outro é desproporcional. É mais ou menos como acontece em relação às tragédias diárias dentro do país. Choca muito mais, ou pelo menos a mídia assim faz parecer ou talvez dê mais ibope, quando a criança loira de olhos azuis do sul do país passa fome ou sede, enquanto casos similares ocorrem aos montes nos rincões do Norte/Nordeste do país e raramente são noticiados.

##### FRANCISCO EDSON
Eu também me lembro com clareza deste dia, alguns dias depois conversando com amigos, pois este assunto estava em todas as rodas de conversa, chegamos à conclusão que isto aconteceu devido à prepotência dos Estados Unidos em tratar os outros, e os americanos nunca imaginavam que um ato terrorista aconteceria em seu próprio país. E este ato contribuiu para se manter a guerra do petróleo e, futuramente, teremos uma guerra pela água potável, pois este recurso se encontra em franca queda.

##### DANIEL MORAES
Sempre o admirei como jornalista sério e de confiança. Estive acompanhando as notícias dos dez anos do 11 de setembro de 2001 e nenhum jornalista

## Questão de pele

cita e nunca citou os fatos estranhos ocorridos naquele dia. Por que a imprensa televisiva não questiona, nem investiga os fatos do acontecidos em 11 de setembro de 2011? É por pressão de alguma força superior a eles ou por falta de informação/investigação? Fontes e mais fontes estão aí, não com boatos ou teorias, mas com fatos, investigações científicas e leis básicas da física que todo aluno secundário conhece.

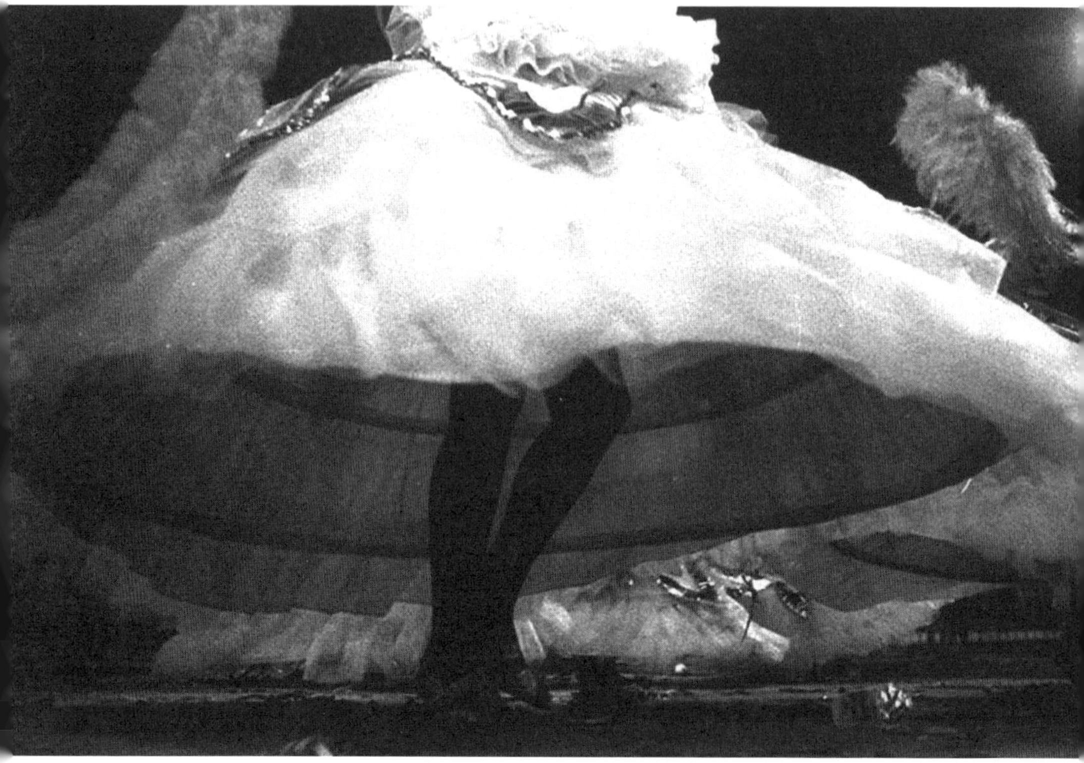

# O luxo do lixo

---

Leio a notícia no portal: batido o recorde de preço pago por obra fotográfica de um artista brasileiro. O trabalho "Bloody Marilyn", (Marilyn Monroe de chocolate), do paulista Vik Muniz, ultrapassou US$ 300 mil no leilão de Arte Contemporânea do Pós-Guerra, realizado pela Sotheby's em Nova York!

Vik Muniz já era uma sumidade quando o conheci em um seminário sobre responsabilidade social, promovido pelo maior banco privado do país. Ele acabara de vender uma de suas obras num leilão em Londres por vinte e oito mil libras, na época quase

R$ 100 mil. O disputado quadro de Vik parodia o trabalho de um pintor francês que retratou o revolucionário Jean Paul Marat no momento de sua morte. Marat foi assassinado em uma banheira por causa de suas posições em defesa do povo. Na tela do brasileiro, quem aparece desvanecido é Sebastião Carlos dos Santos, o Tião, catador de lixo do Jardim Gramacho. Mas, em vez de sais de banho, está rodeado de materiais, detritos e resíduos, que lhe garantem a sobrevivência.

"Tião mostra o catador de lixo não só como uma figura marginal que está em uma ocupação alternativa, mas como uma classe de trabalhador com potencial de organização", explica Vik.

A parceria com Tião rendeu o documentário "Lixo Extraordinário", indicado ao Oscar naquele ano de 2010. O filme mostra a mudança de vida de vários catadores de lixo no Rio de Janeiro quando começaram a colaborar com os trabalhos do artista plástico.

"O filme serve para mostrar o poder de transformação que a arte tem". Tião, por exemplo, ganhou visibilidade até se tornar uma "figura central" do setor da reciclagem no Rio, onde se impulsionaram vários projetos ecológicos", assinala Muniz.

Vik declarou que recorreu ao lixo em seu trabalho criativo por se tratar de "um elemento que ninguém quer ver" e que, por isso mesmo, possui um "alto poder provocador". Para Muniz, é "especial" e "paradigmática" a relação psicológica que o homem mantém com o lixo, orgânico ou inorgânico, que produz.

A minha preocupação com os resíduos que produzo é recente, coisa de quatro anos. Comprei os quatro recipientes coloridos de separação dos recicláveis em vidro, papel, metal e plástico, e treinei as minhas assistentes a passar uma água no material antes de descartar,

## Questão de pele

para evitar insetos. Como não há coleta da prefeitura no meu bairro, a cada duas semanas transporto o lixo até o posto de coleta de um supermercado, distante três quilômetros de casa.

É claro que a tarefa não é das mais atraentes, mas faz parte do leque de atitudes necessárias à militância de uma cidadã amiga da natureza. E, quando checo os números do descaso do poder público com a questão do lixo, aí é que reconheço a importância do esforço de cada um nesta empreitada de deixar a nossa casa mais limpa.

A Lei nº 12.305/10 determina que todas as prefeituras do Brasil deveriam ter apresentado um plano de gestão de resíduos sólidos e colocá-lo em operação até 2014.

Por enquanto, das 240 mil toneladas de lixo urbano produzidas por dia no país, apenas 3% são coletados para reciclagem nos municípios. Somente 14% da população brasileira conta com o serviço de coleta seletiva. A maior parte dos detritos segue para aterros sanitários, lixões ou é jogada diretamente no mato, rios e oceanos. São mais de 200 mil toneladas de rejeitos e resíduos que ocupam espaço, degradam o ambiente, geram doenças. A decomposição do lixo produz metano ($CH_4$), gás carbônico ($CO_2$) e outros gases poluentes que reforçam o aquecimento global. O chorume, por exemplo, se infiltra no solo e contamina os lençóis freáticos com o seu alto teor de acidez e bactérias.

De acordo com o professor José Eustáquio Diniz Alves, já temos o caminho das pedras. Em alguns aterros, se implantou um sistema de captação de gás metano para gerar energia. Existem usinas pilotos (www.usinaverde.com.br) que são capazes de transformar 30 toneladas de lixo, por dia, em energia suficiente para atender 20 mil habitantes. Portanto, se todo o lixo produzido no país fosse transformado em energia, poderíamos economizar bilhões na queima de petróleo e carvão vegetal e mineral. Existem também biodigestores anaeróbicos capazes de processar o lixo em sua forma "natural", tal como é coletado pelos caminhões nas casas, em energia útil para as residências e as comunidades. Além de gerar energia, o reaproveitamento dos resíduos contribui para mitigar o impacto sobre o meio ambiente, possibilitando reciclar papéis, plásticos, vidros, metais etc., o que gera empregos e minimiza problemas de saneamento e saúde pública.

Estudo realizado pelo IPEA (Instituto de Pesquisa Econômica Aplicada) em 2010 mostra que, se a sociedade brasileira reciclasse todos os resíduos urbanos que são encaminhados aos lixões e aterros, poderíamos economizar cerca de R$ 8 bilhões ao ano, três vezes mais do que o montante poupado hoje.

Nosso grande expoente das artes plásticas já provou que o caminho entre um lixão e um leilão de arte não é tão distante assim, e pode ser muito valioso!

**Comentários**

Bruno do Nascimento

O que de fato falta para se pôr em prática tudo o que foi citado no texto seria a conscientização da população, que muitas vezes não tem ideia dos benefícios trazidos a partir do descarte correto do lixo e sua utilidade como fonte geradora de renda e de energia, além do descaso do poder público, que muitas vezes fecha os olhos para esse assunto e não toma medidas concretas para minimizar os efeitos da poluição do meio ambiente, assim como a falta de investimento do setor privado em projetos de reutilização do lixo como fonte de energia. O planeta pede socorro, será que um dia ele será atendido?

### Questão de pele

João Henrique Vieira

Nosso dever, como cidadãos e parte desse organismo vivo – Terra –, é ao menos reutilizar para reduzir, recuperar e, por fim, reciclar. Admiro-me por algumas pessoas, que se preocupam ou dependem desse tipo de atividade para sobreviver, fazem com que do lixo seja feito algo de luxo. Devemos sempre lembrar da regra dos 4 "Rs" (Recuperar-Reciclar-Reduzir-Reutilizar).

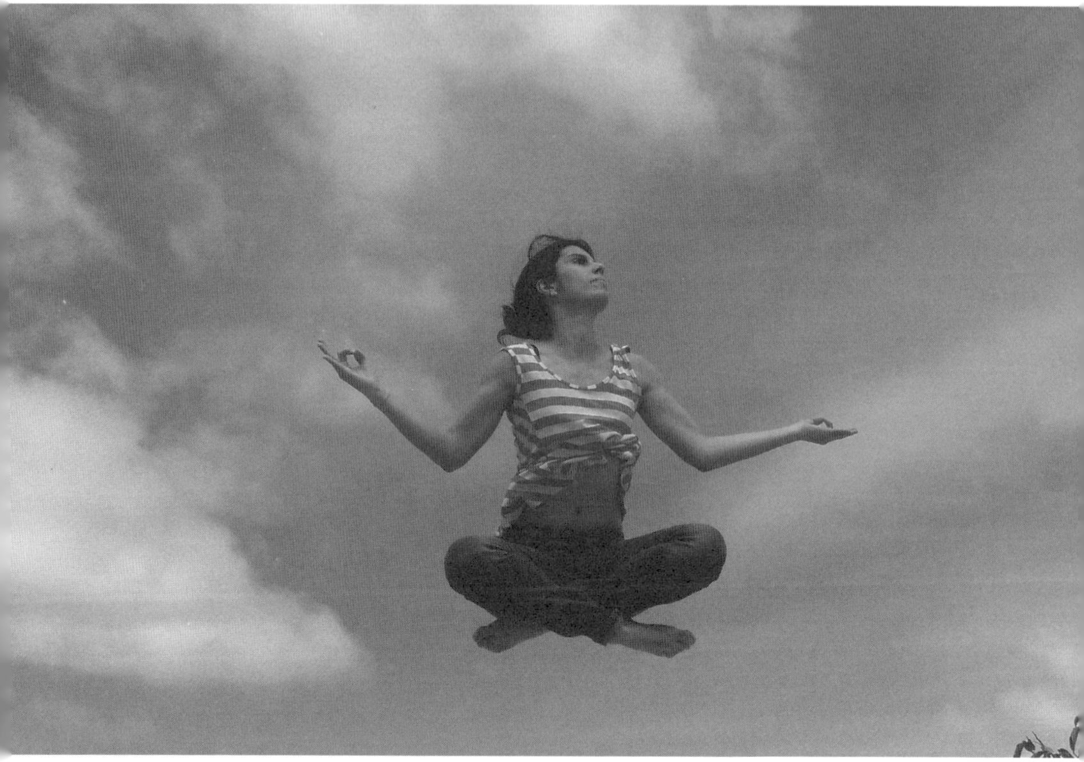

# Devagar, quase parando...

**—N**ão bastasse a primazia, temos ainda a vanguarda! Esta foi a frase introdutória de uma mensagem que recebi de Rosa, uma amiga soteropolitana. Ela se gaba de ter nascido onde o Brasil começou e sempre defendeu a famosa calmaria dos baianos, como exemplo de sabedoria para obter qualidade de vida. Agora, atesta a lição de modernidade dos conterrâneos, ao tomar conhecimento de uma tendência mundial que desafia um dos pilares da cultura global: a rapidez.

Conhecido como Desacelere-se, o movimento propõe viver no ritmo biológico natural e desfrutar dos momentos, coisa que a cultura baiana faz desde sempre.

O conceito de *Slow Movement* (Movimento Lento) foi criado pelo jornalista britânico Carl Honoré, que tinha mania de trabalhar, comer e até ler histórias para seus filhos na beira da cama da forma mais rápida possível. Em suas andanças, descobriu uma resistência global contra a cultura da velocidade materializada em grupos que vêm repensando o cozinhar e o comer (o já conhecido *Slow Food*), o urbanismo, o design e até o sexo. Em vez do "tempo é dinheiro", contrapõem: "mais tempo é mais vida". Ou seja, ser moderno é ser "mais devagar"!

"Quando estamos muito acelerados, comemos mal, não temos tempo para descansar, erramos no trabalho e perdemos relacionamentos. Viver devagar significa fazer tudo melhor e aproveitar mais. Você é mais saudável porque seu corpo tem tempo para descansar; mais produtivo no trabalho porque está relaxado, concentrado e mais criativo. E seus relacionamentos são mais fortes porque você pode dedicar sua completa atenção para as pessoas", defende Honoré.

Achei a ideia interessante, porém utópica. No meu caso, que cuido de gêmeos, trabalho, estudo, faço atividade física e preciso desempenhar uma série de funções relacionadas à minha condição de esposa e dona de casa, 24 horas é pouco! Não dá para andar na marcha lenta.

Carl Honoré reconhece que somos regidos pela velocidade, que ele define como "a droga de nosso tempo".

"Aceleramos por um vício do corpo, para evitar pensar sobre questões profundas e porque ser rápido é sinônimo de prestígio na

### Questão de pele

nossa cultura. Então, desacelerar é difícil. Uma ironia é que nós somos tão impacientes hoje que até queremos desacelerar rápido! Calma, leva tempo. Mas quando você percebe que muito da nossa pressa não faz sentido (como correr para chegar rápido ao farol vermelho) então é possível ir mais devagar".

Se esta consciência não é cultivada, o corpo sente, alerta o especialista:

"Pesquisas que monitoram níveis de hormônio na saliva, batimentos cardíacos, respiração e sudorese de voluntários comprovam que as taxas altas de adrenalina, a frequência cardíaca e as dificuldades respiratórias alteram o metabolismo, minando o sistema imunológico e desencadeando doenças graves. Andar na contramão do tempo é perigoso. A pressa é uma doença que leva a males no coração, pressão alta, úlcera nervosa, tensão e até depressão profunda", frisa.

O movimento Desacelere-se ultrapassou as fronteiras individuais e chegou à estruturação dos municípios. O conceito de "cidade lenta" desenvolveu estatutos com os princípios de uma cidade mais vagarosa e uma Carta de Associação que deve ser assinada pela cidade que queira aderir. Só podem se associar cidades com menos de 50 mil habitantes que respeitem os 55 critérios definidos nos estatutos. Estes estão divididos em seis categorias principais: políticas ambientais, qualidade do tecido urbano, situação dos produtos locais, hospitalidade e existência de sensibilização para o tema. Para poder apelidar-se de "cidade lenta", o município deve ser avaliado e regularmente visitado por inspetores que garantem que os padrões são mantidos.

Já existem várias cidades adeptas do movimento na Itália (Orvieto, Positano, Fontanellato, Castelnovo nè Monti), na Espanha (Mungia), no Reino Unido (Ludlow, Alysham, Norfolk, Mold), e até no Brasil. Na cidade de Antônio Prado, no Rio Grande do Sul, a prefeitura lançou uma cartilha de educação patrimonial, desenvolveu coleta seletiva intensa, dedicou grande cuidado ao saneamento e implantou a educação ambiental nas escolas.

Para quem quer tentar, Carl Honoré enumera uma série de atitudes necessárias:

1. A primeira coisa é fazer menos. Olhe para seu calendário e corte as coisas que não são essenciais – isso pode significar ver menos TV, reduzir as atividades extracurriculares das crianças, dizer não a alguns convites de eventos sociais ou até mesmo trabalhar menos. É importante aceitar que não podemos fazer tudo.

2. Encontre momentos para desligar a tecnologia. Celulares e laptops são maravilhosas ferramentas, mas todos precisamos de um tempo desligados deles. Nós precisamos de momentos de silêncio para recarregar e refletir. Até as grandes companhias de tecnologia entendem isso.

3. Inclua no seu dia uma atividade que te force a desacelerar. Pode ser qualquer coisa – ioga, jardinagem, ler um livro, fazer uma caminhada com o telefone desligado, entrar na banheira.

4. Finalmente, qualidade antes de quantidade. Fazer menos (ou deixar coisas de lado) é um preço pequeno a pagar por ter tempo para fazer bem as coisas importantes e aproveitá-las mais.

Talvez seja hora de pisar no freio e beber na fonte primaz da minha saudosa Bahia!

**COMENTÁRIOS**

### Questão de pele

**Sher**

Ainda penso que o ponto principal é não querer olhar para dentro de si. Há pessoas que possuem verdadeiro pavor a isso e até mesmo quando podem descansar, parar para pensar, acham um jeito de preencher, seja com um jogo de viodegame, um computador etc.

**Serafim**

Na velocidade em que a sociedade está, ela acaba fugindo dos seus princípios fundamentais, perdendo o respeito pelos outros e por si mesma. Muitos hoje estão doentes porque não respeitaram seus limites como ser humano. Na China, por exemplo, muitos jovens suicidam-se pelo excesso de estudo e/ou trabalho. Os casos ocorrem quando alguns não passam em um tipo de concurso, como o vestibular, e, nas empresas de tecnologia, onde muitos pulam do andar em que trabalham, pois não suportam mais a pressão psicológica em que vivem. E, quando não se matam, acabam ficando doentes, com algum distúrbio psicológico que provavelmente foi causado pela estafa, doença que, se não for tratada, pode evoluir para os estágios mais graves e levar à loucura. A velocidade em que a sociedade está é originária da concorrência nos aspectos educacional, profissional, empresarial, entre outros, e é por causa disso que o ser humano esqueceu que ele não é máquina, e sim ser humano.

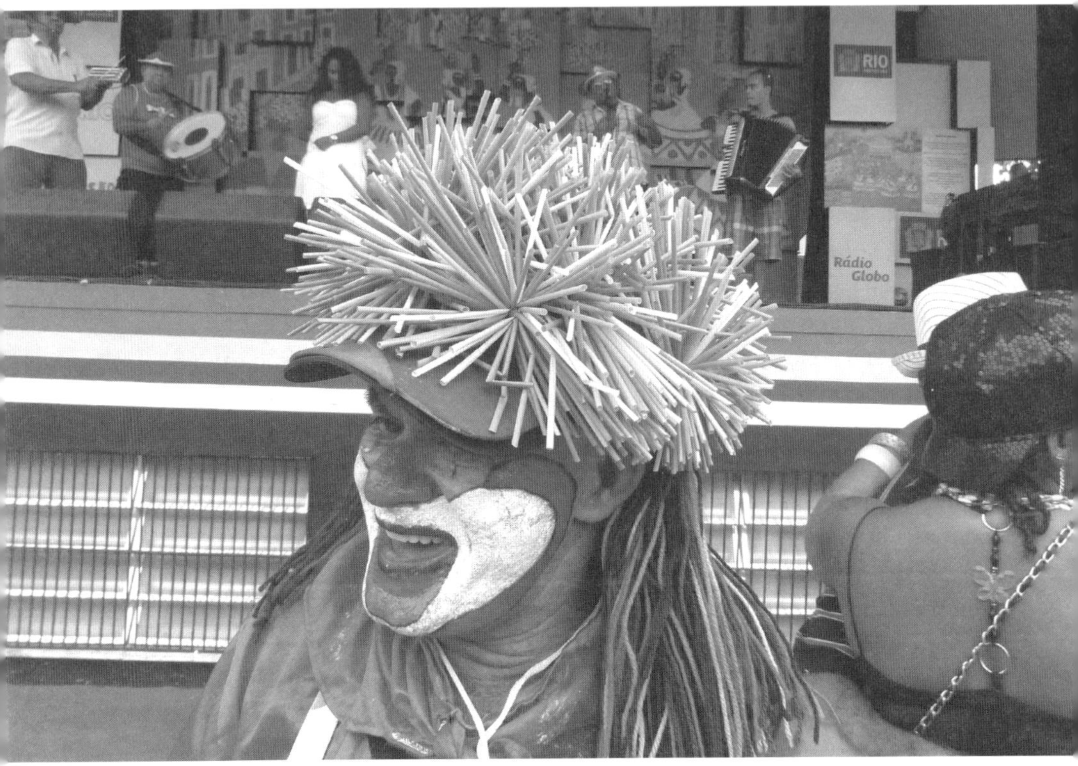
RIO
Rádio
Globo

# Por trás das lonas

---

A poucos minutos da previsão do tempo no Jornal Hoje, presto atenção na notícia que antecede a minha entrada. A apreensão de quatro ursos siberianos pelo Ibama em um circo em Quatipuru, a 200 km de Belém. A reportagem exibe os bichos em ação, andando de bicicleta, de skate, se equilibrando em uma bola gigante, dançando e fazendo graça para a plateia. São, de fato, imagens encantadoras.

Um filme passa na minha cabeça. Flashes da infância em Salvador na década de 1980. O grande programa das férias escolares era ir ao Circo Vostok, que exibia um verdadeiro zoológico. Adorava ver os domadores desafiando a fúria dos leões, leopardos, tigres, o gigantismo dos elefantes, as peripécias dos macacos. O espetáculo com os animais tomava mais da metade da sessão. Não satisfeita, eu voltava no dia seguinte, horas antes do show, para apreciar a fauna dentro das jaulas. Fascinada, queria alimentar os animais, fotografá-los, tocá-los.

Até que um dia a brincadeira na arena ficou restrita aos trapezistas, equilibristas, mágicos e palhaços. O circo voltara sem os bichos. Tinham sido apreendidos por maus tratos, exatamente como estes ursos siberianos do noticiário da Globo.

Aos 18 anos, de idade, os ursos viviam, há pelo menos 14, em jaulas improvisadas em uma carreta. O espaço era tão pequeno que eles mal conseguiam se movimentar. Tinham de encarar o calorão paraense, com temperaturas acima dos 30º C, na maior parte do ano. Um suplício para essa espécie acostumada com o inverno russo. Um dos ursos estava desidratado. Todos tinham problemas de saúde.

"Um dos animais tem lesão no olho, causado pelo tipo de trabalho que ele tem aqui. O comportamento do animal, repetindo o mesmo movimento, é bem típico de bicho em estado de estresse", afirma Leandro Aranha, chefe da divisão de fauna e pesca do Ibama no Pará.

O dono do circo, José Carlos Camargo, multado em R$ 5 mil por maus tratos e falta de documentação, se defendeu:

"Nós tratamos muito bem deles. O que o Ibama se refere a maus tratos é o tamanho do recinto, esse tipo de coisa".

O especialista em comportamento animal Jairo Motta explica que os circos adestram os bichos pelo método descoberto pelo cien-

### Questão de pele

tista russo Ivan Pavlov, morto em 1936: o condicionamento através da dor.

"Animais de circo são aprisionados até sua morte, passam fome, ficam confinados por toda uma vida sem as mínimas condições de higiene, muitas vezes em jaulas que lhe impedem até os movimentos mais comuns, como o ato de ficar em pé, além de passar por um processo cruel de adestramento, para aprender a fazer coisas totalmente contrarias à sua condição de animal selvagem. Quanto aos elefantes, que balançam seus imensos corpos graciosamente sugerindo alegria e contentamento, ao contrário do que imaginamos, esta 'dança' é um comportamento de estresse resultante do fato de passar anos acorrentado impedido de movimentar-se sequer de um lado para outro. Elefantes são animais que em seu habitat natural chegam a caminhar de 30 a 40 km diários, mas nos circos passam a vida acorrentados".

Nove estados e 50 municípios brasileiros já proíbem a exibição de animais em circos. Mas o País ainda não tem uma lei federal sobre o assunto.

No Congresso Nacional foi criada uma Frente Parlamentar em defesa dos animais, com a assinatura de 212 deputados, que conta com representantes de todos os estados. O lançamento oficial foi em meados em 2011 e o objetivo é tornar mais ágil o trâmite de projetos que tenham os bichos como objeto principal.

Em todo o mundo, cresce o número de manifestações em favor de um tratamento digno dos animais. Algumas tão esquisitas quanto midiáticas. Na Ucrânia, o artista Aleksandr Pylyshenko decidiu passar cinco semanas em uma jaula com um casal de leões, a fim de conseguir dinheiro para melhorar as condições de vida da espécie. Ele faz campanha pela internet contra zoológicos particulares precários. Segundo a União Internacional para Conservação da Natureza, nos últimos 20 anos a população mundial dos leões caiu em 30%.

O Ibama promete um destino mais digno para os quatro ursos apreendidos no circo do Pará: vão ganhar casa nova com mais espaço nos zoológicos de Teresina e de Fortaleza.

Cabe agora ao respeitável público o boicote a espetáculos com animais no picadeiro, como sugeriu a apresentadora Sandra Annenberg, ao comentar a reportagem:

– Bicho em circo não tem graça nenhuma!

### Comentários

#### Ricardo Fonseca

Infelizmente, logo virá alguém e dirá que somente uma lei federal poderá legislar sobre o assunto, e nossos representantes não estarão nem aí para legislar, uma vez que "animais irracionais" não votam. Talvez se alguém adestrar um cavalo para votar eles possam se interessar. Mas é bom que a sociedade esteja atenta a essa mentira de que os animais são bem tratados, o que tentam vender com imagens "bonitas" dos truques que eles realizam.

E vou além: não participo de nenhum evento que tenha exploração animal, principalmente rodeios, que espero que sejam proibidos também, embora já haja até mesmo a profissão de "peão de rodeio". Espero que, a cada dia, mais e mais pessoas entendam que nós não dominamos o planeta, mas, sim, o dividimos com todas as outras espécies, e todos os animais têm o direito de viver em liberdade.

#### Junia Machado D. M.

É a barbárie a que crianças em formação, responsáveis pelo futuro de nosso planeta, presenciam nesses espetáculos.

## Questão de pele

O Brasil, como nação progressista e em destaque atualmente, precisa se posicionar o quanto antes na questão de como trata seus animais. Como cidadãos conscientes e informados, é nosso dever pressionar o Congresso Nacional. E é necessário pensar além, planejando locais adequados para colocar os animais que serão libertados dos circos brasileiros. Zoos tampouco são uma boa opção para esses animais, pois geralmente não conseguem atender às necessidades comportamentais e biológicas da maioria das espécies que mantêm em cativeiro. Quando se trata de elefantes, principalmente, os jardins zoológicos são lamentavelmente inadequados; elefantes são seres de cérebro grande, inteligentes, curiosos, extremamente sociáveis, que se comunicam de diversas formas e que, na natureza, ficam ativos durante pelo menos 20 de cada 24 horas. É sabido que elefantes em zoos sofrem de problemas nas patas, artrite, problemas de saúde relacionados à reprodução, obesidade, hiperagressividade, comportamentos estereotipados; mas a fonte elementar de sofrimento de um elefante em cativeiro é a completa falta de estímulos mentais relevantes e de atividades físicas, necessários para que suas necessidades sejam atendidas. É necessária a criação de uma reserva ou santuário, a exemplo do que já foi feito nos Estados Unidos, na Tailândia, no Camboja e em outros países, para receber os elefantes que atualmente sofrem em circos e, por que não, os que estão em condições inadequadas nos zoos.

SERGIO
CATARINA
YAN
AMARÍLIO
EDSON
ERIVAN
BIANA
DARLANE
JONATHAS
ZICO

# Atire a primeira pedra!

---

A reportagem era para o Jornal da Globo do dia 26 de junho de 2000, uma segunda-feira. Eu teria de entrevistar Gisele Bundchen sobre a emoção de ser eleita a modelo número 1 do mundo, prêmio concedido pela Associação Brasileira da Indústria Têxtil (ABIT). Eu estava curiosíssima para ver se ela era tudo aquilo mesmo que aparecia nas fotos e nos desfiles. Fiquei embasbacada com a beleza retumbante, envolta em uma aura de sensualidade e sofisticação natural, com certa ingenuidade no olhar. Gisele só pensava em aproveitar as oportunidades da moda internacional.

– Quero agradecer aos meus pais por terem me permitido ir para São Paulo aos 14 anos para tentar esse *business*. Estou muito feliz porque o Brasil entrou definitivamente no mundo da moda e que o país já é totalmente reconhecido no exterior.

Depois de brilhar nas passarelas e editoriais como nenhuma outra modelo no mundo, ela agora dá passos firmes nas plataformas sustentáveis. Gisele Bündchen abraçou mais de 50 causas relativas à sustentabilidade nos últimos anos. Apoia projeto de recuperação da nascente do Rio Xingu e de conservação e reflorestamento da Mata Atlântica; ajuda a salvar tartarugas marinhas, já doou cachê para o projeto Fome Zero, estrelou campanha de combate ao câncer de mama, e lançou sua marca de cosméticos, que só utiliza ingredientes naturais. É estrela de um desenho animado infantil em que encarna uma espécie de capitã do planeta. "Gisele and the Green Team" mostra a musa ao lado de um time de garotas empenhadas em salvar o mundo dos problemas ambientais. Tem ainda um blog em seu site oficial, em que destaca ações cotidianas para preservar o meio ambiente e notícias sobre assuntos sustentáveis.

Em sua casa em Los Angeles, toda a energia é gerada por painéis solares e a madeira utilizada é de reflorestamento.

– Também reciclamos lixo e não desperdiçamos água. São essas pequenas atitudes que ajudam a amenizar o impacto que causamos no meio ambiente, resume a musa verde.

O que leva uma mulher talhada no mundo consumista e superficial da moda a empunhar a bandeira verde em tantas frentes, sugerindo um estilo de vida oposto ao da indústria *fashion*?

– Consciência socioambiental! – propalam os simpatizantes da nossa *uber-model*. A mulher linda, rica, famosa, bem casada, mãe, pra-

## Questão de pele

ticante de ioga e meditação aprendera a se indignar com a degradação do meio ambiente e das relações humanas.

– Oportunismo! – vociferam os críticos e invejosos de plantão. Gisele estaria preocupada com o prazo de validade de sua carreira de modelo e disposta a aproveitar a gigantesca exposição para manter-se sob os holofotes da mídia. Ninguém esquece o episódio em que Bündchen foi hostilizada durante um desfile em Nova York, em 2002, quando ativistas da Peta (organização pelos direitos dos animais), invadiram a passarela com cartazes onde se lia "Gisele, fur scum" ("Gisele, escória da pele").

Gisele não usava peles naquele desfile, mas posou para a grife Blackglama com um poderoso casaco de pele de mink, mamífero semelhante à lontra. Teria embolsado um milhão de dólares. À época, a bela afirmou que não usava casacos de pele. Dois anos depois, em entrevista à revista Vanity Fair, fez um mea culpa e disse que sempre foi amante dos bichos.

O "deslize" condenou a modelo a um eterno estado de suspeição: Será que ela está defendendo o meio ambiente de verdade? Ou está só tentando vestir uma falsa capa verde? Quanto há de hipocrisia nos discursos sobre sustentabilidade? Estaria Gisele surfando a onda do *greenwashing*?

O *greenwashing* (lavagem verde) – é um termo usado quando uma empresa, ONG, ou o poder público propagam práticas ambientais positivas e, na verdade, possuem atuação contrária aos interesses e bens ambientais. Trata-se do uso de ideias ambientais para construção de uma imagem pública de "amigo do meio ambiente" que, porém, não é condizente com a real gestão, negativa e causadora de degradação ambiental. Esta prática nociva de gestão é um problema global e vem sendo muito discutido. Em um artigo intitulado "Green is the color of money", a jornalista norte-americana Amanda Witherell denuncia que empresas estão investindo dinheiro em iniciativas ambientais para encobrir ofensas do passado ao meio ambiente. Organizações não governamentais, mal intencionadas, praticam *greenwashing* para captação de recursos públicos ou privados, que posteriormente serão em boa parte desviados para aplicação em atividades ou empreendimentos causadores de degradação ambiental. Governos praticam *greenwashing* para seduzir cidadãos e determinar os rumos da economia.

Ninguém perdoa a falta de coerência entre o discurso ecologicamente correto e a ação irresponsável e degradante.

Eu mesma fui alvo de inúmeras críticas ao admitir a culpa por ter um carro utilitário movido a gasolina (leia aqui o texto "Enquanto não ligo meu carro na tomada").

Um leitor da coluna avisou: "Rosana, quando você trocar o seu carro por um flex, eu darei credibilidade a seus textos!". E enumerou alguns exemplos de hipocrisias verdes: separar parte do lixo reciclável e ao mesmo tempo não reduzir o consumo e não buscar formas de reutilização. No caso das empresas, plantar árvores e financiar projetos ambientais e ao mesmo tempo manter processos produtivos que geram altos impactos para o meio ambiente e prejudicam seus funcionários; no caso dos governos, emprestar bicicletas no Metrô de São Paulo e ao mesmo tempo oferecer incentivos à indústria automobilística.

O jornalista André Trigueiro, especializado em meio ambiente, também não escapou das línguas ferinas ao reconhecer que não consegue parar de comer carne. E olha que poucos profissionais da nossa área contribuem com tanto talento e conhecimento para as

### Questão de pele

causas socioambientais. Mas não tem jeito: o erro ou omissão dos defensores da causa ambiental alimenta a inércia dos que se recusam a revolucionar os hábitos em favor de um planeta menos aviltado. Por que será que estamos sempre na dependência do comportamento dos outros para tomar nossas próprias atitudes? Até quando precisaremos desmascarar e escarnecer musas, líderes, herois, gurus... para esconder nossas omissões e fraquezas?

A escolha entre ficar na plateia, afiando a língua, ou subir na passarela, ditando os passos, é o que determina o êxito na vida dos que vieram para fazer diferença. "Atire a primeira pedra quem nunca pecou" é a máxima que nunca saiu de moda.

#### Comentários

Germano Woehl Junior
Todas as campanhas da modelo são estratégias de marketing para agregar valor à sua imagem, visando interesses econômicos. Defender uma causa é arrumar encrenca, fazer inimigos e, tratando-se do meio ambiente, não são poucos. Repare que ela não apoia projetos que combatem o desmatamento anual de milhares de hectares de Mata Atlântica para implantação de loteamentos (exploração imobiliária para expansão urbana) e reflorestamentos de eucalipto (para exportar celulose para China), da Floresta Amazônica (para o agronegócio, exportações de soja para a China), que combatem o bilionário tráfico de animais (passarinhos nas gaiolas e outros), destruição dos ecossistemas costeiros marinhos (dunas, manguezais, praias para desova de tartarugas) para construção de casas de veraneios, resorts.

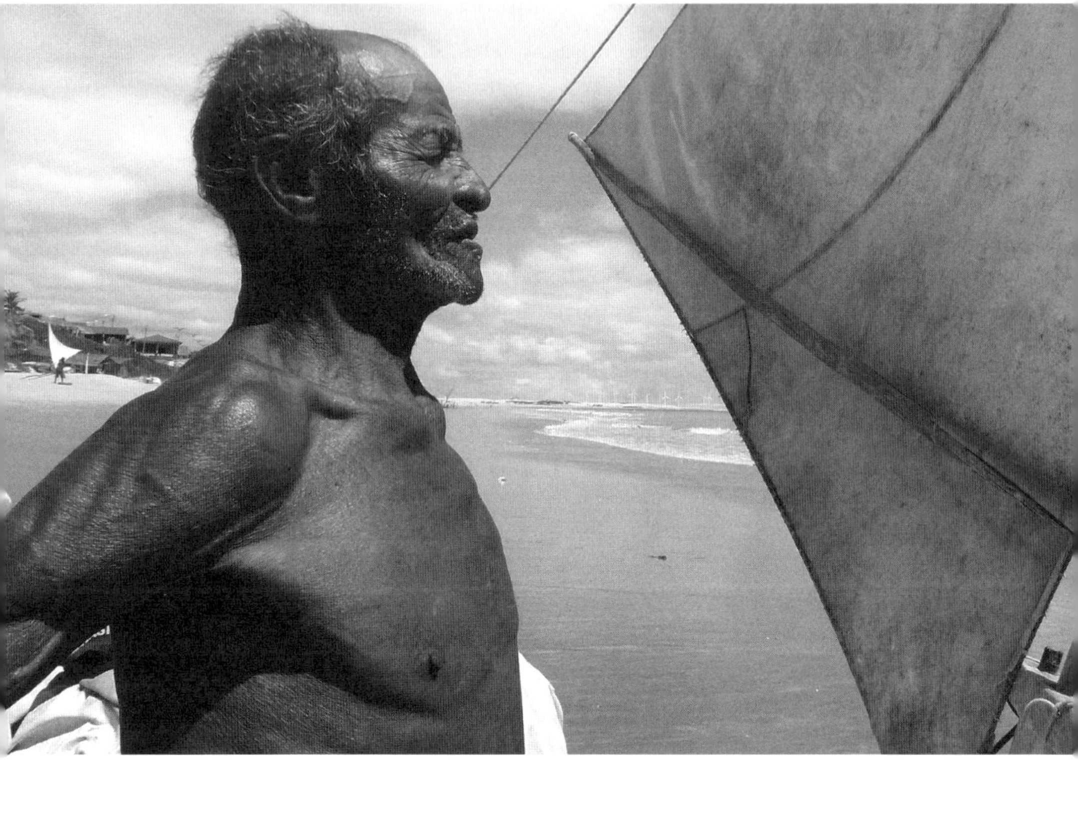

# O músculo

---

O nocaute foi longe dos ringues, mas tão certeiro que deixou a plateia de queixo caído. Mike Tyson, conhecido pela violência dos golpes, dentro e fora da arena, faz pose de bonzinho beijando uma pomba. Trata-se de uma campanha em prol da dieta vegana, termo que se refere à vertente mais pura do vegetarianismo, em que não se consomem produtos derivados do reino animal: de carne branca e vermelha a mel e gelatina, que contém colágeno, retirado do tutano de ossos dos bichos. A peça publicitária foi feita em parceria com a organização Last Chance for Animals e está sendo veiculada em um outdoor de Hollywood. Os dizeres: "Vegan – Ame os animais, não coma eles". Em uma entrevista, Tyson disse que é adepto do veganismo há dois anos, mas gostaria de ter nascido vegano.

"Quando você descobre sobre a comida processada que você come, eu me pergunto como fui maluco de comer tudo aquilo por tantos anos".

A minha mais recente batalha em prol de uma mesa verde é dentro de casa. No começo foi lindo. Consegui fazer a papinha com vegetais orgânicos, livres de pesticidas e agrotóxicos. Mas duas semanas depois veio a notícia perturbadora. O pediatra recomendara introduzir a carne, mais especificamente o músculo, uma vez por dia. Tentei dissuadi-lo, sugerindo a substituição por alimentos ricos em ferro, cálcio e proteínas. Invoquei um estudo apoiado pela Academia Americana de Pediatria, que afirma que a dieta vegetariana é similar a qualquer tipo de dieta que tenha um planejamento igualmente adequado.

Não houve jeito.

"A carne é importante para o desenvolvimento infantil, sobretudo para os seus bebês, que são prematuros e podem desenvolver anemia. O adulto até pode suprir as deficiências nutricionais por meio de medicamentos, mas para quem está em idade de crescimento, há risco de desenvolver doenças crônicas e os danos costumam ser irreversíveis para as funções cognitivas", disparou o dr. Paulo Telles.

Um alerta como este deixa qualquer mãe arrepiada e disposta a abandonar as mais ferrenhas convicções.

Foi mais uma frustração no universo da maternidade. A mesma sensação de impotência que experimentei quando fui diagnosticada com anemia e tive que voltar a ingerir carne vermelha durante a gravidez.

### Questão de pele

Agora, seis meses depois do parto, pensei que poderia negar a dieta que tive na infância, a fim de proporcionar aos meus filhos uma alimentação mais saudável. Quando a gente se torna mãe, quer inovar, evitar os supostos erros dos avós, e se recusa a admitir velhos padrões. Mas um dos principais argumentos reside exatamente na experiência do passado:

"A carne teve papel fundamental na evolução. O consumo dos produtos de origem animal pode ter contribuído para o crescimento acelerado da massa cerebral humana, devido à grande quantidade de nutrientes e proteínas encontrada ali", explica Rui Murrieta, professor de antropologia do Departamento de Genética e Biologia Evolutiva do Instituto de Biociências da Universidade de São Paulo (USP).

Na minha concepção, o vegetarianismo poderia salvar meus pequenos da indústria cruel e degradante da carne. Desde cedo, eles iriam assimilar as questões éticas ligadas ao sofrimento dos animais e atentar para os impactos ambientais, como o elevado gasto de água potável na criação do gado ou a emissão de gás metano. Luta inglória! Não encontrei apoio do pai das crianças, que se abasteceu de robustos argumentos para evitar o "sombrio e tortuoso" jejum.

Em uma das pesquisas que o Frederico me apresentou, estudiosos da Universidade Agrícola de Wageningen, na Holanda, acompanharam um grupo de crianças e adolescentes que até os seis anos foram alimentados de acordo com as regras dietéticas macrobióticas, à base de cereais integrais. Constataram que a falta de vitamina B-12, presente apenas em produtos de origem animal, tinha causado danos irreparáveis no desenvolvimento cerebral delas. Comparados com crianças com alimentação variada, os macrobióticos tiveram pior desempenho em habilidade espacial, memória, capacidade de pensamento abstrato e aprendizado. O interessante é que os pesquisadores não encontraram nenhuma vantagem na dieta sem carne que pudesse contrabalançar os prejuízos.

"Deixe que os meninos usufruam dos benefícios da carne na infância e na adolescência! Quando eles crescerem, terão livre-arbítrio para decidir pela abstinência".

Vencida, recuei. Agora só me resta torcer para que a ciência derrube o mito da necessidade da carne nos primeiros anos de vida, assim como o famoso boxeador desferiu um golpe espetacular na indústria dos bifes.

### Comentários

#### Fabio Turci

Compartilho com sua preocupação. Desde que meu filho nasceu, abstraí – ele come carnes normalmente, inclusive pelas mãos do pai... Creio que ainda estamos num momento nebuloso, em que as opiniões científicas são divergentes demais para que tenhamos segurança de tomar alguma atitude em relação aos nossos pequenos. Seu médico disse que os adultos vegetarianos podem suprir as carências nutricionais com suplementos, enquanto o médico Eric Slywitch, especialista ouvido recentemente numa bela matéria do Estadão, diz que não há necessidade alguma de suplementos – não há nada nas carnes que não possa ser suprido pelos vegetais. E aí? Que lado está certo?

Assim, vamos mantendo vivas nossas convicções, torcendo para que a ciência tenha mais certeza do que diz a tempo de nossos filhos se beneficiarem de uma alimentação mais saudável, ética e holística. E torçamos, também, para que a disputa de argumentos entre os pró e os contra o vegetarianismo não se torne um duelo eterno como o que opõe alopatas e homeopatas...

## Questão de pele

FELIPE

Tenho 26 anos e sou vegano há pouco tempo, infelizmente. Há pouco mais de um ano e meio entrei de vez no veganismo. Só me arrependo de uma coisa: não ter descoberto o veganismo há mais tempo. Sim, gostaria muito de ter nascido vegano. Dê essa opção a seus filhos. É uma dieta certamente mais saudável que qualquer outra. Em qualquer fase da vida. Os preconceitos de alguns médicos, que aprenderam em escolas especistas, é o que realmente afasta novos adeptos. O preconceito social também é intenso, mas nós sabemos a importância ética, social e ambintal do veganismo, além, é claro, dos benefícios à saúde humana. Nesses quase dois anos de veganismo, minha saúde melhorou muito. Fiz diversos exames e todos estão 100% bons. Veganos só precisam suplementar a vitamina B-12. Faço isso tranquilamente através de comprimidos. Procure um médico especialista, que conheça de fato e sem preconceito a dieta vegana. Existem excelentes profissionais. Dê essa chance a você e a seus filhos. Você não tem ideia do que está perdendo.

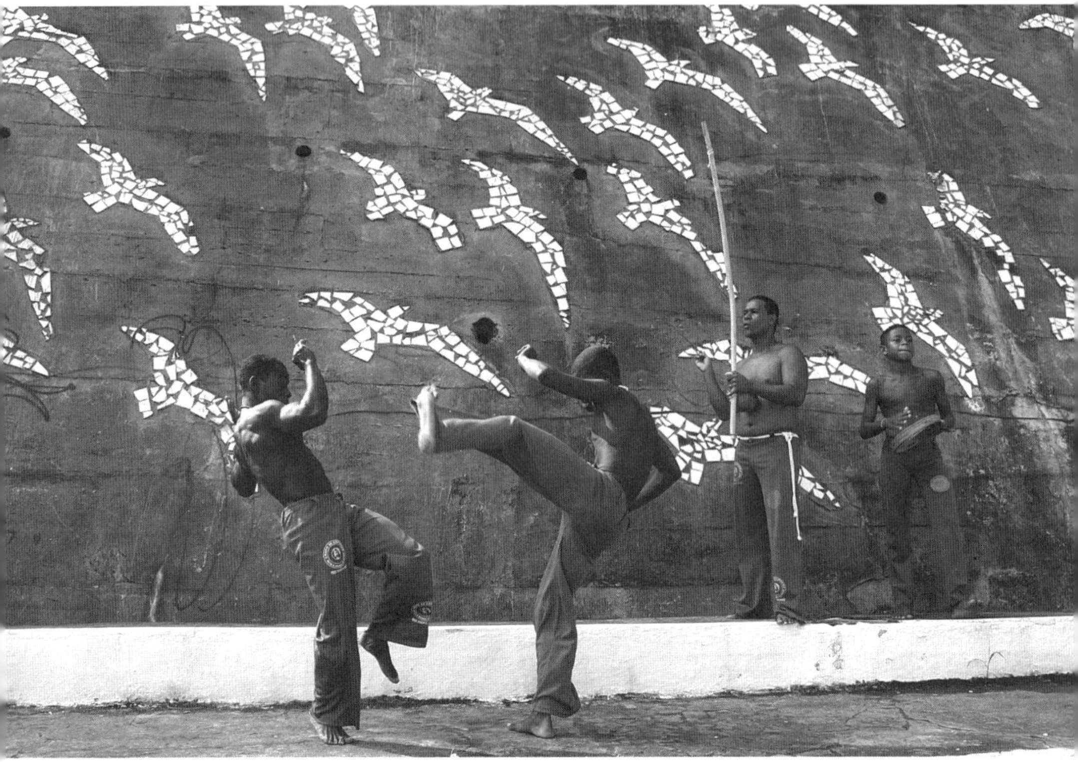

# Izabella, a fera do meio ambiente

---

A aparência sisuda engana. O importante cargo público não formaliza o comportamento, tampouco o notável conhecimento profissional a distancia dos leigos. Bióloga, especialista em avaliação ambiental estratégica, doutora em planejamento ambiental, Izabella Teixeira, nossa Ministra do Meio Ambiente, é uma mulher séria, de olhar austero e certeiro, mas que seduz pela conversa inteligente e pelo humor picante:

"Se eu for falar de pegada de carbono em rede nacional, vão pensar que é outro tipo de pegada!".

Questionada sobre como lida com a intransigência de certos setores industriais, ela faz que vai parafrasear a Marta Suplicy naquele famigerado episódio do caos aéreo no Brasil, mas prefere o caminho espirituoso:

"Relaxa e... medita".

Conheci a ministra em outubro de 2010, num seminário sobre o plano para produção e consumo sustentáveis, uma parceria do Governo Federal e da empresa Unilever. Estávamos a poucos dias da Conferência sobre Biodiversidade em Nagoya, no Japao, onde Izabella teve destaque na condução de um acordo com uma série de metas, como a de reduzir 50% a perda de habitats e recuperar 15% dos ecossistemas degradados. O Brasil lidera a lista das nações megadiversas, com sete biomas em seu território.

Voltou ao Brasil aplaudida pela capacidade de articulação. Izabella é daquelas mulheres que usam a emoção feminina como habilidade para negociar, mas sabe endurecer o discurso quando não há consenso.

"Tenho que ter pulso firme. Tenho autonomia porque sou uma profissional de carreira no funcionalismo público. Não dependo de favores, nem tenho que cumprir alianças ou dar satisfações a partidos. Fui nomeada pela minha experiência e conhecimentos acumulados".

Saí do encontro impressionada e aliviada por saber que a pasta do Meio Ambiente estava tão bem representada!

Agora, tomo um susto quando leio na revista Veja que o ex-presidente Lula "pegou o telefone e ligou para a ministra", exigindo que ela apressasse a licença ambiental definitiva da hidrelétrica de Belo Monte, prometida há tempos pelo Ibama. A referida licença saiu em seguida.

### Questão de pele

Ora, não deve ser fácil para uma profissional com tamanha independência e bom senso ser pressionada a descumprir determinadas normas técnicas para satisfazer os desejos do Governo, ou melhor, do mentor do governo. Digo isso porque, segundo o procurador Felício Pontes, algumas condicionantes para a liberação de Belo Monte não foram cumpridas, o que impediria a concessão da licença. O Ministério Público Federal no Pará prometeu entrar com uma ação na Justiça para anulá-la.

Também deve ser duro para a ministra ver que de pouco adiantam os esforços de conscientização da indústria e do varejo para defesa da mata, quando a economia e o seu carro-chefe, o agronegócio, é que estabelecem o mapa do verde no Brasil.

No mesmo ano em que as florestas foram escolhidas como tema do Dia Mundial do Meio Ambiente, um novo Código Florestal, já aprovado na Câmara dos Deputados, e em trâmite no Senado, vai na contramão da preservação, sobretudo no que concerne às APPs (áreas de preservação permanente).

"Não podemos ter um texto que gere contradições e não esclareça o agricultor familiar sobre quais são seus direitos, ou como regulariza a situação do passado", disse a ministra.

Mais triste ainda deve ser contemplar a imensidão de uma floresta como a Amazônica, ter o compromisso de reduzir o desmatamento em 80%, meta estabelecida por lei, e não ver resultados. O recém-instalado gabinete de crise promoveu 23 frentes de ação contra o desmatamento, o Ibama embargou 40 mil hectares de terra, aplicou multas de quase 300 milhões, apreendeu 81 caminhões, 60 tratores, 46 mil metros cúbicos de madeira etc., mas Izabella preferiu ser cautelosa:

"Ainda é cedo para afirmar se teremos uma taxa de desmatamento anual inferior à que tivemos no ano passado".

A notícia dos cinco trabalhadores rurais mortos por denunciarem a extração ilegal de madeira chega para ampliar a sensação de impotência.

A liberação da verba de R$ 500 mil para o envio de fiscais às áreas de conflito no Amazonas e no Pará; a criação de um grupo interministerial para monitorar a situação; a instalação de dois escritórios no Amazonas para acelerar a regularização das terras da União que estão sob conflito, e a retomada das operações Arco de Fogo e Arco Verde, que visam combater o desmatamento ilegal, nada disso parece diminuir o suspense com relação a mais 125 pessoas ameaçadas de morte na região, de acordo com a Pastoral da Terra.

Mais do que nunca, a nossa ministra do Meio Ambiente vai precisar imprimir sua personalidade marcante nesta luta tão corajosa quanto inglória: a de equilibrar os interesses de crescimento do país com a tarefa de preservação ambiental em uma sociedade tão distante dos ideais sustentáveis.

### Comentários

**Bruna Barros Lima**
Eu, como bióloga por formação e ambientalista por natureza, fico também realmente triste com o rumo que as coisas estão tomando em nosso país. É bom saber que temos uma ministra que luta pelo meio ambiente, mas não podemos ser ingênuos e pensar que ela terá força para implementar suas ideias de sustentabilidade. A verdade é que ela é abafada e impedida de atuar como acredita ser correto pelos poderosos, que querem, na verdade, um crescimento a qualquer custo do país, e não um desenvolvimento sustentável. O Brasil está

## Questão de pele

crescendo, sim, disso não tenho dúvida. Mas será que está se desenvolvendo sustentavelmente? Será que o PIB realmente mostra o desenvolvimento do país? Será que a "melhora" na educação é real? Ou se deu um jeito de elevar os números burlando o sistema? Será que um país mais rico é um país mais "feliz"? Acredito que não. Com certeza a miséria traz a infelicidade, mas a riqueza, por outro lado, não traz a felicidade. A felicidade vai muito além disso.

Pode ser utópico, em se tratando de um governo capitalista como o nosso, mas nossos governantes deveriam procurar alternativas sustentáveis para a energia, por exemplo, e não construir uma represa em meio à floresta amazônica. É claro, existe gente enchendo o bolso com tudo isso, aí fica complicado. Quanto aos assassinos, madeireiros clandestinos, o governo precisa tomar atitudes drásticas nesse sentido! Afinal, para que serve o exército se não para proteger o nosso país? Tropas poderiam ser mandadas para proteger a floresta. Os órgãos fiscalizadores não têm força suficiente para impedir esses grande desmatamentos e crimes ambientais e contra o ser humano.

Laura H.

Para mim, essa questão ambiental se resume em capitalismo puro e busca pela visibilidade internacional, mascarados pelo ideal da preservação ambiental. O Brasil fala e tenta impor-se internacionalmente como uma nação que busca a preservação, mas, acho eu, esquece por vezes de por todas as metas e sugestões quanto à preservação em prática. Um país riquíssimo como o nosso, que abriga a floresta amazônica, o pantanal, o rio Amazonas, os cânions do Sul, enfim, tantas belezas naturais, não pode fazer, ou melhor, não pode não fazer nada a respeito de uma maior conservação dessas áreas. Conscientização da população, apenas para os que não conseguem ser "naturebas" por si só, maior fiscalização, um olhar não superficial para a questão. Acho que é isso que falta para o país ser realmente engajado em causas ambientais, e não somente um discurso.

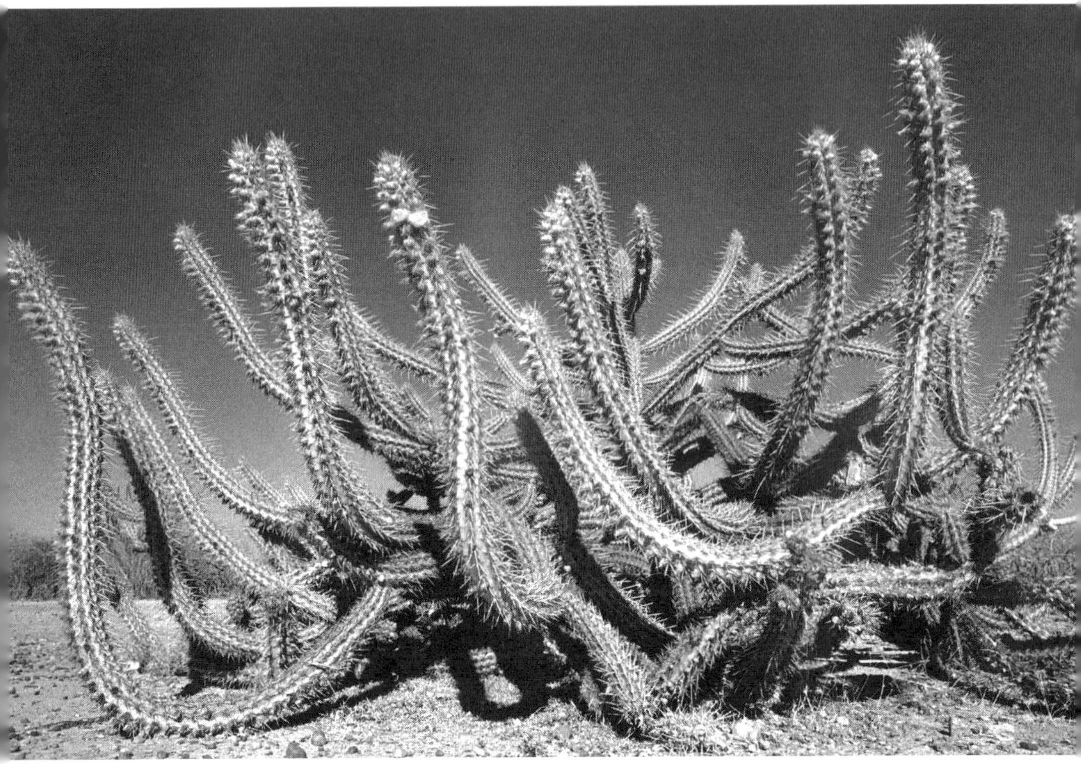

# O espírito do terror

———

Dos poucos amigos que fiz na Faculdade de Direito, Luiz Carlos é um dos mais chegados. Procurador do Estado, profundo conhecedor das leis, adora uma polêmica. E quando o tema é controverso, então...

Logo após a morte de Osama Bin Laden, Luiz escreve um e-mail, num tom de indisfarçada satisfação, e reproduz um texto supostamente atribuído ao governo americano. Nele, Donald Rumsfeld,

Secretário de Defesa dos Estados Unidos, responde às cartas de uma compatriota que se queixava do tratamento dispensado aos "insurgentes presos" (terroristas), na baía de Guantánamo:

Casa Branca

Pennsylvania Avenue – Washington, D.C. 20016

Cara e preocupada cidadã:

Muito obrigado pelas suas recentes cartas contendo críticas ao modo como tratamos elementos do Talibã e da Al Qaeda, presos atualmente nas prisões da baía de Guantánamo, em Cuba.

A senhora adorará saber que, graças às preocupações de cidadãos, como a senhora, nós estamos criando uma nova divisão do Programa de Reeducação de Terroristas que vai se chamar "Programa de Aceitação Liberal e Espontânea de Responsabilidade Moral por Assassinos", ou seja, "terrorista adotivo".

De acordo com as premissas desse novo programa, decidimos alojar um terrorista sob seus cuidados pessoais.

Seu prisioneiro pessoal foi selecionado e o seu transporte, até a sua casa, foi programado para ser feito, sob escolta pesadamente armada, na próxima segunda-feira. Ali Mohammed Ahmed bin Mahmud (pode chamá-lo simplesmente de Ahmed) está destinado a ser tratado pela senhora com o sentido de se obter os padrões que a senhora pessoalmente tanto exigiu em suas cartas.

Provavelmente será necessário que a senhora contrate alguns vigilantes para assisti-lo.

Faremos inspeções semanais para nos certificarmos de que os seus padrões de tratamento estão compatíveis com os que a senhora tão veementemente recomendou em suas cartas.

### Questão de pele

Muito embora Ahmed seja um sociopata extremamente violento, esperamos que a sua sensibilidade ao que descreveu como seu "problema de atitude" possa superar tais falhas de caráter.

Talvez a senhora esteja certa ao descrever estes problemas como meras "diferenças culturais". Compreendemos que a senhora certamente planeja oferecer-lhe aconselhamento e escolaridade.

Seu "terrorista adotivo" é extremamente proficiente em combate corpo a corpo e pode tirar uma vida humana com coisas tão simples como um lápis, um prego ou um clipe.

Aconselhamos que a senhora não peça a ele para demonstrar tais habilidades ao grupo de ioga ao qual ele pertence.

Ele também é perito em produzir uma ampla variedade de mecanismos explosivos a partir de produtos domésticos comuns, de modo que a senhora, talvez, deseje guardar esses itens em local bem trancado, a menos que, em sua opinião, isto possa ofendê-lo...

Ahmed não irá querer interagir com a senhora ou com suas filhas (exceto sexualmente), uma vez que ele considera as mulheres formas sub-humanas de propriedade.

Este é um ponto particularmente sensível para ele e, por isso, é conhecido por seu comportamento violento em relação às mulheres que não conseguem se submeter ao seu código de vestuário, que ele recomenda como o mais apropriado a ser adotado.

Estamos certos de que vai apreciar o anonimato proporcionado pela burka com o passar do tempo.

Lembre-se apenas de que tudo faz parte do: "respeito à sua cultura e às suas crenças religiosas"!. Não foi assim que a senhora colocou o problema?

Boa sorte!

Cordialmente, seu amigo Donald Rumsfeld – Secretário de Defesa do Estados Unidos.

É obvio que o texto acima não é de autoria do governo americano, mas a sátira espelha bem a forma como muita gente "esclarecida" encara a questão dos direitos humanos: uma falácia que se presta a defender criminosos.

Até meu amigo Luiz, que vive cercado de códigos e sabe da importância do respeito às leis e tratados para a manutenção da ordem social, anda indignado com a postura da ONU e de outros órgãos internacionais que contestam a legalidade da operação deflagrada pela tropa de elite da Marinha Americana na caçada ao terrorista mais procurado do mundo.

– Como é possível invocar a Declaração Universal dos Direitos Humanos para poupar a vida de um facínora que arquitetou a morte de três mil inocentes e abriu uma ferida no coração do império americano, marcando para sempre o espírito do século? Duas balas no corpo é pouco. Osama merecia a tortura, o sofrimento, a agonia antes da morte.

– Mas a luta contra o terrorismo, por mais sórdido que seja, não pode ocorrer ao arrepio do Direito! Do contrário, retornaremos ao tempo da barbárie, onde a pervesidade de uns justifica a brutalidade de outros. Ao sacrificar os direitos humanos em nome da segurança nacional, ao ignorar abusos e utilizar força quando e onde os poderosos escolhem, a guerra ao terrorismo prejudica a justiça e a liberdade, e torna o mundo um lugar mais perigoso e dividido.

– Belas palavras, cara Rosana. Mas as normas não se aplicam ao terror, que é irracional.

### Questão de pele

— Não lhe parece contraditório que o país defensor da democracia, da liberdade, da igualdade entre homens e mulheres, dentre muitos outros direitos, desrespeite os Direitos Humanos numa escalada vertiginosa, ignorando seu passado histórico e constrangendo a comunidade internacional? Os Estados Unidos estão dando aos terroristas o que eles querem: a instalação do caos e da anarquia.

— Há estados de exceção que justificam operações como esta da Marinha Americana. O que você queria? Que Osama fosse preso, julgado e condenado, com direito a ampla defesa? O mundo se tornaria um barril de pólvora, um palco de chantagens pela soltura do cara.

— Mas lançar o corpo dele ao mar da Arábia, sem direito a um funeral...

— Se fosse permitido um enterro, esses fanáticos construiriam um mausoléu de peregrinação, reforçando ainda mais a ideologia do terror.

— Um terrorista vê a morte como salvação, Luiz. Osama deve estar bem satisfeito, espreitando o próprio fantasma disposto a encarnar em outras mentes assassinas.

O corpo do terrorista virou comida de peixe, mas seu espírito paira sobre a humanidade e vai recrudescer a escalada do terror. Qual tropa de elite consegue exterminar um inimigo invisível?

#### Comentários

Jaqueline
Eu sou uma intercambista. Estou vivendo em New Jersey há dois meses, morando na casa de uma família americana e vendo de perto as reações aos últimos acontecimentos relacionados à morte de Osama Bin Laden. No dia seguinte ao ocorrido (uma segunda-feira), o pai da família com a

qual estou vivendo acordou os filhos mais cedo e os colocou em frente à TV para que eles pudessem ver o noticiário, entender o que estava acontecendo e, segundo ele, "sentirem-se felizes e orgulhosos, pois eles finalmente 'pegaram o cara'. As crianças tem treze, dez e oito anos e, após isso, começaram a comentar o assunto, sempre seguido por um: "I'hate him! I'm so happy that he is gone!". Nesse dia, tivemos um jantar comemorativo aqui... Eles celebraram, beberam, riram e se gabaram do fato de que, mesmo dez anos depois, eles o pegaram e "fizeram justiça".
Confesso que fiquei chocada com a reacao deles... Confesso que nao achei interessante passar para as crianças esse sentimento de ódio, mesmo que a pessoa no centro da situação seja um terrorista que tirou a vida de muitas pessoas. Será que vale a pena plantar no coração das nossas crianças esse sentimento que já levou a tantas coisas ruins, tantas guerras e afins? Tenho a impressão de que, se a atitude não mudar, o futuro nos reserva acontecimentos tão ou mais devastadores do que o 11 de setembro.

### Satira

Todos comentam o modo como o governo americano agiu a respeito da morte de Osama, condenam, criticam, buscam os direitos humanos. Até aí, tudo bem, mas eu gostaria que as pessoas vissem novamente as manchetes do dia 11 de setembro e se fizessem a seguinte pergunta: "A se fosse meu filho, meu marido, o amor da minha vida, minha mãe ou meu pai?". Será que defenderiam com tanta ênfase assim? Tenho certeza que não, porque quem perdeu seus entes queridos naquele dia de forma tão torpe e brutal jamais vai deixar de lamentar e chorar. Eu me lembro de pessoas se atirando do alto das torres em profundo desespero. Então eu pergunto para quem condena os americanos: o que aquelas pessoas fizeram? Os americanos fizeram o que qualquer pai ou mãe faria: defenderia sua prole, esse é o nosso dever. A escala de valores pode mudar de acordo com a necessidade, a fome, a dor e a falta de humanidade. No que concerne a minha opinião, Osama não tinha nenhum valor humano, então por que ser tratado como um?

### Questão de pele

WOLFGANG FISCHER

Teu amigo apenas justifica em escala internacional o que todo ser humano com senso de justiça rejeita em nível interpessoal, o linchamento. Desrespeitar todas as normas do direito internacional não é uma boa maneira de apresentar como "Terra dos livres e da democracia".

EURÍPEDES

Nessa questão, eu até que concordo mais com seu amigo Luiz Carlos, Rosana. Eu enxergo os problemas que você argumenta nos últimos parágrafos, mas as alternativas a esses problemas não parecem satisfatórias. Não podiam simplesmente deixar o Bin Laden em paz? E, mesmo para capturá-lo vivo, dificultaria muito a missão – há de se imaginar que antes ele atentaria contra a vida dos soldados americanos, talvez até tivesse explosivos pelo corpo. A conclusão do caso foi, a meu ver, uma sucessão de escolhas difíceis, onde as decisões foram tomadas baseadas no "menor mal possível". O que seria inaceitável, para mim, seria a tortura – caso tenham torturado pessoas para descobrirem o paradeiro dele, ou dele próprio, caso fosse capturado com vida.

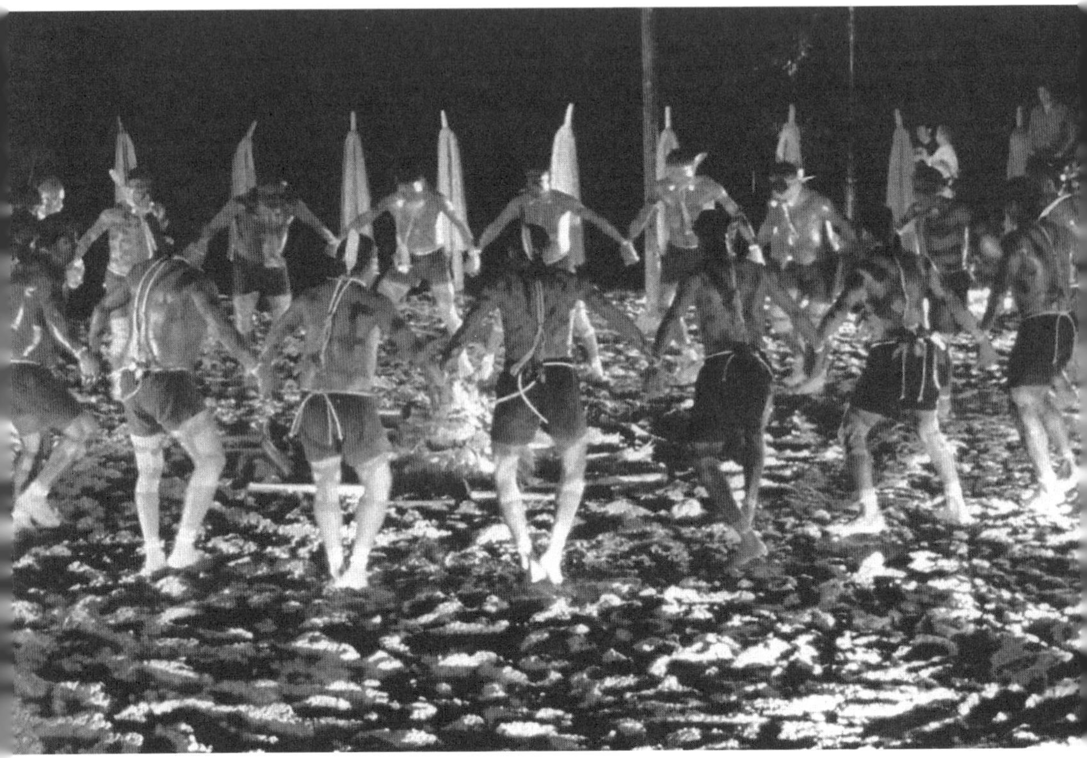

# O choro da aldeia

---

Já passava da meia-noite quando os gritos tomaram conta da vila. Acordei assustada e corri para a frente da casa em busca de explicações para aquela confusão. Os gemidos de dor eram cada vez mais intensos. Depois de alguns minutos, o choro inconfundível do bebê. Nascia uma menina, que mais tarde se tornaria minha xará.

Em algum dia do mês de janeiro, há 22 anos, lá estava eu acampada em Santa Cruz de Cabrália, cidadezinha próxima a Porto Seguro, sul da Bahia, investigando o estilo de vida dos índios pataxós. A pesquisa escolar tratava da influência urbana em comunidades indígenas.

Era uma aventura e tanto percorrer aquelas bandas, o mundo exótico e misterioso da tribo. A mata densa escondia animais selvagens e plantas espinhosas, mas íamos felizes da vida, desbravando caminhos e cruzando rios e cachoeiras. Para completar a magia, a visão do parto natural, no meio de um barraco de taipa, sem assistência médica, com ajuda da parteira da comunidade.

A indiazinha fora, então, batizada de Rosana, em agradecimento à nossa visita. O cacique espalhou a notícia de que o nosso estudo poderia atrair investimentos para a conclusão da casa de farinha, que tinha apenas dois fornos para processar a mandioca para mais de 80 índios.

Eles conservavam algumas tradições dos antepassados, como rituais de pintura do corpo em dias de festa, mas já viviam bem aculturados, como qualquer cidadão dito civilizado. Usavam shorts Adidas e sandálias Havaianas, e alguns tinham até chuteira e camisa da Seleção Brasileira, vestimenta habitual das tardes de domingo, quando se reuniam no campo de futebol de terra batida para bater um "baba". Depois, seguiam em grupo para o bar da vila, onde a cachaça era permitida e muitos voltavam às quedas para casa.

Onde estava aquela imagem do índio puro, genuíno, detentor de um primitivismo que o salvaria da civilização caótica, sufocada pelas próprias armadilhas? Não vi. Ao contrário, os remanescentes indígenas da tribo pataxó debatiam-se diante das mesmas dificuldades de qualquer sobrevivente que habita nossos bolsões de pobreza.

As comemorações pelo Dia do Índio lançam luz sobre uma velha questão: temos que mantê-los isolados, imersos num atraso civilizatório que já nem os protege mais das nossas mazelas? Ou é hora de promover de vez a integração à sociedade, já que o mito ruiu?

### Questão de pele

Hoje temos 460 mil índios nas aldeias, que falam 180 dialetos. São tutelados pelo Estado, protegidos pela Funai, como se fossem seres incapazes. As reservas são extensas, cabendo uma área de 228 hectares per capita. Nos breus das matas, muitos devastam florestas, cooptados pela ganância de madeireiros, a exemplo do que fizeram seus antepassados tupiniquins, que derrubaram milhares de árvores de pau-brasil.

Nesta semana, tenho me lembrado daquelas noites numa aldeia pataxó. Os meus 17 anos permitiam sonhar com o "nobre selvagem", de Jean-Jacques Rousseau, cujo "estado de natureza" seria moralmente superior ao do homem branco. Mas o estereótipo idílico apreendido na escola, de um ser pelado em eterna harmonia com a natureza, ficou congelado nos livros. Assim como a visão pura e inocente do nascimento da indiazinha Rosana, nas páginas do trabalho da escola. Que a vida seja generosa com os pataxós e as outras 225 tribos indígenas do Brasil, dando-lhes oportunidades, educação, saúde e respeito. Enxergar a situação dos índios do Brasil com o realismo que merece pode ser um passo importante para promover o equilíbrio ecológico perdido.

#### COMENTÁRIOS

KARINA HUF
É lastimável ver o espaço de que o índio necessita para conservar suas origens ser dia após dia destruído pelas forças do capitalismo. Uma destruição contínua, iniciada em 22 de abril de 1500. Uma destruição que nasceu para abastecer os cofres com riquezas, enquanto as riquezas da natureza se resumiam em lágrimas. Certas leis da constituição evidenciam o fato de que o índio é tratado como um incapaz. Índio precisa de natureza, de espaço. Índio precisa da água limpa dos rios e dos mares, precisa das árvores

com suas micorrizas, precisa da variedade de pássaros nas densas florestas. Não precisa ser tratado como indivíduo que integra uma sociedade apenas porque em 1537 o Papa afirmou que ele também é um ser humano. Escola, casas modernas, roupas, transportes, medicina, nada substitui nem restaura o documento indígena. O documento de ser índio. De ser a criatura que doma as florestas e as águas, que interage com os animais sem medo, que entrega a vida e a morte à natureza. Natureza. Que serviu para encher o bolso de quem não a enxergava com olhos que não fossem de interesse e cobiça. O tempo não volta mais. Entretanto, o índio não pode ser tratado como uma ferida.

### Armando
Deixem os índios em paz. Eles não precisam e não querem a nossa ajuda. Este negócio de cidadão de segunda classe é o pior dos mundos. Basta não invadirem as terras deles. Aos que já estão, infelizmente, aculturados, sejam concedidos todos os direitos e obrigações de qualquer cidadão brasileiro. Fechem a Funai e todas as organizações que se metem com os índios e proíbam os missionários de qualquer religião ou seita de tentarem "salvar" almas. O resto é demagogia criminosa.

### Cintia Tie
Não são poucas as vezes que ouço comentários de pessoas que visitam tribos, regiões em que eles vivem e reclamam dos preços dos artesanatos indígenas. Ora, se outra forma de arrecadar recursos esse povo não possui, será que é tão absurdo assim cobrarem um preço que, para eles, é justo? Ou, pelo menos, é o tanto que eles precisam para conseguir comprar o que eles precisam? E como vão viver da natureza se nós, homens brancos, estamos destruindo tudo o que encontramos pela frente? É complicado. Mas que todo o dia seja dia do índio, da mãe, do pai, do próximo. Que todos os dias nós possamos refletir sobre como estamos interagindo com o que e quem está ao nosso redor e tomemos uma atitude para tornar a realidade de todos um pouco melhor.

## Questão de pele

Karollyny Roger:
Os índios no Brasil ainda são motivos de impasses. É quase impossível não pensar em índios como aqueles seres que andam nus pelas florestas e são amigos da natureza. Contudo, pouco a pouco o próprio índio despe-se dessa fantasia. O capitalismo já finca suas raízes nesses povos e muitos destes já se deixam levar por essa realidade. É preciso resgatar os antigos valores indígenas de proteção ao meio ambiente.

Karina Huf
É lastimável ver o espaço de que o índio necessita para conservar suas origens ser dia após dia destruído pelas forças do capitalismo. Uma destruição contínua, iniciada em 22 de abril de 1500. Uma destruição que nasceu para abastecer os cofres com riquezas, enquanto as riquezas da natureza se resumiam em lágrimas. Certas leis da constituição evidenciam o fato de que o índio é tratado como um incapaz. Índio precisa de natureza, de espaço. Índio precisa da água limpa dos rios e dos mares, precisa das árvores com suas micorrizas, precisa da variedade de pássaros nas densas florestas. Não precisa ser tratado como indivíduo que integra uma sociedade apenas porque em 1537 o Papa afirmou que ele é um ser humano. Escola, casas modernas, roupas, transportes, medicina, nada substitui nem restaura o documento indígena. O documento de ser índio, de ser a criatura que doma as florestas e as águas, que interage com os animais sem medo, que entrega a vida e a morte à natureza. Que serviu para encher o bolso de quem não a enxergava com olhos que não fossem de interesse e cobiça. O tempo não volta mais. Entretanto, o índio não pode ser tratado como uma ferida. Exatamente como disse Rosana, "deve-se enxergar a situação com realismo".

Michele Calazans
Estive em Porto Seguro há um ano e, ao conversar com alguns índios de Santa Cruz Cabrália, percebi que eles só trabalhavam como empregados e não eram donos das barracas, ou seja, os donos eram os não índios, que os contratavam para ficarem expostos para os turistas, que acreditavam comprar artesanato que viria a beneficiar os índios.

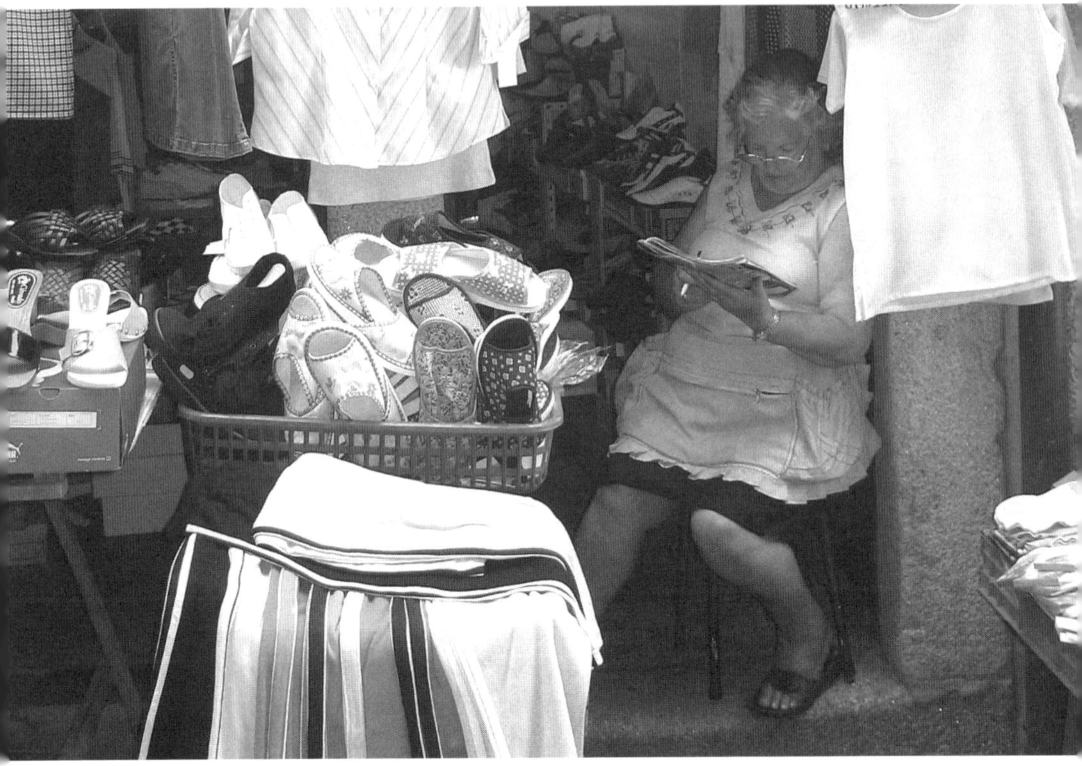

# A classe C: consumo consciente?

─────

Saiu recém-formada em Administração de Empresas e voltou consultora de mídia. Agenda cheia, sem tempo para novos contratos, tornou-se uma referência na área. Foram 12 anos fora do país, bebendo na fonte dos americanos. Quando soube que a menina dos meus olhos era a sustentabilidade, não fez rodeios.

– Desista! Sustentabilidade não dá ibope!

– Como assim? Em todo o planeta não se fala de outra coisa! O mundo corporativo trabalha para desenvolver a gestão socioambiental, criar negócios ditos sustentáveis e passar uma imagem de amigo do meio ambiente; as TVs americana e europeia exibem cada vez mais conteúdo verde; líderes e governos se mobilizam para buscar acordos que minimizem o impacto da crise climática... Vamos sediar a Rio+20!

— Apesar de o tema estar na boca das pessoas, é grande a dificuldade de mobilizar a sociedade. A onda verde está pegando apenas em alguns países lá fora. Aqui no Brasil, o mercado está de olho no bolso da classe C, um contingente de 91 milhões de brasileiros que amargaram a pobreza por décadas, e agora tem poder de compra. Seus lares recebem de R$ 1.115 a R$ 4.807 por mês, representando a maior fatia da renda nacional. Segundo a Fundação Getulio Vargas, o segmento detém 46% dos rendimentos das pessoas físicas. Ninguém está interessado em usar seu rico dinheirinho fazer concessões em prol da natureza.

— Mas essa multidão pode aprender a consumir de forma consciente. Eis aí uma oportunidade!

— A ascensão desta classe foi apenas financeira, não cultural. Essa fatia de mercado ainda não adquiriu conhecimentos para entender um conteúdo tão sofisticado quanto o da sustentabilidade. Talvez as próximas gerações encarem isso como um valor. Agora, cada um quer trocar seu celular a cada seis meses, agigantar sua tela de plasma a cada Natal e lotar a geladeira de guloseimas, antes restritas aos dias de festa.

— Não seria o caso de mudar a forma de expor o tema, numa embalagem mais interessante? Eu, por exemplo, tento fazê-lo por meio de crônicas, o que sempre me aproxima do leitor. E tenho muitos exemplos de leitores, oriundos de diversas camadas sociais, que participam da discussão de forma inteligente.

### Questão de pele

— O negócio é mais embaixo, Rosana. O ambientalismo cria situações de conflito, desafia interesses poderosos. O aquecimento global, por exemplo, põe em xeque a indústria do petróleo. E o petróleo beneficia diretamente o consumidor. Aposto que a maioria dos seus leitores está interessada em saber sobre o que você pensa. Não são atraídos pelo assunto em si.

E continuou, dizendo que o desinteresse pela causa transita por todos os níveis sociais. Até mesmo os que detêm alta escolaridade formal, gestores de empresas bem-sucedidas revelam-se conformados ao modelo econômico vigente, alheios à força desta nova visão de mundo, calcada em bases científicas.

Por achar o assunto apaixonante e, o mais importante, fundamental, indispensável para um novo rumo da humanidade, lamento mesmo o descaso.

Ocorre que a crise ambiental só se resolve por meio de uma revolução tecnológica e pela mudança de comportamento. Tarefas que dependem de esforço coletivo da sociedade civil, governos e iniciativa privada. O desafio é se reinventar na defesa desta bandeira. De que forma engajar as pessoas, já que a tendência é a desqualificação do ativismo?

Um dia um colega de profissão, Humberto Pereira, diretor do Globo Rural, com quem trabalhei por três anos, me perguntou em tom de piada, "você sabia que o Jatobá demora cem anos pra dar?".

Se as questões relacionadas à sustentabilidade forem tratadas no mesmo ritmo, talvez não sobre um pé de *Hymenaea courbaril* pra contar a história.

Rosana Jatobá

## Comentários

Alysson Garcia

"A ascenção desta classe foi apenas financeira, não cultural. Essa fatia de mercado ainda não adquiriu conhecimentos para entender um conteúdo tão sofisticado quanto o da sustentabilidade."

Ao se referir dessa forma à classe C, tu incorreste em uma infelicidade, tendo em vista que, proporcionalmente, é lógico, as pessoas que estão inseridas nas classes A e B provocam maior desperdício de energia e água do que a classe C e as demais. E esse desperdício se dá pelo desleixo com o meio ambiente, e não com a ignorância dos efeitos que podem ser causados, o que é preocupante. A tentativa de salientar que o "desinteresse" se passa por todas as classes não foi suficiente para amenizar a paulada dada na cabeça das pessoas enquadradas na classe C. Acredito que muitas vezes escrever algumas coisas que achamos ser a realidade é fácil, mas devemos abrir a janela de casa e olhar com atenção. Carros caros, muito caros, passam no sinal vermelho. Pessoas instruídas, muito instruídas, bebem e dirigem. Grandes empresas, com faturamento milionário, jogam resíduos de insumos em locais inapropriados. Quero dizer, este não é um problema de classe, não mesmo.

André Vincent

Tentar buscar um responsavel pela degradação da natureza é, na realidade, condenar-se a si mesmo, somos todos culpados. Quem desejaria voltar à idade da pedra, heim? E o medo de ficar no escuro, de ficar sem aquecedor ou ar condicionado? Sem TV? Lutar contra as feras para sobreviver, sem plano de saude, sem hospital? Sem a prestação da casa própria? Sem automóvel? Sem cartão de crédito? Sem o charuto cubano, para quem fuma? Sem o wisky importado, para quem bebe? Sem o passeio ao shopping com as crianças no fim de semana? Sem o computador, o jet sky, o avião, o cruzeiro em alto-mar? Enfim, tanta coisa boa que na realidade ninguém quer abrir mão, a não ser o outro, quero dizer, aquele que não nasceu ainda.

### Questão de pele

No que diz respeito à natureza, não nos preocupamos, pois ela é soberana, sabe se defender por si só, já o demostrou. Então, não vai adiantar chorar. Vamos ficar no escuro mesmo sem o 190 para nos socorrer.

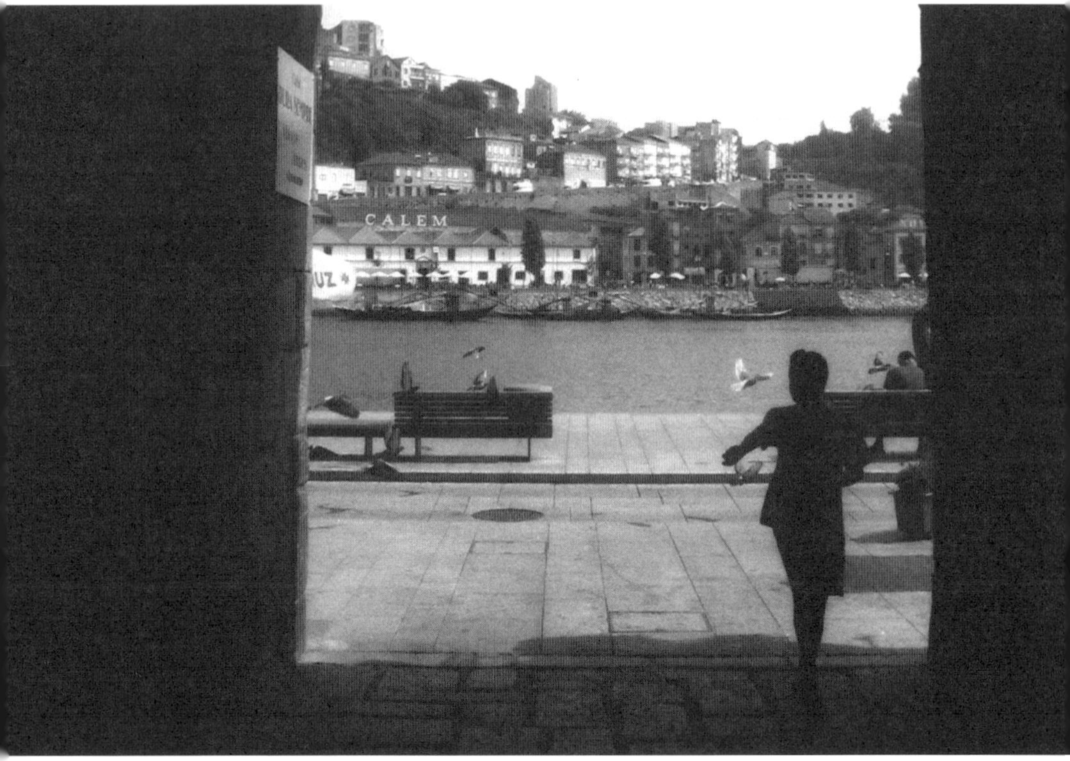
CALEM

# A moça e o tempo

A uma hora dessas ele já estaria morando no Upper West Side, e já teria levado a família pra passear no Central Park e no museu preferido, o Natural History Museum.

"Vou pra Nova York realizar um velho sonho meu de morar fora".

Já estaria com a agenda cheia de compromissos:

"Quero escrever muito sobre livros, filmes e, em especial, exposições, item cultural ainda fraco em São Paulo".

Já teria matriculado a mulher numa academia de yoga e os filhos numa escola. Mas os planos do brilhante jornalista foram interrompidos por um AVC. Daniel Piza morreu na casa da família, em Minas Gerais, durante as festas de fim de ano. Já havia publicado 17 livros e nos brindava com sua escrita elaborada, analítica e lúcida nas manhãs dominicais, no jornal O Estado de S. Paulo, do qual era colunista. Tinha 41 anos!

A morte prematura do colega que era referência na profissão, e do homem talentoso e dedicado à família, mexeu muito comigo, embora só o tenha visto uma vez lá na redação da TV. Para além do lamento pela perda súbita, o fato reacendeu a recorrente questão que, provavelmente, também te inquieta: o que estou fazendo da vida que me foi dada? A que me destino? Vivo cada instante como se fosse o último, ou me perco na rotina da luta pela sobrevivência, que me rouba o tempo e os sonhos de felicidade?

Eu estava em Nova York, a terra prometida de Piza, quando um outro homem partiu, deixando um vácuo ainda maior. Steve Jobs tinha 56 anos!

Em frente à loja da Apple, uma espécie de memorial exibia flores, cartas, maçãs, velas, ursos de pelúcia e o luto de inúmeros admiradores do gênio.

A imagem intrigante de uma mulher seminua, de olhar perdido, alheia ao frio de 14 graus, recheava a cena de abandono e da inescapável sina: a de que a morte nos espreita e nos obriga a repensar o valor da existência.

Por força da minha atuação como Apresentadora do Tempo, sou frequentemente questionada nas ruas sobre o fim do mundo, a tal profecia de que 2012 vai se acabar em água e fogo. Muita gente intrigada com os numerosos eventos de fúria da natureza, amedrontada pela atmosfera instável, carregada de nuvens sombrias. Em vez

### Questão de pele

de apelar para a meteorologia, menciono um texto de autoria desconhecida, que me ajuda a dar sentido à vida, usando o Tempo como um presente. E buscando presença no Tempo que me resta, para aceitar, com serenidade, o mistério que nos aparta de vidas como as de Daniel e Steve.

Imagine que você tenha uma conta corrente e, a cada manhã, você acorde com um saldo de R$ 86.400,00. Só que não é permitido transferir o saldo do dia para o dia seguinte. Todas as noites o seu saldo é zerado, mesmo que você não tenha conseguido gastá-lo durante o dia.

Todos nós somos cliente deste banco e esse banco chamado Tempo. Todas as manhãs é creditado para cada um 86.400 segundos. Todas as noites o saldo é debitado, como perda. Não é permitido acumular este saldo para o dia seguinte.

Todas as manhãs a sua conta é reinicializada, e todas as noites as sobras do dia se evaporam. Não há volta. Você precisa gastar vivendo no presente o seu depósito diário. Invista, então, no que for melhor, na saúde, felicidade e sucesso! O relógio está correndo. Faça o melhor para o seu dia a dia. Para você perceber o valor de *um ano*, pergunte a um estudante que repetiu de ano. Para você perceber o valor de *um mês*, pergunte para uma mãe que teve o seu bebê prematuro. Para você perceber o valor de *uma semana*, pergunte a um editor de um jornal semanal. Para você perceber o valor de *uma hora*, pergunte aos amantes que estão esperando para se encontrar. Para você perceber o valor de UM MINUTO, pergunte a uma pessoa que perdeu um trem. Para você perceber o valor de *um segundo,* pergunte a uma pessoa que conseguiu evitar um acidente. Para você perceber o valor de *um milisegundo*, pergunte a alguém que ganhou a medalha de prata em uma Olimpíada. Valorize cada momento que você tem! E valorize mais porque você deve dividir com alguém especial, especial o suficiente para gastar o seu tempo junto com você. Lembre-se: "o tempo não espera por ninguém".

Ontem é história. O amanhã é um mistério. O hoje é uma dádiva. Por isso é chamado de presente de Deus!

## Comentários

### Carla Daniela Chagas

Suas palavras refletem o real "estado" de viver!
O que passou, passou, não volta mais! Todos os dias Deus nos dá uma nova oportunidade, onde um sim ou um não são capazes de mudar toda a nossa existência. Somos responsáveis pelas nossas escolhas.
O tempo é uma dádiva dada por Deus e recriada pelo homem, somos autores da nossa própria história, devemos escolher os melhores roteiros, dividir o palco com as pessoas que amamos. "Estes são os melhores artistas!"
Porque, como já dizia Clarisse: "Em um belo dia se morre".

### Bárbara Teles

Sobre o passar do tempo, já dizia Drummond: "Quem teve a ideia de cortar o tempo em fatias, a que se deu o nome de ano, foi um indivíduo genial. Industrializou a esperança, fazendo-a funcionar no limite da exaustão. Doze meses dão para qualquer ser humano se cansar e entregar os pontos. Aí entra o milagre da renovação e tudo começa outra vez, com outro número e outra vontade de acreditar que, daqui em diante, vai ser diferente".
Everyday starts today!

### Questão de pele

ANNA

Sabe, tem coisas que acontecem sem nos darmos conta. Hoje eu acordei 7h, peguei dois ônibus para vir ao estágio da faculdade pegar meus livros da monografia e, enquanto eu subia a imensa ladeira, ia me sentindo a pessoa mais injustiçada do mundo. Agora, depois de ler sobre a morte da Whitney Houston, vejo este seu texto e agradeço por ter simplesmente acordado, por ter conseguido os meus cinco livros (após três meses de tentativa), pelo tempo fresco (a média aqui onde moro é de 37 graus C). E só posso chegar a uma conclusão: a vida é maravilhosa!

MAICO ALVES

Refletindo sobre o texto, volto a pensar no ser humano e em como vivemos para coisas sem sentido e investimos o nosso tempo muitas vezes para fazer o mal para outras pessoas, para brigas ou simplesmente para nada. Precisamos começar a pensar em utilizar esses milhares de segundos para fazer com que as pessoas sejam mais felizes, o planeta mais preservado e em meios de disseminar a paz. Talvez, quando começarmos a agir dessa maneira, no final do dia iremos contabilizar um saldo de utilização do tempo mais positivo, passaremos a contar ganhos, e não apenas perdas!

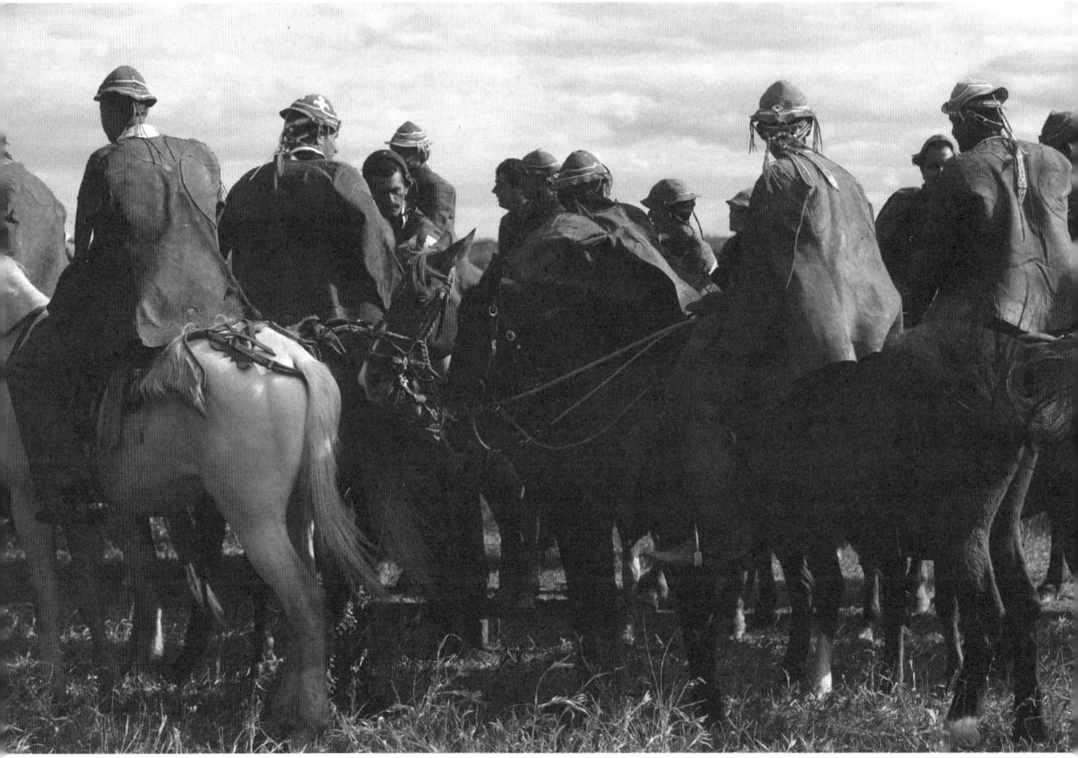

# Provetinha na brasa

—

— Garçom, um filé mignon ao ponto com molho madeira e batatas fritas, por favor.
— Carne natural ou artificial, senhor?
— Artificial, claro! Não sabia que este restaurante ainda comercializava cortes naturais.
— Por mais que a gente explique que a carne desenvolvida em laboratório é saudável, sem diferença hormonal, nutricional ou molecular, tem gente que morre de medo da manipulação científica e prefere a boa e velha vaca!

— Quer dizer que, em pleno ano de 2025, ainda existem seres humanos que preferem ignorar o horror do matadouro, do sofrimento causado pela produção industrial de carnes? Como podem compactuar com o enorme impacto ambiental provocado pela agropecuária no esgotamento dos recursos naturais? Como podem consentir com o famigerado desmatamento?

— Pois é, doutor, 80% dos nossos cortes são artificiais, mas ainda temos uma clientela assídua que é fiel aos pastos.

Este diálogo ainda é uma elucubração. Mas não por muito tempo. Consumir carne de proveta num futuro próximo, aposentando seu suculento bife advindo dos campos amazônicos, vai se tornar prática comum mundo afora.

Fiquei surpresa quando li um artigo de Marcelo Gleiser, professor de física teórica no Dartmouth College, em Hanover, Estados Unidos. Ele informa que dezenas de laboratórios estão tentando cultivar carne, partindo de amostras de células musculares alimentadas em soluções que induzem a sua proliferação. Diz ele que, em 1999, o holandês Willem van Eelen registrou patentes internacionais da produção industrial de carnes, usando as tais culturas celulares, e convenceu o governo de seu país a financiar projetos de pesquisa em três universidades. "Uma só célula produziria carne suficiente para toda a população do mundo", diz Jason Matheny, diretor do instituto de biotecnologia New Harvest, especializado em carne de proveta.

Fiquei surpresa com essa história e bem contente. Explico. No passado, retomei o jejum de carne vermelha, iniciado em 2009 e interrompido durante os nove meses de gravidez. Faz quase um ano que voltei a resistir às tentações do aroma e do gosto de um bife de picanha. O desejo existe, mas as convicções ideológicas se sobrepõem

## Questão de pele

ao prazer da degustação. A ideia de saborear carne de proveta veio como sopa no mel! Comer sem culpa, sem medos. Já é assim com inúmeros vegetais. Por que não com a carne? Por enquanto, a carne de laboratório só serve para fazer aglomerados (hambúrguer, salsicha ou nuggets de frango). E o preço é proibitivo. Com os métodos atuais, ela custa pelo menos US$ 2 mil o quilo. "É bem possível que o preço caia para US$ 50", diz o especialista Bob Dennis, da Universidade Estadual da Carolina do Norte.

Ao fazer o balanço de 2011 no que concerne a hábitos sustentáveis, senti-me orgulhosa por ter mantido a coleta seletiva do lixo e levado os materiais recicláveis para um posto especializado; ter conseguido carregar minhas *ecobags*, reduzindo, assim, o uso de sacolas plásticas em supermercados; ter feito uma horta com mais de 15 itens; ter economizado nas contas de água e luz; melhorado a eficiência energética de eletrodomésticos; e ter deixado o carro na garagem, utilizando a bicicleta para ir à academia, ao mercadinho da esquina e ao parque. Como resolução para 2012, pretendo trocar o carro beberrão por um híbrido e avançar no cardápio vegetariano. Jantares verdes! Pelo menos até as prateleiras dos supermercados exibirem a grande solução para os paladares mais exigentes: carne in vitro!

#### COMENTÁRIOS

CESAR BONAMIGO
Só não entendo por que você não mandou cortar sua luz e água como cortou a carne da sua dieta? Por que não vendeu o carro ainda, em vez de apenas ter planos de trocar por um híbrido, afinal, este também não polui, de uma forma ou de outra?

Por que não deixou de usar os eletrodomésticos simplesmente, assim como fez com a carne? Será que você deixou de usar latas de aluminio e embalagens pet? Será que deixou de usar papel higiênico? (Árvores são derrubadas para fabricar o papel, tudo bem, eu sei, de reflorestamento, mas plantadas em terras abertas pelo boi.) Será que deixou de usar ar condicionado?
Será que deixou de usar roupas? (O algodão é plantado em terras abertas pelo boi.).
Onde hoje são cultivadas as lavouras e hortas, na grande maioria, foi aberta pelo boi. Funciona assim: o pecuarista vai lá, abre as terras, planta pasto, cria o boi por um tempo... depois da terra pronta, o agricultor, os usineiros, os hortifrutigranjeiros, compram essas terras já abertas. Só o pecuarista é culpado? Só o pecuarista é criminoso? Quem compra as terras prontas não é? Quem compra o que é produzido nessas terras não é?

Ivana Maria

Um pecuarista é no mínimo suspeito para defender o carnivorismo. Ganha seu dinheiro através do sofrimento das criaturas inocentes. Dá para viver sem carne, sim! Sou vegetariana há 30 anos e a saúde vai muito bem, obrigada. E quanto àquele que defende que tomates e bananas sofrem, no mínimo faltou às aulas de ciências na escola. Vegetais não possuem sistema nervoso, portanto, não sentem dor, não gritam, não esperneiam, não sangram. Frutos praticamente se oferecem ao cair de maduros no chão. Eu não tenho nenhuma vontade de comer algo que se pareça com carne. Quero defuntos longe do meu prato. Quer queiram, quer não, o mundo no futuro será vegetariano, não haverá espaço para tanta gente e pastos no planeta. Evoluir é preciso. A idade das cavernas já passou há milênios.

Julio

Eu não entendo qual é, afinal, o fundamento desse preconceito contra a carne vermelha. Deus colocou isso no mundo para consumirmos, é para comermos, entende? Que mal, afinal, causam os bovinos ao meio ambiente? Gases tóxicos? Pum? E aqueles aviões enormes que abrem e derrubam milhares de litros de inseticidas através do ar para pulverizar as plantações de soja e milho e sei lá mais o quê? E os agrotóxicos que estão sobre a pele

## Questão de pele

das nossas deliciosas verduras e legumes e frutas? Os testes realmente são interessantes, assim como é interessante o carro híbrido, usar a bicicleta e deixar o automóvel na garagem, fazer horta orgânica. Agora, não usar sacolas plásticas já é ridículo, convenhamos! Proponho uma meta. Para salvar o meio ambiente, vamos reciclar os políticos e salvar o planeta Terra das suas catastróficas ideias egoístas e mal-intencionadas, vamos limpar nosso meio ambiente desses políticos imbecis. Medidas, ideias e mais medidas pra salvar o mundo. Muito bom, mas tenho um aviso para vocês: o Apocalipse está próximo, ele é premeditado, está na Bíblia, mas vamos que vamos, não é? E tudo vai dar certo ao final.

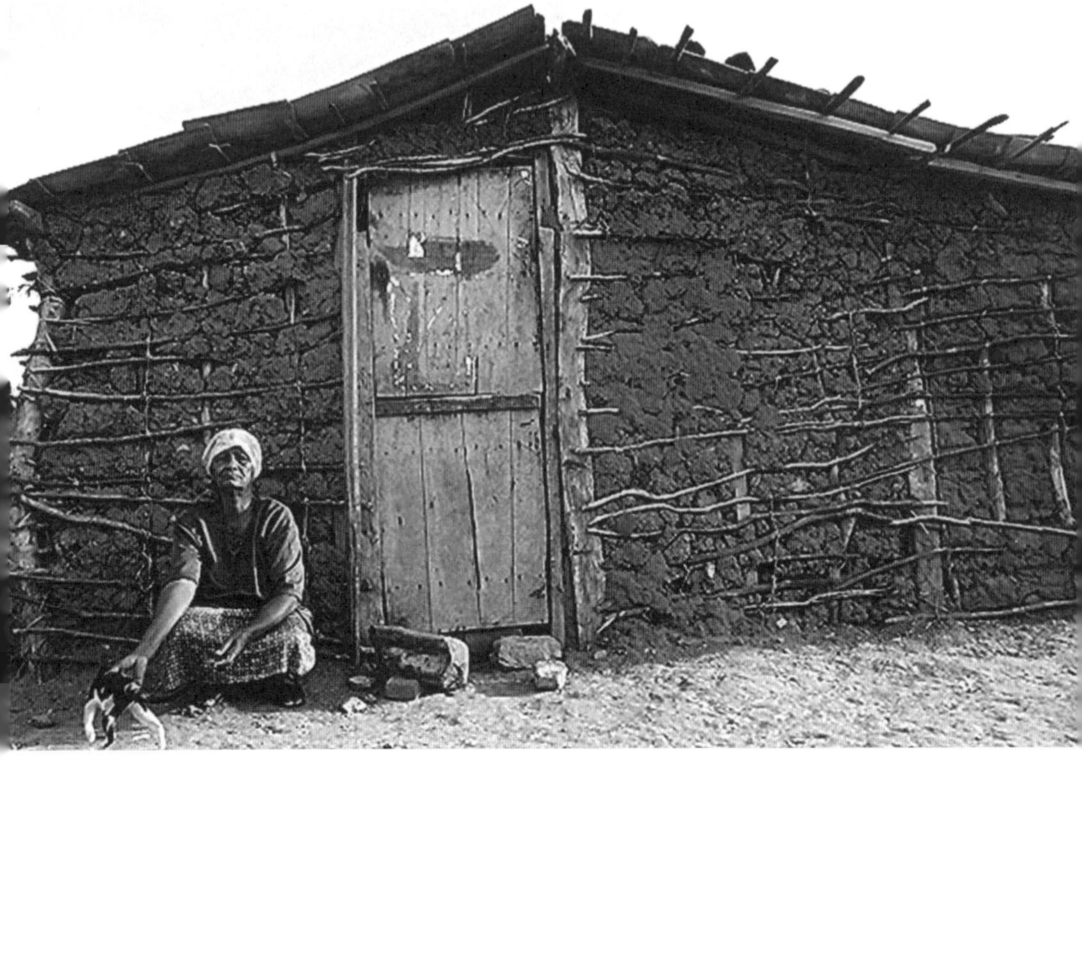

# O sermão das migalhas

---

A esta altura você já sabe onde vai degustar as delícias do jantar ou almoço de Natal. E, mesmo se estiver longe da família, vai se dar ao luxo de escolher uma ceia num restaurante ou de dar um pulo no supermercado para comprar os tradicionais peru, tender, farofa e as frutas cristalizadas. Vendo a mesa farta, ladeada pela árvore ricamente decorada, as velas acesas a perfumar a casa, e os presentes à espera dos sorrisos de satisfação, terá a impressão de que em todos os lares cristãos do planeta há alimento de sobra para o corpo e o espírito.

É que a tal magia do Natal nos anestesia para a dura realidade dos grotões, onde a solidariedade é sazonal e a estupidez reduz o ser humano a objeto.

O número de famintos no planeta está em torno de um bilhão, de acordo com a Organização das Nações Unidas para o Desenvolvimento e a Agricultura (FAO). Isso significa que um em cada seis seres humanos passa fome. Soco no estômago! É gente que, em sua maioria, habita a África, Ásia e a América Latina, já que, no hemisfério de cima, o drama é o oposto. De um lado, mesas abarrotadas e pessoas superalimentadas; de outro, multidões famintas a se baterem por escassas migalhas.

A própria FAO atribuiu o acentuado aumento no número de famélicos a uma combinação da crise financeira internacional e da persistente elevação dos preços dos alimentos. Situações em que nós, pobres mortais de barriga cheia, figuramos como meros telespectadores.

É como bem assevera o cardeal arcebispo de São Paulo, Dom Odilo P. Scherer:

"A solução para o problema da fome está menos na roça e nas mãos calejadas dos agricultores do que nos gabinetes e fóruns das decisões políticas, econômicas, financeiras e comerciais. A fome será superada mais pela ponta da caneta do que pelo cabo da enxada".

Porém, um terceiro fator nos chama à responsabilidade imediata: o desperdício nosso de cada dia.

Dados deste mesmo relatório da FAO revelam que um terço dos alimentos produzidos no mundo, cerca de 1,3 bilhão de toneladas anuais, se perde ou é desperdiçado. No Brasil, este índice chega a 40%, algo em torno de 39 milhões de quilos diários de comida.

### Questão de pele

Os consumidores ricos jogam fora 222 milhões de toneladas de frutas e hortaliças, volume equivalente à produção de alimentos na África. Cada um de nós manda para o lixo 115 quilos de comida por ano.

O descaso começa lá no campo, com o acondicionamento inadequado; segue no transporte, quando chegam às feiras e mercados; e, por fim, continua em nossa geladeira. Quantas vezes não compramos além do que iríamos consumir?

Pensar em toda a cadeia produtiva do alimento, desde os adubos utilizados, o suor do trabalhador rural até o combustível gasto do campo à mesa, ajuda a despertar a consciência? E refletir sobre as montanhas de lixo que geramos com os restos?

Diante das perspectivas de que os preços dos alimentos continuarão a subir e a produção precisará crescer 70% até 2050 para alimentar os 9,2 bilhões de pessoas que estarão no mundo nesta época, teremos que quebrar o paradigma comum no Brasil, com relação à cultura do excesso, da abundância, do "é melhor sobrar do que faltar".

A esta altura, estamos tão atarantados com a correria de fim de ano, os balanços das finanças, a ansiedade pelas férias, os projetos para 2012, que é mais do que merecido o banquete natalino.

Em atenção à data peculiar, provemos também do alimento da alma: "Eu sou o pão da vida; o que vem a mim jamais terá fome".

Mas quando a farra gastronômica passar, fiquemos com o exemplo de um outro ser iluminado, a quem reverencio. De acordo com os ensinamentos de Buda, "a quantidade de alimentos necessária para cada ser humano é aquela que cabe na concavidade de suas mãos unidas".

Rosana Jatobá

## Comentários

Moacir Antônio Oliveira Miranda

O quadro de flagelo gerado pela fome na África sucede-se também pela atitude solidária dos países na distribuição indiscriminada de alimentos. "O quê? Como assim?". Sucede-se que, ao chegar às comunidades extremamente carentes, as forças políticas e facções que lutam pelo poder naquele emaranhado de nações litigantes utilizam-se desses donativos com o fim de moeda de troca por cativação e apoio. Outro malefício surgido pelas doações advém da queda dos preços dos alimentos, impossibilitando que as pequenas comunidades locais que se esforçam a cultivar plantações angariem retorno para assegurar a sobrevivência. Resultado: uma comunidade de pedintes, perseverando na dependência. Nesse sentido, um especialista em economia e profundo conhecedor das realidades africanas, James Shikwati, do Quênia, na revista alemã Der Spiegel, chegou a expressar numa entrevista tal situação, sob o títulto de "Pelo amor de Deus, parem de ajudar a África".

Opino que os países benevolentes devem oferecer, no âmbito internacional, políticas públicas de inclusão, incentivos fiscais e construção de fábricas de artigos de vestuário, aproveitando a produção local, atitudes que podem reverter esse quadro. "Ensinar a pescar", pode-se dizer. "A fome será superada mais pela ponta da caneta do que pelo cabo da enxada".

### Questão de pele

MARCUS VINICIUS ECHTERNACHT

A única forma de aumentar a quantidades de alimentos no mundo é investir em tecnologia; Todos os governos, e principalmente o nosso, deveriam investir mais recursos em técnicas para aumentar a produção e combater o desperdício de alimentos. Se não fosse a Embrapa, já teríamos morrido de fome. O Brasil tem bastante terra para o cultuvo, mas nossas autoridades não investem o suficiente no homem do campo, desviando os recursos para outros fins. O governo vai matar de fome as gerações futuras.

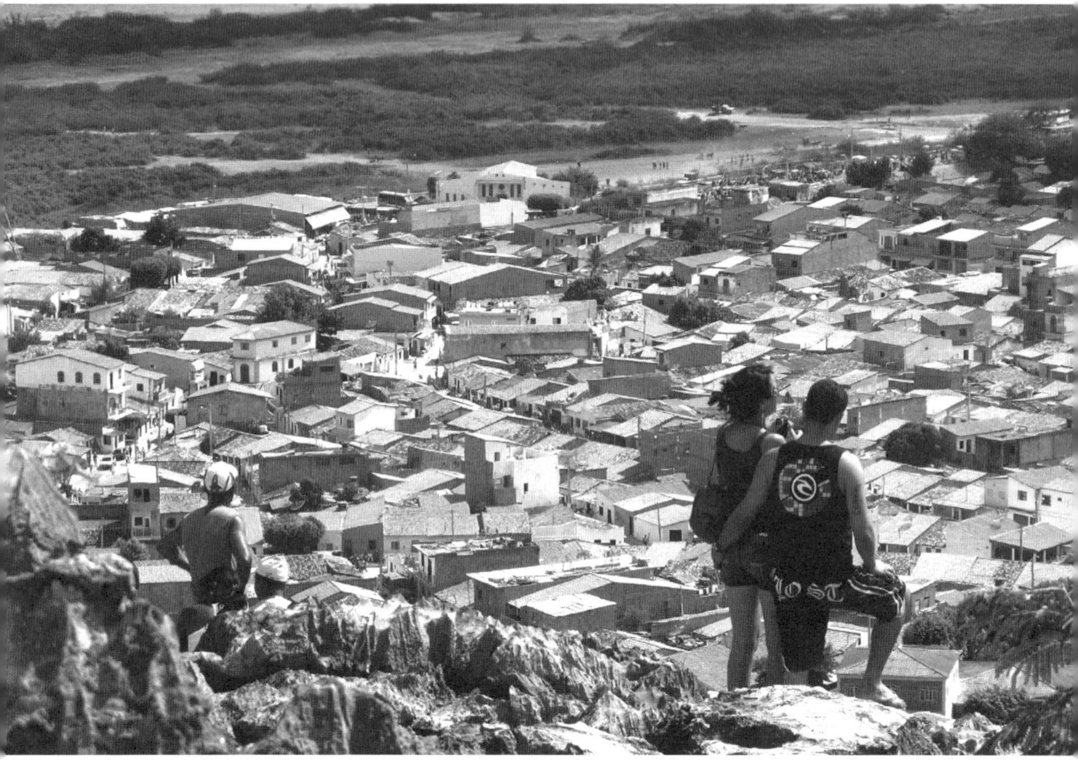

# Cenas dos próximos capítulos...

Eu estava com o texto na ponta da língua. Era previsão de mais chuva para a região sul, com perspectiva de tempo firme seis dias depois. Tinha que falar do granizo que atingira a região de Biguaçu, na Grande Florianópolis e dos consequentes estragos em casas, carros e plantações. Mais temporais na área de convergência de umidade entre a Bahia e o Amazonas, e o enorme volume de água que invadira ruas de Belo Horizonte. A capital mineira recebera, em 24 horas, a chuva prevista pra cair em uma semana.

O resultado foi um drama cada vez mais frequente nesta época do ano: pessoas reféns das enchentes. Mas uma história em especial roubou a cena. O carro arrastado pela enxurrada fora parar contra um poste. O sagrado obstáculo permitiu que cinco pessoas subissem até o capô, antes de serem levadas pela correnteza. Mãe e duas filhas, tio e uma amiga da família assustados, encurralados, desesperados diante da força do monstro da água barrenta. A caçula desmaiou e, ali mesmo, no teto do veículo, foi reanimada com respiração boca a boca. Enquanto isso, surge uma corda solidária capaz de resgatar as vítimas. A câmera, impávida, registrou os momentos de angústia e revelou ao país o espetáculo midiático que comoveu a todos e provocou indignação.

– Esse motorista é louco! Como ele atravessa a enchente?

– Não pode dar uma de herói contra a fúria da natureza, advertiu um bombeiro no alto de toda a sua experiência em resgates.

O motorista imprudente virou réu diante da nação.

Dou um pulo em casa, revejo meus filhos e agradeço por estarem vivos, protegidos, a despeito da febre da minha pequena que não cede há dois dias. Imagino a aflição daquela mãe protagonizando a novela "tragédia anunciada" da temporada de chuvas no Brasil. Poderia ser qualquer um de nós. Cada um de nós que se sente impotente e não encontra meios efetivos para mudar este estado de coisas.

Talvez alguns dados nos abasteçam de coragem e nos tirem da inércia, pelo menos nas urnas. A jornalista Amanda Costa, do Contas Abertas, revela:

O Ministério da Integração Nacional deixou de investir, nos últimos sete anos, quase R$ 1,8 bilhão na prevenção de danos e prejuízos provocados por desastres naturais em todo o país. Entre 2004

### Questão de pele

e 2010, o programa registrou dotação autorizada de R$ 2,3 bilhões, dos quais apenas R$ 539,8 milhões foram aplicados. Isso representa apenas 23% das verbas. Assim, de cada R$ 4,00 previstos em orçamento, menos de R$ 1 foi aplicado em prevenção.

A ladainha é a mesma: a liberação de recursos depende da apresentação de projetos dos municípios, que precisam viabilizar os programas, a licença ambiental e outros documentos para o devido repasse.

Além disso, tem a burocracia legal. Historicamente, os recursos só são liberados com o auxílio das medidas provisórias, que regularmente liberam créditos extraordinários em favor da prevenção a desastres.

#### COMENTÁRIOS

##### CLAYTON FERNANDO

Infelizmente, é realmente uma tragédia anunciada todo ano, a diferença é que nunca se sabe ao certo qual será a cidade devastada da vez. E ainda assim os investimentos em infraestrutura para evitar as enchentes permanece mínimo. Eu gostaria muito de saber onde todo o dinheiro arrecadado com multas, por exemplo, vai parar. Veja o caso do MP que multou a Chevron em quase R$ 20 bilhões! Será que poucos bilhões não poderiam ser investidos nas obras, e não nos bolsos de alguns, para que tenhamos segurança e evitar prejuízos bilhonários em longo prazo? Dezembro e janeiro já me dão medo, a previsão do tempo nessa época é praticamente um "salve-se quem puder".

##### BLOG O RONCO DA CUÍCA

Pedir paciência enquanto a água alcança a altura dos joelhos, inunda quartos, umidece paredes e arruína casas é cômodo para quem, depois das eleições, se esquece daquele que garantiu seu confortável assento. É a primavera se encerrar para que as cenas de outros temporais sejam rememoradas. Que as águas de março, cantadas por Tom Jobim, logo levem o verão para que o estrago causado pelo modo de vida contemporâneo e pela negligência pública não atinja proporções arrasadoras como aquelas de 2011. Mesmo com o estampido das gotas de chuva sobre o alumínio da janela a abafar qualquer som, saquei o já arranhado CD em homenagem ao mestre do samba paulista, "um tar de João Rubinato", um tal de Adoniran Barbosa. Nele, um samba me fez projetar um bate-papo entre o governo e um desabrigado das chuvas. A letra de "Aguenta a mão, João" (1971), composição do paulista com o maestro mineiro Hervé Cordovil é o mote.

*Não reclama/ Contra o temporal/ Que derrubou teu barracão/ Não reclama/ Guenta a mão, João/ Com o Cibide/ Aconteceu coisa pior/ Não reclama/ Pois a chuva/ Só levou a tua cama/ Não reclama/ Guenta a mão, João/ Que amanhã tu levanta/ Um barracão muito melhor.*

*C'o Cibide coitado/ Não te contei?/ Tinha muita coisa/ A mais no barracão/ A enchurrada levou seus/ Tamanco e o lampião/ E um par de meia que era/ De muita estimação/ O Cibide tá que tá dando/ Dó na gente/ Anda por aí/ Com uma mão atrás/ E outra na frente.*

EDSON COELHO

Os governos parecem gostar de tragédias. Veja o exemplo do investimento em contenções de enchentes. É brincadeira...

MÁRIO FERREIRA

Essa questão de obras de prevenção é mais complicada do que se mostra. Existem interesses muito maiores do que nós, meros mortais, podemos imaginar. Possiblidade de ganhar bônus eleitorais com as promessas de novas obras, por exemplo, e assim a população desses grandes centros continua e continuará a sofrer.

### Questão de pele

CLAYTON FERNANDES

Infelizmente, é uma tragédia anunciada todo ano, a diferença é que nunca se sabe ao certo qual será a cidade devastada da vez. E ainda assim os investimentos em infraestrutura para evitar as enchentes permanecem mínimos. Eu gostaria muito de saber onde todo o dinheiro arrecadado com multas, por exemplo, vai parar. Veja agora que o MP pretende multar a Chevron em quase vinte bilhões de reais! Será que poucos bilhões não poderiam ser investidos em obras, e não nos bolsos de alguns, para que tenhamos segurança e evitar prejuízos bilionários no longo prazo? Dezembro e janeiro já me dão medo, a previsão do tempo nessa época é praticamente um 'salve-se quem puder'.

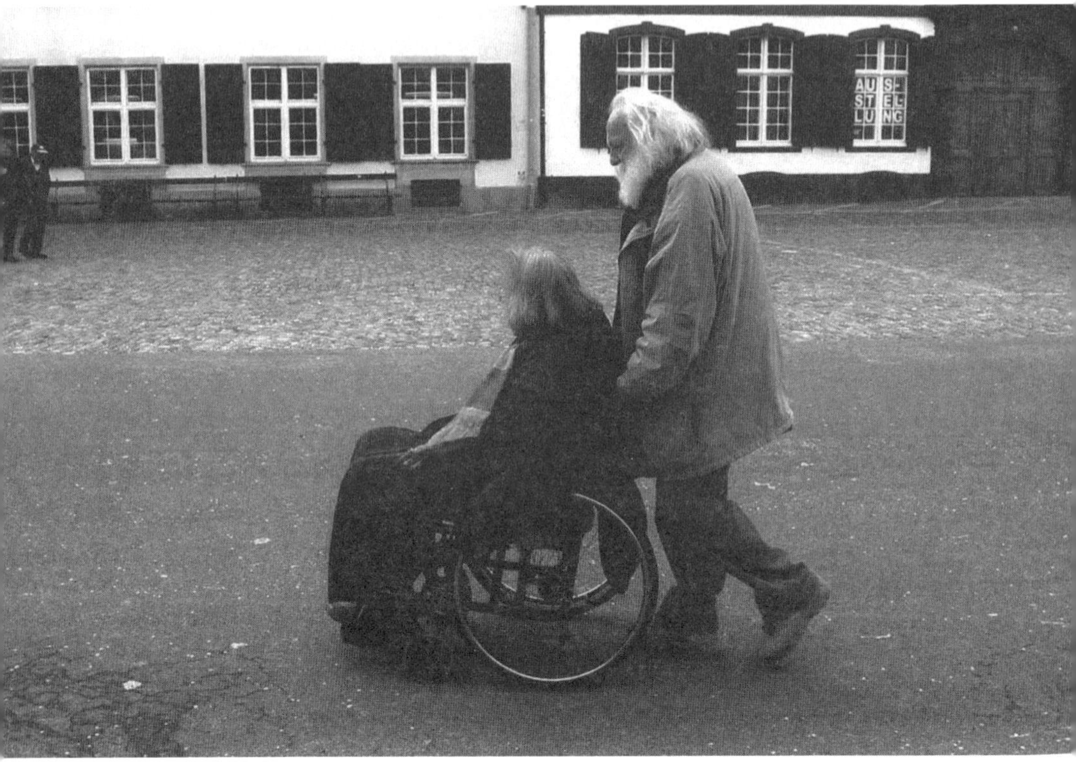
AUS-
STEL-
LUNG

# Vida breve

———

– Corre, corre que o menino está agonizando!
– Como? Ele é tão novo, só tem seis anos, nasceu robusto, cheio de esperanças, marcou época, não pode morrer assim.
– Está no setor de queimados. Dizem que este será o último fim de semana de vida dele. De segunda-feira não passa.
– Mas não tem jeito mesmo?
– O remédio é caro, e nem todos querem colaborar. Dizem que o socorro vai custar a perda do poder aquisitivo, que vai faltar no bolso.

– Dinheiro acima da vida? É o fim do mundo!

Especialistas alertam que pode ser mesmo o fim do mundo se o nosso "paciente", o Protocolo de Kyoto, foi enterrado de vez, em Durban, na África do Sul, durante a Cop 17, a cúpula sobre mudança climática. O protocolo é o único tratado mundial que obriga as nações industrializadas a reduzirem as emissões de gases de efeito estufa, considerados responsáveis pelo aquecimento da atmosfera.

Em 2005, 37 nações industrializadas mais a União Europeia se comprometeram a reduzir os seus gases em 5,2%, em relação aos volumes de 1990, até 2012. Algum êxito foi alcançado. Os países que assinaram o documento conseguiram reduzir sua liberação de carbono em 8% em relação aos níveis de 1990, diminuindo sua contribuição nas emissões mundiais de 60% em 1990 para menos de 50% atualmente.

Mas a ciência diz que devemos reduzir as emissões em 40% até 2020, e em 95% até 2050, para garantir que o aumento da temperatura global não passe dos dois graus Celsius, em relação à média na era pré-industrial. Caso contrário, o clima do planeta poderá sofrer mudanças catastróficas. Neste mês, dois relatórios independentes da ONU disseram que os gases que provocam o efeito estufa atingiram níveis recorde na atmosfera.

Enquanto o relógio corre para o prazo previsto pelo Protocolo, o mundo demonstra falta de interesse em sentar para conversar sobre mais reduções dos seus gases de efeito estufa. Os negociadores dos países ricos evitam suas responsabilidades, tentando substituir um acordo internacional obrigatório por um compromisso voluntário e um sistema de revisão concebido pelo mundo desenvolvido.

### Questão de pele

Japão, Rússia e Canadá não querem saber. Os Estados Unidos, primeiro emissor de gases por habitante, continuam de fora. Negam-se a ratificar o Protocolo de Kyoto, de nariz empinado:

– "Washington se opõe a qualquer estrutura hierárquica de regras 'que alguém mais estabeleceu', disparou o delegado norte-americano, Jonathan Pershing".

A Alemanha até aceita os cortes obrigatórios em suas emissões de gás carbônico e metano, se o esforço for feito também pelos países em desenvolvimento, como o Brasil. Para a chanceler Angela Merkel, os países ricos já enfrentam uma crise econômica e não querem ser obrigados a fazer reduções que exijam altos investimentos.

"Cada um com seus problemas", defendem-se os emergentes.

Os novos dragões despertaram de um longo sono e agora não querem parar de cuspir fogo. A chaminé se agiganta com ares de novo rico, voraz com suas chamas da produção e do consumo.

China, Brasil e Índia alegam que a conta do aquecimento global é dos países ricos, que se industrializaram há mais de cem anos e são os principais responsáveis pela poluição. Portanto, não seria justo exigir que os países em desenvolvimento pusessem o pé no freio de suas economias.

Desculpa esfarrapada.

Ora, o carbono que hoje ameaça a sobrevivência da espécie foi lançado numa época em que o mundo saía do obscurantismo e do atraso, em direção a um salto de qualidade. Os avanços científicos e tecnológicos, mais tarde democratizados entre as nações, vieram daquela fumaça. Os países industrializados não podem ser punidos pela mudança do paradigma. A nova ordem mundial exige o foco no presente e o esforço coletivo.

Rosana Jatobá

O impasse está criado. E com o mundo de pernas para o ar, as economias derretendo, países se empobrecendo, a Europa em pânico, o mundo árabe com grande probabilidade de se tornar uma enorme nação islâmica sob leis do século V, acho que hoje, neste exato momento, somente o Al Gore e meia dúzia de seguidores tem interesse nesse assunto.

### Comentáros

Francisco Jr.
A não adesão dos Estados Unidos ao protocolo o tornou uma "criança de risco". Um possível colapso europeu, cujo ônus recairá sobre a Alemanha, o membro de maior consciência ambiental naquele continente, é mais um duro golpe em sua "saúde". Para que o menino Kioto sobreviva, os países emergentes, BRICS, precisam ao menos visitar o "hospital". Talvez o Estado brasileiro esteja em melhores condições para atuar de forma mais assertiva, fazendo parte, inclusive, do processo de afirmação do Brasil no Sistema Internacional.

José moreira
O planeta Terra era somente uma imensa bola incandescente no início de sua formação, há quatro bilhões de anos. Aí, a vida floresceu e se diversificou, chegando até os seres conscientes. O nosso planeta é lindo! Mas ele não irá durar para sempre. Daqui a mais alguns bilhões de anos, o nosso sol ficará mais quente e aumentará de tamanho. E a Terra, que um dia foi o berço da humanidade, não num futuro distante não será mais habitável. Portanto os humanos estão no caminho certo. E se continuarmos dando ouvidos a esses ecologistas, um dia a Terra será o túmulo da humanidade.

### Questão de pele

ARMANDO

Óh minha gente, vamos deixar a hipocrisia de lado! O mais curioso é que todo mundo continua querendo morar nas cidades, consumir energia elétrica à vontade, poluir o ambiente usando automóvel, avião, comendo de tudo, sem se importar como é produzido, etc. O mundo poderá, quiçá, um dia melhorar, quando as pessoas deixarem de ser demagogas. Não sei quem disse, mas é muito oportuno: "Não me faça críticas desacompanhadas de sugestões viáveis". O que propõem os ambientalistas radicais? Devemos todos abandonar as grandes cidades e irmos viver onde não precisaremos de combustível, eletricidade, alimentos industrializados e por aí afora? Ou vamos expulsar só o excesso? Quem decide? Quando toda a humanidade estiver cuidando do ambiente e vivendo bucolicamente no campo, talvez eu fique só; mas eu não vou. Quero ouvir sugestões viáveis. Não adianta só criticar. Quero propostas.

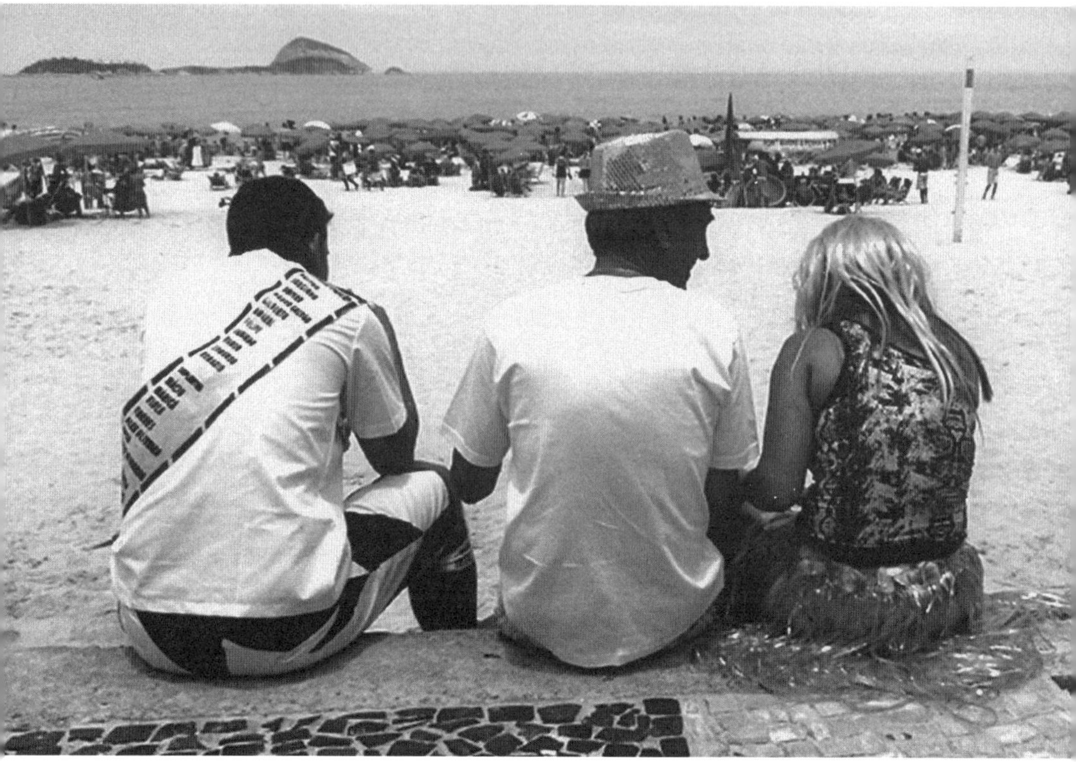

# "Onde há fumaça há fogo!"

Quando as imagens do protesto no campus da USP foram divulgadas, as críticas pipocaram na redação, no mesmo tom de revolta dos estudantes:

– É um bando de filhinhos de papai que quer fumar maconha o dia todo, em vez de dar a vaga a quem pretende estudar de verdade!

– Deviam agradecer às autoridades pelas viaturas da PM, para garantir o policiamento no campus. Toda hora tem um caso de estupro lá dentro. Outro dia um estudante da FEA foi assassinado...

– A PM tinha que prender estes maconheiros!

– E eles se acham no direito de depredar o patrimônio público!
– Sem falar na arrogância e desacato às autoridades!
– Manifestante que cobre o rosto se iguala a marginal!
– Tá faltando uma boa surra e a expulsão da universidade!

A manifestação ocorreu porque a USP delegou a segurança do campus à Polícia Militar, por deliberação do Conselho Universitário, depois do registro de vários casos de roubo e violência contra a comunidade acadêmica. A última ocorrência foi um latrocínio no estacionamento da instituição. Mas a PM, extrapolando a função de garantia de segurança, abordou alunos, professores e funcionários nas dependências dos prédios da Faculdade de Filosofia, Letras e Ciências Humanas, pedindo-lhes documentos e revistando pertences. A operação culminou com a detenção de três estudantes por porte de maconha.

Em 48 horas, a reitoria foi ocupada por 73 jovens. Sem instâncias de interlocução interna, deu-se a reintegração de posse do prédio principal da USP, ação que mobilizou 400 policiais, dois helicópteros e cavalos, numa cena que lembra as de combate a motim em presídio.

**Comentários**

Tássia
Nem vou entrar na questão dos confrontos, da segurança, da maconha, mas lembro-me das movimentações históricas e fundamentais dos estudantes das instituições de ensino superior ao longo de momentos cruciais para os países. As universidades precisam, de fato, ser lugares de vanguarda, de transformação, de reflexões que possam gerar rupturas nos padrões estabelecidos.

### Questão de pele

Por outro lado, é vital, como tudo na vida, um extremo equilíbrio entre os dois lados: um caminho do meio, entre conformismo e transgressão. Nem tanto à desordem, nem às posturas paralíticas de manter cegamente as estruturas estabelecidas.
Tema desafiante, complexo e cheio de nuances. É preciso muita moderação para lidar com essa miríade de fatores.

ARMANDO

Depois das notícias nos jornais e telejornais sobre os acontecimentos na USP, fiquei aguardando as revistas semanais, esperando alguma análise mais profunda. Tirando esta sua bela reflexão, não vi, nem li nada!
Por que será que ninguém investigou mais a fundo quem são os estudantes que invadiram a reitoria, quais os seus verdadeiros motivos? Afinal de contas, o que eles querem de fato? Estes estudantes estudam? São bons alunos? Frequentam as aulas? Tiram boas notas? Quantos foram jubilados ou estão em vias de ser? Seriam eles estudantes profissionais a serviço de alguma entidade que desconhecemos? Como eles se sustentam? Quem são e o que fazem os sindicatos que pagaram as fianças? Seriam as mesmas entidades e pessoas que estariam por trás dos movimentos dos sem-terra, sem-teto, sem-hospitais, sem-educação e outro sem-número de "sem-qualquer-coisa"?
É muito difícil formar uma opinião sobre os acontecimentos sem essas respostas. Eu, pessoalmente, não consigo.

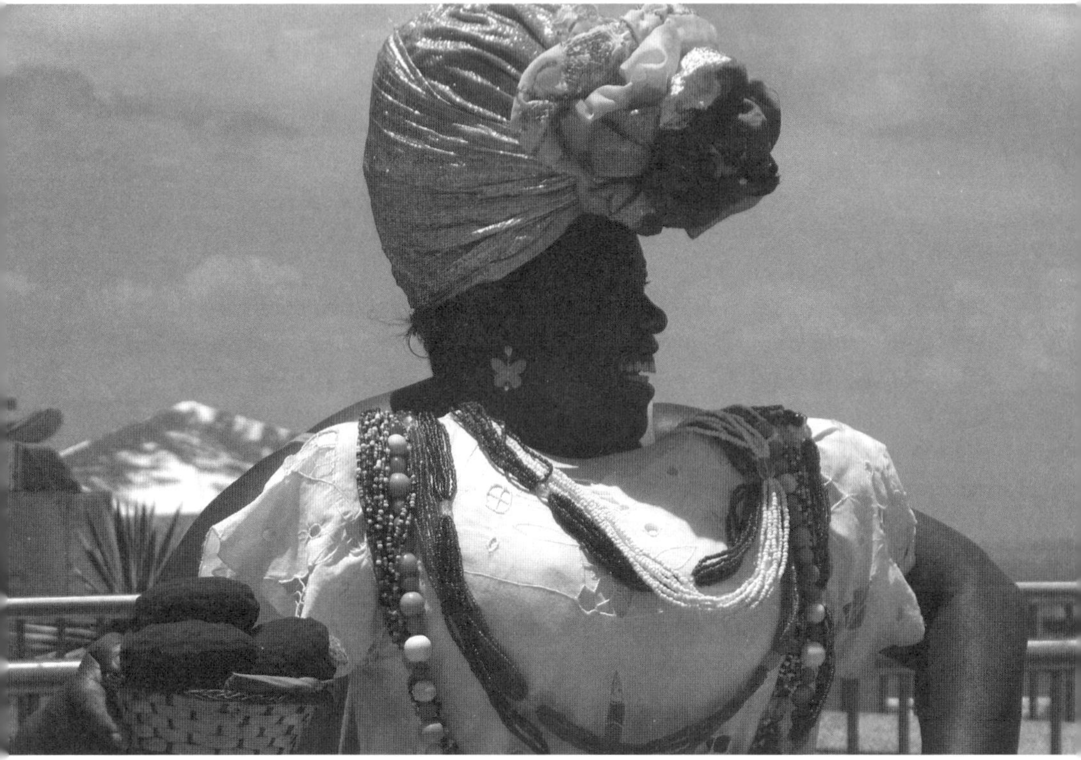

# Além da fantasia

De volta a Paris, onde trabalha como cabeleireiro desde o ano 2000, Clayton me conta o que aprontou na parada gay do Rio de Janeiro, neste mês, "montada" de drag queen. Fez coisas impublicáveis, contadas de um jeito hilário. Mas confessou que estava apreensivo com a possível reação de grupos homofóbicos, cujas atitudes agressivas dos últimos meses viraram notícia no mundo todo. Por sorte, o desfile transcorreu sem sobressaltos e o meu amigo já planeja voltar no ano que vem, com uma nova fantasia.

Hoje, recebo da minha irmã Ivana uma carta que me surpreende. Promete causar polêmica porque diz respeito a um dos princípios mais valorizados pelas sociedades sustentáveis: a liberdade de expressão. Vejamos:

"Tenho 42 anos, sou gay, torcedor do cruzeiro, advogado e moro em Londres. Nunca sofri nenhum tipo de discriminação em virtude de minha orientação sexual. E, como gay, penso que tenho alguma autoridade nesse assunto.

Primeiro – e já contrariando a turba – gostaria de expressar minha sincera simpatia pelo deputado Bolsonaro, que no fundo deve ser uma pessoa de doçura ímpar, apesar de suas manifestações 'grosseiras e/ou politicamente incorretas'. Mas ele está corretíssimo em suas ponderações sobre as ideais dos gays brasileiros.

Vou direto ao assunto. Nunca tive problemas em ser homossexual porque sou uma pessoa comum, com vida quase igual à de qualquer heterossexual. Esse negócio de viver a vida expressando diuturnamente sua sexualidade é uma doença. A sexualidade é algo que se encontra na esfera da intimidade e não diz respeito a ninguém. Não tenho trejeitos e não aprecio quem os tem. Para mim, qualquer tipo de extremo é patológico. Minha vida é dedicada e focada em outras coisas, principalmente no trabalho. Outros, como doentes que são, vivem a vida focados na sexualidade. O machão grosseiro e mulherengo ou a bicha louca demonstram bem estes extremos. Qualquer tipo de pervertido ou depravado, o pedófilo, está neste mesmo barco.

Nunca fui numa parada gay e jamais irei, pois para mim aquilo é um circo de loucas horrorosas, uma apologia à bizarrice e à cocaína. Sejam francos e falem a verdade! Hoje aplaudimos o bizarro e a perversão doentia e ainda levamos nossos filhos pra assistir a esses desfiles. Se a parada gay realmente fosse um ato político, relembrando sua real importância histórica, muito bem caberia no carnaval – abrindo o desfile das escolas de samba. Muito mais apropriado. Está rolando sim a um movimento das bichas enlouquecidas no sentido de transformar o mundo num grande puteiro-hospício gay.

Eu tenho um sobrinho de 11 anos e nunca senti a necessidade de explicar para ele que o 'titio é gay' – isto é uma palhaçada. As crianças devem ser educadas no sentido de respeitar o próximo e ponto. Isto engloba tudo. Se ninguém disser um chega BEM ALTO a essa gayzada frenética, a coisa sairá dos limites – como já está saindo. Essa é a expressão de milhares e milhares de pessoas, para não dizer milhões.

Os gays precisam de amor e compreensão, não de fanatismo apregoado pelas bichas ensandecidas".

Quero deixar claro que estou apenas reproduzindo uma carta de um homossexual que se opõe ao exibicionismo. Eu, particularmente, não reprovo as paradas gays, nem qualquer manifestação sobre a sexualidade de cada um. Acho até que os movimentos têm servido para fomentar a discussão e combater o preconceito ainda tão arraigado entre nós. Por trás da fantasia do Clayton e de tantos outros, estão cidadãos que merecem habitar o mesmo espaço de forma respeitosa, por mais extravagantes que sejam.

### Rosana Jatobá

## Comentários

### Luis Arruda

Eu discordo integralmente com o autor do texto. Qual o problema de dar pinta? De fugir dos padrões masculinos pre-impostos.

Gays machistas como o autor desse texto não são uma novidade, nem mulheres machistas, mas não podemos deixar de refletir que a luta LGBT vai além da luta pela aceitação das LGBTs que se camuflam na sociedade e que, inclusive por isso, pouco se assumem como tal.

A luta LGBT é pela diversidade sexual e, nisso, inclui héteros também! Se um hétero quer usar vestido e salto, por que não pode? A quem ele estaria prejudicando se vestindo dessa maneira? Afinal, o hétero estaria vestido, não? Qual o problema em ser um animal tosado e cor-de-rosa, se é assim que você se expressa? Por que temos que criar tantas normas cerceando a liberdade individual de cada um quando ela não interfere em nada na liberdade do outro. Se você não quer pintar seu cabelo de rosa, não pinte, qual o problema de o outro pintar? Qual o problema de dançar e de se fantasiar para protestar. Quer coisa mais transgressora do que um homem estar de vestido. Isso sim é um protesto em si! Quebra com todos os conceitos engessados e preconcebidos de gênero e sexualidade. Quem quiser se aprofundar no tema, por favor, leiam um pouco de Foucault e de teoria Queer.

E não vamos esquecer nunca que não é por que somos gays que não somos machistas, racistas ou homofóbicos. Vivendo numa sociedade machista, racista e homofóbica internalizamos todos esses preconceitos, então, temos todos que fazer um esforço contínuo e diário para limpar essas influências do nosso inconsciente coletivo e individual.

### Luís

A questão da sexualidade há muito tempo tem sido estudada e entendida com-ple-ta-men-te fora da esfera do gênero. Como estudante universitário do assunto, posso falar com autoridade que pensar na questão do gênero não é pensar na questão da sexualidade, gênero se refere a uma posição social que, em nossa sociedade, e talvez mais duas ou três, tem relação com o biológico, com o orgão sexual. São muitas as sociedades e comuni-

## Questão de pele

dades nas quais o gênero se baseia em coisas como o fato de a mulher menstruar ou não, de o homem ter o primeiro filho ou até mesmo na posição que ocupa no grupo de batalha. Enfim, o gênero não é relativo ao sexo, portanto, o jeito que se porta, se veste ou fala não pode ser uma referência direta ao que gosta de fazer na cama.

Temos então duas questões diferentes: gostar do mesmo sexo e se comportar em sociedade. Uma coisa não implica outra; assim como existem gays que não demonstram isso na rua, há aqueles que demonstram. O modo como se vive em sociedade é um direito civil, é diversidade cultural que deve ser respeitada e é completamente saudável. Trazer para a rua o orgulho de um direito civil, o orgulho de sua escolha sexual, é uma escolha de cada um que deve ser respeitada; é preciso compreender que as pessoas sentem orgulho de coisas diferentes e todas merecem o mesmo respeito. Outra questão que talvez mereça atenção é a repressão à própria sexualidade. Os estudos de Freud que deram origem à psicanálise se basearam em histerias geradas em grande parte pela repressão. Claro que não se reprimir não implica contar para todos ou manifestar um afeto por alguém em público para todos os gays, mas a segurança de sua aceitação e a noção de que aquilo é uma coisa tão natural quanto todas as outras pessoas que se travestem ou não, que mudam de sexo ou não, ou que andam com a roupa mais curta, vulgar e ofensiva ao suposto rigor moral desse senhor da carta.

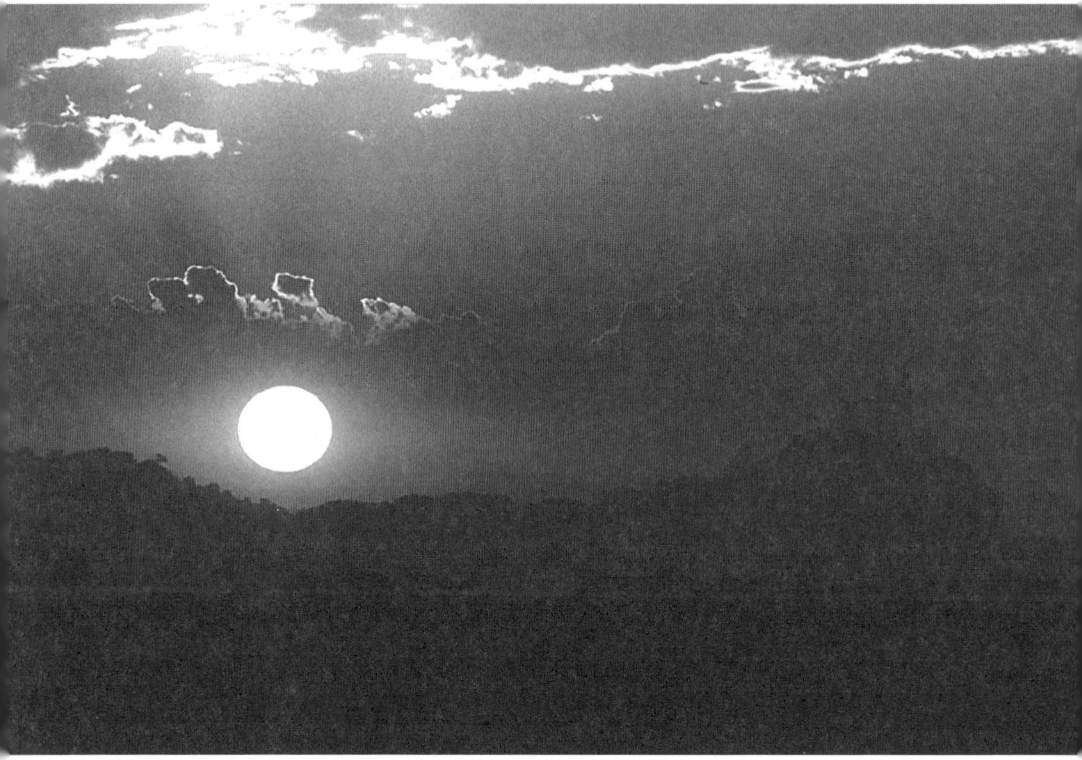

# A maçã do paraíso

---

Outro dia vi uma foto chocante: Steve Jobs de pijama, abatido, esquálido, amparado por um amigo, na luta terminal contra um raro câncer de pâncreas. A morte já o espreitava de perto, mas a esperança de tê-lo entre nós por mais algum tempo ainda era forte. Por isso, não tive como evitar o pesar quando soube do desfecho. Ele estava morto, arrancado deste mundo que ajudou a revolucionar por meio de sua relação visceral com a tecnologia. Em pouco mais de três décadas, anunciou o Jornal Nacional, Steve Jobs inventou o eletrodoméstico chamado computador pessoal e reinventou a forma como as pessoas lidam com a música, com os telefones... e com o próprio computador.

As imagens dos monitores ligados aqui na redação exibem homenagens mundo afora. A lendária maçã mordida invade as telas. É um dos símbolos do legado do mestre. Não por coincidência é uma maçã. Que outro fruto poderia exprimir o peso da criação de um gênio? Lamento o sofrimento que ele deve ter enfrentado e a perda irreparável para a humanidade.

Nesta nossa seara, vai fazer falta. Quando o Greenpeace divulgou em 2006 que os laptops da Apple continham substâncias tóxicas, perigosas à saúde, o mestre escreveu uma carta aberta ao público em que admitia as falhas da empresa nessa área e determinava a remoção de materiais químicos perigosos dos seus produtos. Três anos depois, um novo dado da ONG apontou que os produtos da empresa de Steve Jobs foram considerados "livres de substâncias danosas".

De acordo com o portal Ecodesenvolvimento, uma das maiores ferramentas da Apple na luta por se tornar uma empresa mais sustentável é o MacBook Pro. Lançado em 2008, o laptop é comercializado com o slogan de "o mais ecológico da história". Altamente eficiente, a máquina consome apenas um terço da energia de uma lâmpada quando ligada. Além disso, não possui mercúrio, PVC, nem arsênico em sua composição e é manufaturado em monobloco, o que facilita que as peças do computador sejam reutilizadas quando o equipamento for descartado.

O último lançamento de Jobs, o iPad, também é livre de uma série de produtos tóxicos, como arsênico, poluente BRF, mercúrio e PVC, possui alumínio e vidro em sua composição, o que o torna potencialmente reciclável, e possui alta eficiência energética – a bateria do

### Questão de pele

produto pode aguentar dez horas de vídeo e até um mês em *stand-by* (tempo realmente surpreendente).

Com a popularização dos aparelhos vendidos por Jobs, aumentou também o número de leitores de e-book, ou livros digitais. Com o iPad, ficou mais fácil e confortável ler livros, jornais, revistas e documentos sem precisar usar uma única folha de papel.

Além dos livros, na loja virtual da Apple é possível encontrar milhares de aplicativos que podem ser usados em iPads, iPhones e iPods – muitos dos quais trazem a sustentabilidade como tema principal.

A herança eletrônica de Jobs é, de fato, admirável, mas o legado que nunca se tornará obsoleto descende de um outro grande nome da comunicação, a quem aprendi a reverenciar nos tempos de Faculdade. Na década de 1960, Marshall McLuhan preconizava que a tecnologia e as inovações tecnológicas são responsáveis pela evolução da comunicação em geral. Ele criou o conceito de "aldeia global", na qual a era eletrônica e a sua consequente massificação da comunicação, permitem a aproximação social em larga escala, com a relativização das fronteiras e das distâncias no espaço e no tempo.

O visionário McLuhan morreu quinze anos antes do surgimento da internet. Não viu a concretização de suas brilhantes ideias. Steve Jobs teve a sorte de acompanhar a revolução que causou nesta nossa cada vez menor "aldeia global". Não há como fugir à dor da morte, assim como não dá para deixar de celebrar o exemplo de uma vida bem vivida.

### Rosana Jatobá

#### Comentários

##### Mario do Rio

Achei o texto um tanto inocente e bem demonstrativo do que se chama pejorativamente por "politicamente correto".

Não é fácil definir os produtos de Steve Jobs como sustentáveis. Certamente, a preocupação na embalagem, no produto, em seu transporte e no descarte é muito importante para o meio ambiente.

Mas, como uma empresa pode ser sustentável quando estimula a compra de produtos em velocidades próximas à da luz? Lembremos que o iPad 2 saiu em menos de um ano após o lançamento do iPad 1. Digamos, se o tal tablet tem poucos componentes tóxicos, gastou em dobro, pois muitos de seus clientes entraram no impulso de acompanhar a tecnologia.

Quem comprará um iPhone 4S, se muitos já esperam pelo iPhone 5? Qual a taxa de reposição dos produtos Apple? Não me parece ser uma das menores do mercado!

Além disso, a fábrica desses produtos emprega funcionários que trabalham mais de 14 horas por dia. Em sua breve história, já foram mais de 19 suicídios. Mais de dez em um prazo de um ano. Os salários pagos são tão baixos que eles não utilizam robôs na produção!

Apple sustentável? É preciso retirar bem mais do que metais pesados e PVC para produzir produtos ecologicamente e socialmente sustentáveis.

##### Matheus Pereira

Uma empresa de tecnologia de ponta como a Apple não pode se dar ao luxo de ficar parada no desenvolvimento de novos dispositivos. A taxa de reposição pode até ser alta por conta das campanhas publicitárias e afins, mas conheço pessoas que ainda têm seus iBooks, iPods Classic, iPhones 3G e iMacs antigos funcionando muito bem, obrigado.

A Apple é pioneira, sim, no campo da sustentabilidade, fazendo reduções e retiradas de produtos nocivos, mas é claro que há muito para melhorar na empresa e em nós, com nossa inquietude pelo novo e compulsão pelo consumo.

### Questão de pele

A Apple idealiza tecnologia e nós a consumimos. Talvez o problema esteja conosco, fomentando o processo produtivo capitalista na sua pior forma, e bem menos com a maçã.

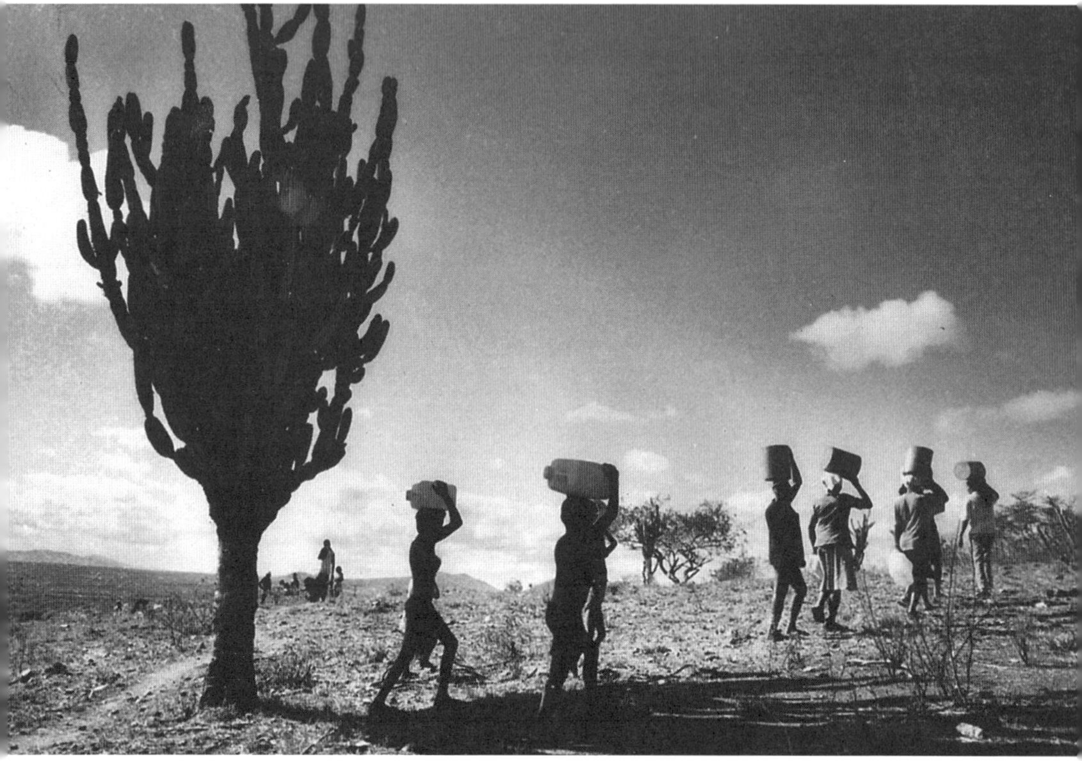

# Confissões no banheiro

---

Depois de Madonna ter assumido que faz porque "gosta de senti-lo escorrer entre as pernas", ficou mais fácil lançar a ideia em rede nacional.

A delicada tarefa coube à competente repórter Monalisa Perrone que, sem perder a elegância, anunciou a campanha da ONG SOS Mata Atlântica:

"Faça xixi no banho".

Monalisa explicava que, ao ignorar o vaso, o telespectador poderia economizar muitos litros de água:

"Para descargas com caixa acoplada, são pelo menos 12. E nos vasos com válvulas, muito mais: 60 litros por vez".

A ONG calcula que, evitando apenas uma descarga por dia, o consumidor poderia economizar até 4.380 litros de água por ano. Somente em São Paulo seriam poupados mais de 1.500 litros de água por segundo.

O apelo ambiental e econômico não foi suficiente para evitar discussões calorosas na redação. Um editor disparou:

"Uma matéria como esta só ensina o povo a ser ainda mais mal-educado. Isso é um desserviço! Se a moda pega, a luta pra ensinar as pessoas a não fazer xixi nas piscinas, por exemplo, vai por água a baixo!".

De volta à emissora, Monalisa foi recebida com um banho de água fria:

— Imagina se eu vou deixar meu banheiro com resto de urina pelos cantos! Ou você pensa que eu vou levar uma vassoura e um desinfetante pro boxe?

— Mas o xixi é limpinho – repete Monalisa – eu disse na reportagem que 95% são água e o restante, ureia e sal.

Não houve consenso.

Em casa, experimentei a façanha. Nos primeiros dias, com estranheza. Afinal, um contato tão direto assim com o xixi, por mais limpo que pareça, é sempre um contato com um dejeto; e, dependendo do dia em que se ingere pouca água ou se toma um remédio, o tal resíduo pode exalar um cheiro forte e exibir uma coloração mais intensa, comprometendo sua imagem de pessoa asseada diante do próximo usuário do chuveiro.

Pensamento inócuo.

## Questão de pele

Depois de uma semana já havia me acostumado com a tal sensação propagada pela pop star.

Em visita a uma amiga que mora em Paris, me surpreendi quando ela disse que este é um hábito por lá. E, de quebra, muita gente otimiza a capacidade de armazenamento do vaso sanitário. O fatídico xixi que antecede o sono fica lá a madrugada toda à espera do primeiro jato do dia. Assim, vão os dois xixis pelo cano de manhã. Outra descarga poupada!

Minha empregada diz que aderiu à campanha, coisa que confesso não ter apurado.

O fato é que essas pequenas iniciativas têm mesmo o poder de contagiar. Talvez por aliviar a culpa pela sobrecarga que impomos ao planeta, talvez pela probabilidade apavorante de passar sede.

Um estudo do Credit Suisse Research Institute, datado de novembro de 2009, revela que, em 2020, 37% da população global, ou seja, 2,8 bilhões de pessoas, vão lidar com a falta d'água. Situação que pode piorar se as previsões do IPCC, com relação às mudanças climáticas, se confirmarem. Mas o que temos a ver com isso, se o Brasil detém 13% da água doce do planeta?

Primeiro, porque há uma percepção errada de que temos água em abundância. Nossos recursos hídricos estão mal distribuídos pelo país. Há excesso no Norte e escassez em grandes centros urbanos e nas áreas de climatologia desfavorável, como o semiárido nordestino. A poluição dos recursos hídricos pelo lançamento de esgotos domésticos e efluentes industriais também ajuda a acentuar os problemas de escassez.

Segundo, porque as pressões decorrentes deste déficit hídrico mundial poderão representar uma enorme ameaça para países que têm grandes estoques de água, como o Brasil, diz a pesquisa.

Para mim, o hábito de evitar o desperdício vem de berço. Mas agora levo ainda mais a sério o desafio da higiene, usando o mínimo de água possível. A máxima "menos é mais" lava a alma.

O problema é o risco de radicalizar. Convivo com uma voz, vinda do além, que me manda todos os dias fazer uma varredura pela casa, em busca de chuveiros e pias pingando. É um tal de torcer com tanta força os registros, vedando a passagem da água, que a simples tarefa de abrir a torneira precisa do esforço concentrado de pelo menos duas pessoas.

Confesso que também não resisto a provocar o maridão, que tem um encontro sagrado e demorado com o banho.

Outro dia fui até questionada pela minha sogra:

– Você não acha que este é um dos poucos prazeres que meu filho pode ter, depois de um dia extenuante de trabalho?

– Tudo bem, tem razão – disse à sogra, resignada. Não vou impedi-lo de curtir a forte relação com a água quente jorrando do chuveiro. Ao contrário, vou ajudá-lo a descobrir outros prazeres de um banho relaxante... sem deixar rastros no banheiro, claro! Um viva à Madonna!

#### Comentários

##### Roberto Tatemoto
Para os homens, o "segredo" é caprichar na mira e fazer direto no ralo, nada de imaginar que está numa rua escura urinando no muro e treinando a "ca-

## Questão de pele

ligrafia". Os inevitáveis respingos são lavados enquanto você se enxágua. Na dúvida, basta abrir o chuveirinho e dar uma passada de água bem rápido onde você acha que ficou mal lavado, coisa de no máximo dez segundos.

### Luiz

Radicalismo é isso. Enquanto você, classe média ou baixa, economiza esses litros de água de descarga se aliviando no chuveiro – se bem que não vai ser só na hora do banho que você terá essa necessidade – quem tem muito, não está nem aí. Essa "economia" que você faz vai pelo tubo de vazão das gigantescas piscinas, em suas regulares trocas de água. Sem falar que o Brasil dispõe de um aquífero – o Guarani – que, segundo a Wikipedia: "O aquífero Guarani é a maior reserva subterrânea de água doce do mundo, sendo também um dos maiores em todas as categorias. É dito que esta vasta reserva subterrânea pode fornecer água potável ao mundo por duzentos anos". Então, vai continuar contaminando seu box?

### Tiago

A primeira lição de casa a ser feita por aqueles que estão verdadeiramente preocupados com a questão da água é tornar-se vegano, ou seja, eliminar do cardápio todo e qualquer alimento de origem animal. As centenas de milhões de animais criados para abate e ou fornecimento de ovos e laticínios demandam (principalmente os maiores, como porcos e vacas) um desperdício absurdo de água, desde o nascimento até o momento do abate. Água esta que também é exigida pelas plantas, claro, mas numa quantidade imensamente menor. Mas quem vai deixar a picanha e a linguiça de lado pela sustentabilidade do planeta?

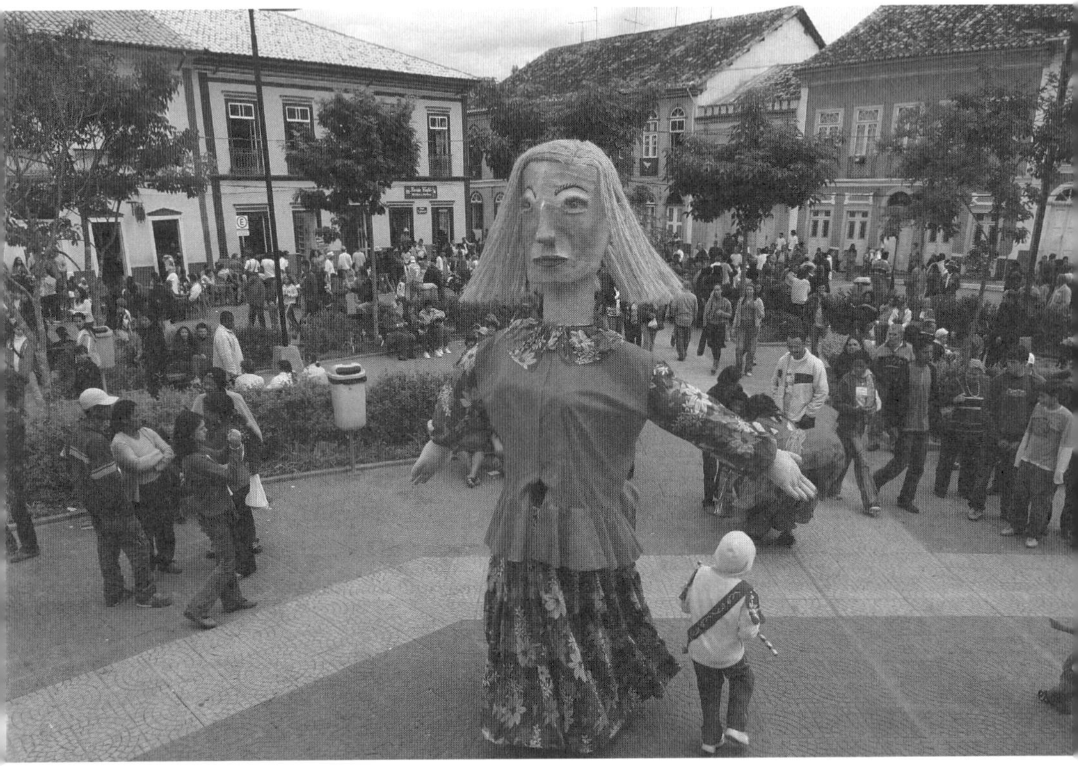

# A previsão do avatar

---

Na fila do cinema, a moça do tempo ouve a costumeira pergunta:

– Quando vai parar de chover em São Paulo? Não aguento mais a mesma previsão de temporais!

A porta-voz das desgraças climáticas trata de alentar o telespectador indignado:

– As primeiras semanas de fevereiro serão menos chuvosas... Uma massa de ar seco vai afastar as áreas de instabilidade.

A consulta informal se transforma em um tratado meteorológico quando o entusiasmado telespectador cobra uma resposta sobre os motivos do tempo maluco:

— Você disse ontem no Jornal Nacional que a culpa é do El Niño e do aquecimento das águas do Atlântico Sul, né?

— Pois é. A cada três, quatro anos, o El Niño reaparece e altera a circulação dos ventos, deixando a chuva mais intensa e volumosa no centro-sul do país. Já o aquecimento de até três graus da parte sul do Oceano Atlântico, é um fenômeno mais recente e associado aos gases de efeito estufa... mas se houvesse uma política de prevenção e combate às enchentes, São Paulo venceria a guerra contra São Pedro...

A conversa é encerrada quando a moça do tempo recebe uns óculos próprios para enxergar uma animação em 3D.

Avatar é o nome do filme. A mais nova superprodução de James Cameron.

Em minutos, todos estão imersos num mundo fantasioso de imagens reais. É o planeta Pandora, onde vivem os Na'vi, seres altíssimos e magros, de cor azul, cara e agilidade de gato, criaturas selvagens, que estabelecem conexões profundas com a natureza, como se fossem células de um organismo vivo, em que todos fazem parte do meio ambiente.

Os Na'vi têm nos cabelos uma espécie de cabo eletrônico e, quando o plugam aos animais, conseguem comandá-los por meio de ondas cerebrais e voar livremente pelos céus de Pandora. Cada bicho é reverenciado com uma prece quando precisa morrer para suprir as necessidades do grupo. Pandora é a quimera, a utopia dos ambientalistas. A Gaia definida por James Lovelock como o Éden.

## Questão de pele

A moça do tempo volta pra casa fazendo uma associação entre o filme e o imaginário coletivo da humanidade. A raça predadora, que historicamente explora os recursos naturais e desvirtua a própria função no seu habitat, agora se vê diante da urgência: a derradeira oportunidade de rever radicalmente os rumos de sua vida no planeta.

Entre um paralelo e outro, a moça do tempo sonha com uma previsão em que natureza e tecnologia possam encontrar um ponto de equilíbrio harmonioso. Quisera esquecer a crise da água, a camada de ozônio, a poluição do ar pelas emissões de veículos e indústrias, o lixo despejado nos rios e mares, a desertificação e os eventos severos caracterizados por tempestades e ventos intensos. Quisera falar do paraíso perdido, do sonho dourado de Pandora, a terra prometida de onde "emana leite e mel para todos".

Mas as notícias teimam em reproduzir o caos.

Eis que se renovam as esperanças. No dia seguinte descubro que Avatar é o maior sucesso de bilheteria da história do cinema, entre outros superlativos. A mente visionária e quântica do autor de Avatar pode ser a semente de um novo tempo, em que os seres humanos consigam se reinventar para garantir sua pacífica sobrevivência na Casa em que habitam.

**COMENTÁRIOS**

MIGUEL SIMON
Concordo com suas ideias de que a natureza e a tecnologia possam encontrar um ponto de equilíbrio harmonioso, mas a terra prometida de onde "emana leite e mel para todos", um mundo assim só poderá ser possível com a mudança de consciência em relação ao planeta e ao próximo. Incorporar a premissa de respeito à natureza e do uso sustentável dos recursos

naturais deve ser um trabalho constante e doutrinário frente às populações. Sustentabilidade tem como um dos principais desafios convencer as pessoas de que "ser" é infinitamente mais importante do que simplesmente "ter". Quanto ao filme, nada faz mais sucesso que o sucesso, é apenas um espetáculo para os olhos e ponto.

### Carlos Marques

Gostaria de saber se você realmente acredita nessa renovação de consciência do ser humano. Muitas vezes tenho a impressão de que jamais aprenderemos a lição, confiando sempre na nossa capacidade de criar algo que evitará o pior. O problema é que o dia em que descobrirmos que nosso poder de destruição superou nossa inteligência de recuperação, talvez seja muito tarde.

### Ricardo Brivio

Eu vou reproduzir um texto de um frei franciscano, do Sefras. Uma contribuição sobre a beleza de nosso planeta, sobre os recursos naturais que nos servem e que sustentam a vida.
Ele fala de Francisco de Assis. Sim, um homenzinho da Idade Média, do século XII. Francisco, mais atual do que nunca.
"Num tempo de controvérsias, consumo e destruição ambiental, o pobre de Assis torna-se como uma reserva de sentido para nossa sociedade. Francisco representa para aqueles que lutam pelas causas sociais, pela qualidade de vida e pela defesa do meio ambiente uma fonte de grande inspiração. Seu jeito de ser e de viver sintetiza os maiores anseios do coração humano", Frei Jose Francisco, do Sefras.

### Carlos Magno Gibrail

Muito boa a citação de Avatar, principalmente depois que me irritei com alguns críticos de cinema que injuriaram o filme. Quanto à cidade de São Paulo, ela está recebendo o troco pelo que fizeram aos mananciais e principalmente ao sistema fluvial.

## Questão de pele

MIGUEL SIMON

Concordo com suas ideias de que a natureza e tecnologia possam encontrar um ponto de equilíbrio harmonioso, mas a terra prometida de onde "emana leite e mel para todos", um mundo assim só poderá ser possível com a mudança de consciência em relação ao planeta e ao próximo. Incorporar a premissa de respeito à natureza e do uso sustentável dos recursos naturais deve ser um trabalho constante e doutrinário frente às populações. A sustentabilidade tem como um dos principais desafios convencer as pessoas de que "ser" é infinitamente mais importante do que simplesmente "ter". Quanto ao filme, nada faz mais sucesso do que o sucesso, é apenas um espetáculo para os olhos e ponto.

DORA ESTEVAM

A sustentabilidade começa em nossa casa. Se cada um fizer o seu, salvaremos o planeta.

CARLOS MARQUES

Li atentamente seu artigo, mas gostaria de saber se você realmente acredita nesta renovação de consciência do ser humano. Muitas vezes tenho a impressão de que jamais aprenderemos a lição, confiando sempre na nossa capacidade de criar algo que evitará o pior. O problema é que, o dia em que descobrirmos que nosso poder de destruição superou nossa inteligência de recuperação, talvez seja muito tarde.

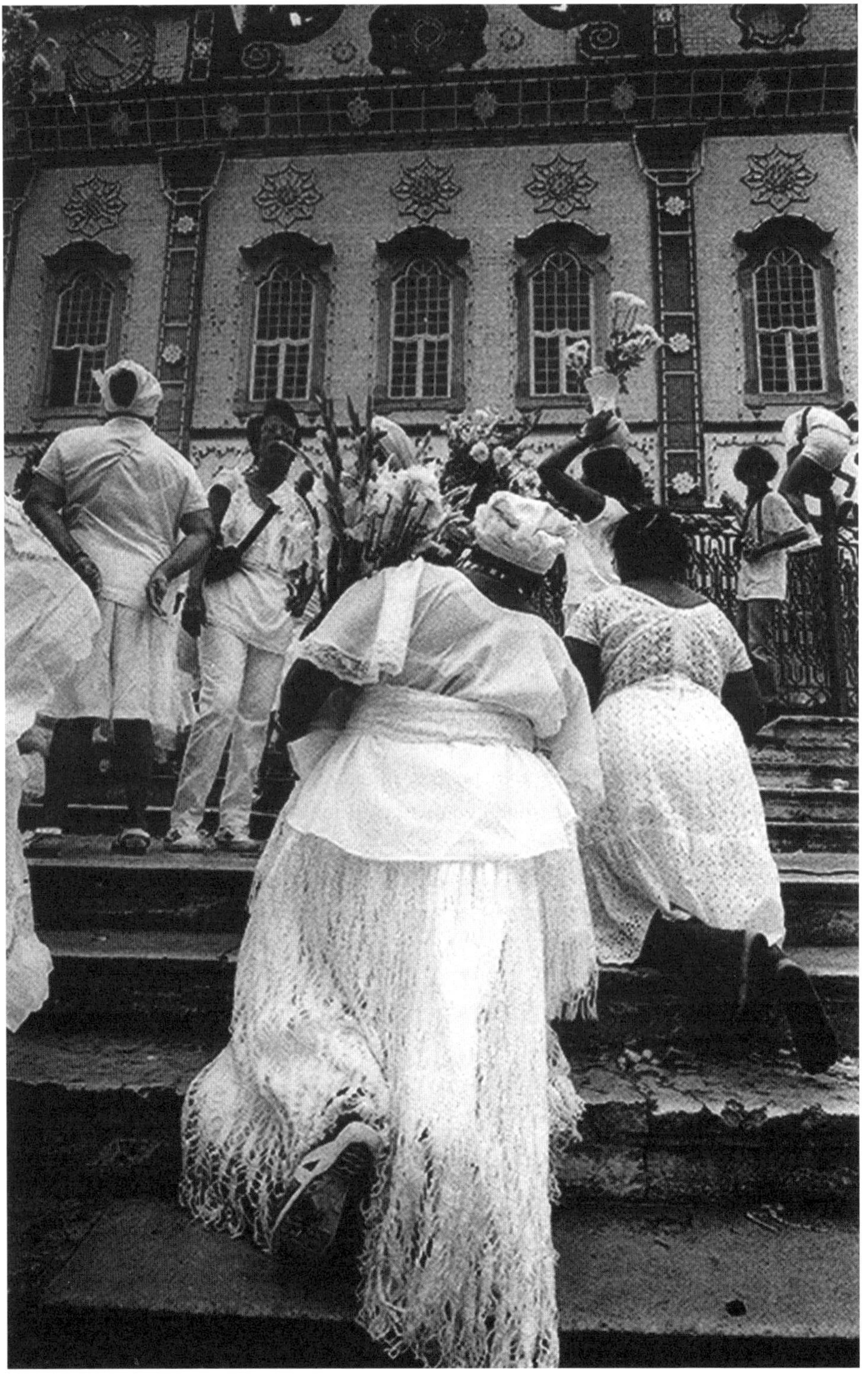

# Quarenta dias sem carne

---

O jejum já durava nove meses, tempo em que praticou ioga e se aventurou pela filosofia budista. Mas, numa tarde fria do inverno novaiorquino, foi possuído por um impulso atávico, e correu para o Plataforma Grill, pondo fim à sua abstinência. A faca deslizou sem esforço cortando o bife de picanha. Dourada, macia e suculenta, a carne exalava o aroma característico e abrigava o tempero discreto que realça o sabor incomparável. Pediu o segundo pedaço e o terceiro. Voltou para casa a passos lentos, saciado e feliz.

O meu amigo Hélio me contou esta experiência, indignado com o poder da memória da carne.

– Para mim, que sou gaúcho, é mais que uma questão cultural. Tá no DNA. Não pude resistir por mais tempo.

Para mim, que sou baiana, talvez seja mais fácil.

Resisto à carne vermelha há um ano e cinco meses porque a considero indigesta. Mantive-me firme diante da tentação quando percebi que havia me livrado das cólicas menstruais.

Não sou de apregoar os malefícios da ingestão de carne, como aumento da incidência de câncer ou de doenças cardiovasculares. Tampouco condeno os carnívoros. Mas enfrento bravamente a enxurrada de críticas pelo meu jejum.

– Você vai ficar fraca e doente – diz minha mãe. A carne é a principal fonte de proteínas, além de ser rica em ferro, minerais e vitaminas. A abstinência pode causar anemia, deficiência de vitaminas do complexo B e de zinco.

– Por enquanto, os exames anuais mostram que minha saúde é de ferro. Ferro do brócolis, beterraba, couve-flor, agrião, feijão, grão-de-bico, ervilha, lentilha, nozes e castanhas.

Recentemente revi dados sobre o desastre ecológico provocado pela criação de gado no Brasil, o que reforçou a minha convicção.

Orgulhamo-nos de ter o maior rebanho do mundo, de sermos os maiores exportadores de carne vermelha, mas fazemos um comércio burro e predador. Hoje temos na Amazônia duas cabeças de gado para cada morador da região, à custa da destruição do nosso mais precioso bem. Qual será o valor da biodiversidade perdida pelo desmatamento? E o do aumento das emissões de $CO_2$ para transformar floresta em pasto? Quem paga o preço da emissão de metano – gás vinte vezes mais poderoso que o dióxido de carbono – oriundo dos arrotos e flatulências do boi? Se somarmos à conta o desperdício de

## Questão de pele

água contaminada pela pecuária, lá se vão 16 mil litros para cada quilo de carne produzida.

— Em um mundo com um bilhão de famintos, você vem questionar se o pum do boi agride a atmosfera?

— Mas é justamente a criação de gado em grande escala que ameaça a segurança alimentar!

A questão da crueldade com os animais selou de vez a minha privação.

Para que a carne de vitela chegue à mesa com a maciez característica, o bezerro, ainda não desmamado, vai para um lugar escuro e é acorrentado, a fim de que não se mexa e não desenvolva músculos. É alimentado apenas com leite para que fique anêmico e a carne adquira uma cor branca. Não consegue nem andar até o corredor do abate, onde é alvo de uma pistola pneumática que o paralisa antes de ser sangrado, ainda vivo. Esta é a cadeia produtiva do baby-beef!

Mas a compaixão do homem só beneficia alguns poucos escolhidos: os bichos que adentram as fronteiras da casa e se tornam dignos de estimação.

Do contrário, prevalece o exclusivo traço do ser humano de subjugar o animal, tornando-o coisa, reduzida a seu bel-prazer para atender a uma futilidade do paladar.

No início do ano visitei um dos "pueblos" do Atacama, o deserto mais seco do mundo. Ao ouvir a sugestão do guia de turismo – aqui se vende carne de lhama, tenra e saborosa, meu marido não hesitou. Correu ao encontro do churrasqueiro ali mesmo na pracinha e pediu o famoso espetinho de lhama com cebola.

Eu reagi:

– Amor, você não pode comer a lhama. Ontem mesmo tiramos várias fotos desse bichinho simpático e você inclusive comentou o quanto ele parecia afetuoso. Não tem pena?

O meu apelo foi em vão.

– Pena? Aqui todo mundo come lhama.

E depois de uma mordida, prosseguiu:

– Hum... você não imagina que delícia está essa carne!

De volta ao Brasil, comentei o fato com a minha irmã, que também tinha uma história gastronômica exótica para contar.

– No período em que morei na Austrália, me ofereceram um jantar com carne de canguru. Comi, pensando na viagem que tinha feito no dia anterior para vê-lo de pertinho. O tempo passou, mas até hoje não digeri bem a ideia do canguru na panela.

Voltar no tempo pode ser milagroso quando temos o importante desafio de escolher o alimento.

Na Idade Média, o povo raramente comia carne vermelha. A iguaria era consumida só em banquetes, nas cortes e nas residências dos nobres. Eram as orgias chamadas "carnevale", símbolo da gula, associada ao pecado. É daí que vem o nosso carnaval.

Se é tempo de quaresma, de reflexões e renovações, que tal um jejum de carne vermelha como gesto de conversão? Vamos pedir perdão à natureza, ao corpo e à alma. Vamos converter sangue em sumo. O meu amigo Hélio resistiu à tentação por 240 dias. Você é capaz de pelo menos se abster até a Páscoa?

### Questão de pele

**COMENTÁRIOS**

CARLOS MAGNO GIBRAIL

Que tal um pouco de filosofia?
O equilíbrio dos seres vivos irracionais é a relação entre predadores. Sem eles não há sobrevivência. No que concerne aos seres vivos racionais, é o mesmo processo, ainda que apenas no relacionamento social. Ou você vai lavar e passar a sua roupa, limpar os seus banheiros, pagar aos que lhe prestam serviço o suficiente para que tenham o mesmo conforto que voce desfruta? Não dá para esquecer o velho Marx. E é bom também se lembrar que as plantas também são seres vivos.
Para se manter vivo, não há chance, é preciso dominar outros seres. E, como sabemos, essa é a sina da origem da vida. Quantos ficaram para trás na fecundação inicial? Mais de vinte milhões. Começamos bem, abatemos milhões de concorrentes.
Bem, é por isso que necessitamos de regras e normas.

DEBORA GANC

Comer ou não comer... Eis a questão!
Um assunto interessante e muito bem escrito. Tão polêmico como qualquer escolha individual. Viva a vida de toda a cadeia alimentar! Incluindo os humanos, pois não se esqueça de que todos somos alimento dos micróbios, bactérias e vermes.
Foi assim que Deus criou este mundo, uns comendo os outros... Dizem que o ser humano está no topo desta pirâmide, porém, me pergunto: Será que está realmente? Ou está servindo aos micróbios, bactérias e vermes? Estes, sim, são os verdadeiros senhores.

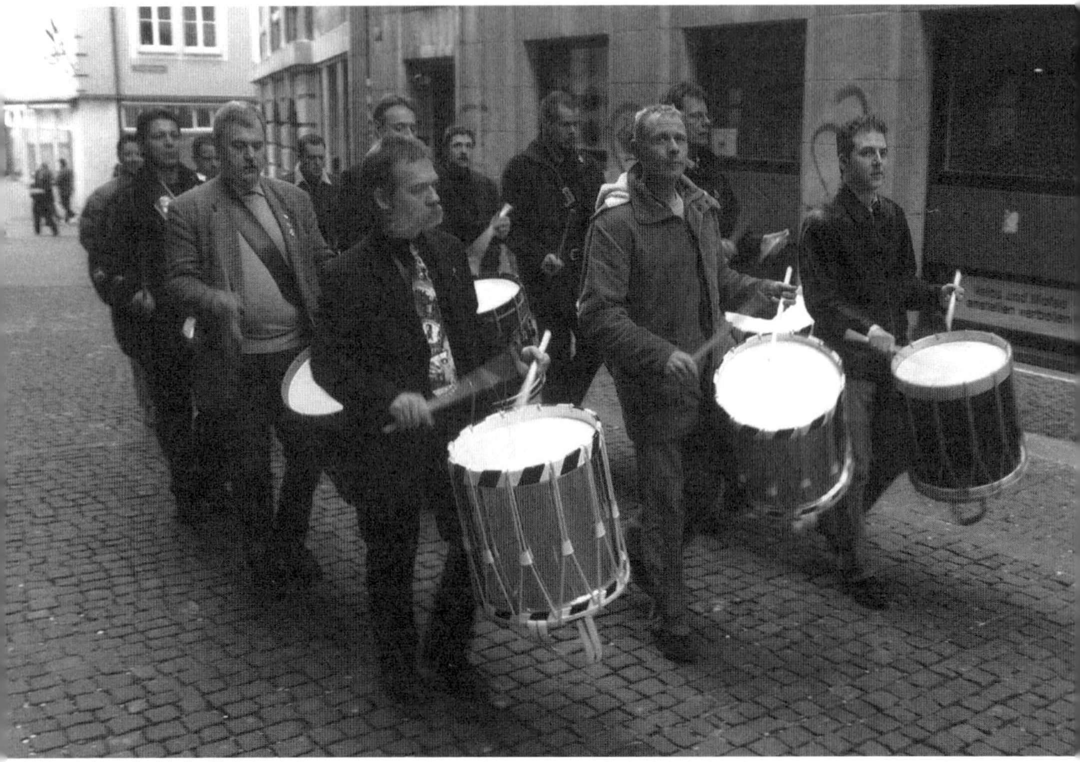

# Carta para Lara e Benjamin

Meus amores,

Amanhã é o grande dia. O parto está marcado para as 12 horas. Será cesariana, não teve jeito. Desejei o parto natural, talvez para experimentar a adrenalina do limite e guardar a lembrança da total entrega à concepção. Queria sentir a intensidade do rito de passagem, o desafio cabal de uma gravidez tão desejada quanto complicada. Vivi todas as intercorrências comuns às grávidas, como enjoos, tonturas, dores de cabeça, de coluna, mudanças de humor, duas intervenções cirúrgicas e o ultimo mês de gestação em total repouso pela ameaça de parto prematuro... Foi o preço cobrado por carregar duas dádivas, meu casalzinho amado.

As famílias já estão reunidas, as malas prontas para o hospital e uma longa noite pela frente. Grande é a ansiedade pra ver como vocês são. Os inúmeros exames de ultrassom dão uma vaga ideia das feições e só aguçam a nossa curiosidade.

Daqui a pouco saberemos. E já já vocês poderão sentir o que preparamos. Mudamos para uma casa nova, mais ampla, com um lindo jardim. Em frente há uma reserva ambiental, onde pássaros e micos convivem em harmonia com espécies raras na metrópole. Vocês vão gostar de crescer aqui, protegidos da aridez da grande cidade, num universo particular, paralelo, avesso à dura realidade de muitas outras crianças desta nossa São Paulo. Desde que soube que vocês estavam a caminho, passei a pensar com frequência na infância roubada de uma multidão de meninos e meninas mundo a fora. Uma reflexão que me comove e desperta uma profunda compaixão. Dizem que é coisa de mãe, o ser cuidador por natureza. E por seguir este instinto, confesso que exagerei no quarto de vocês dois. O Fred disse que não precisava do lustre de cristal e do papel de parede de listras largas, três vezes mais caro. Vocês terão que perdoar o meu arroubo consumista. Terão que perdoar muitos outros pais e avós pelas últimas décadas de extravagâncias e descaso com a casa em que vocês vão morar nas próximas décadas.

O planeta que vocês vão conhecer, Lara e Benjamin, já e bem diferente daquele que vi quando cheguei, 40 anos atrás. Esta sujo, fraco, empobrecido, sugado, exaurido.

De lá para cá, o mundo perdeu 30% de sua biodiversidade. E nos países tropicais, como o nosso, a queda no estoque de seres vivos chega a 60%. Quando tiverem discernimento para entender isso, tal-

## Questão de pele

vez vocês questionem por que enxergamos mais alma nos brinquedos do que nos animais.

Talvez se assombrem com a quantidade de gente que vão encontrar por aqui e tenham que se reinventar para suportar a crescente pressão sobre os recursos que ainda existem.

Dizem que já avançamos o sinal. O uso de recursos naturais já excede em 50% a capacidade de reposição da natureza. E, se continuarmos nesse ritmo, quando vocês chegarem à maior idade, em 2030, a Casa ficará pequena; precisaremos de pelo menos duas Terras para abrigar nove bilhões de pessoas e garantir o atual padrão de vida da humanidade.

Voces precisarão ser fortes, resilientes, quase heroicos para viver num mundo em fúria, com furacões e ciclones mais destruidores, grandes áreas de seca, ondas de calor intensas, inundações quilométricas. E esta reserva ambiental, aqui na frente da nossa casa, certamente estará mais vazia e silenciosa, sem o canto dos pássaros que embalará o sono dos meus anjinhos nesses primeiros anos de vida. Dizem que metade de todas as espécies animais estará sob risco de extinção até o fim do século.

Mas amanhã é o grande dia! E o meu compromisso será o de fazer o que a Mãe natureza tenta, a despeito de estar tão maltratada, fragilizada, cada vez mais estérea: mostrar o caminho de volta ao paraíso. Nessa estrada, por vezes iluminada, por vezes tortuosa, ser toda zelo e afeto. Porque o que uma mãe deseja para os seus filhos é uma existência feliz, em um mundo harmonioso, equilibrado, que perpetue milagres como o que vou testemunhar amanhã às 12 horas.

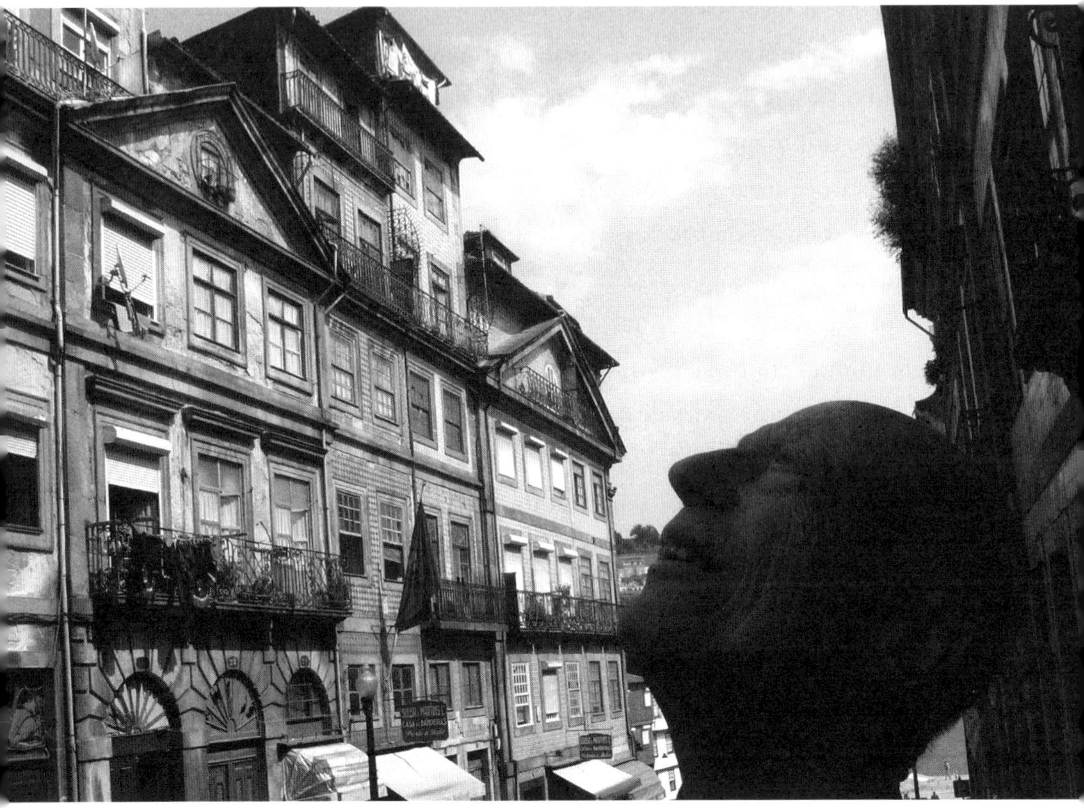

# O trabalho que edifica

---

Já foi para a Índia inúmeras vezes, de Rishikesh a Kerala, onde entregou-se a práticas espirituais ministradas por líderes como Sai Baba, Sri Aurobindo e Mata Amritanandamayi. Submeteu-se aos rigores da medicina ayurvédica por 40 dias e aos prazeres das massagens de óleo a quatro mãos para compensar a dura rotina nos ashrams.

No caminho do autoconhecimento, medita diariamente, entoando mantras e aprimorando o pranayama, técnica de respiração concentrada. Faz ioga duas vezes por semana, corre outras duas e não come nada que foge! Às vezes quebra o jejum vegetariano com peixe, única carne à que se rende.

"Comer um mamífero é alimentar-se da energia do medo. É digerir uma carne em estado de putrefação!"

É voluntário em um centro espírita. Estuda hinduísmo, física quântica e demonstra apreço pela filosofia, psicologia e poesia. É família. Menciona com ternura a relação de longa data e cumplicidade com a esposa. Fala com orgulho dos filhos crescidos. Carrega no semblante descansado a serenidade e, no sorriso, a alegria de viver. Reflete a imagem de quem está em paz com a vida, mas nutre certas inquietudes e deseja desbravar. Está para fazer o caminho de Abraão, uma peregrinação de 1.200 quilômetros que sai do sul da Turquia, passa por locais históricos e culturais do Oriente Médio, e termina em Israel. Quer sentir a energia do patriarca das três religiões, porque acredita na via da conciliação entre os povos.

Você diria que este homem comanda parte de uma empresa que está na casa de 100 milhões de brasileiros, cuja receita líquida chegou a cinco bilhões de reais no ano passado?

A líder de mercado de higiene pessoal, perfumaria e cosméticos o escolheu não apenas pela brilhante formação profissional, com pós-graduação em uma conceituada universidade americana e larga experiência na área financeira. A empresa apostou em um perfil que vale ouro nestes tempos de transição para uma economia verde: homem de negócios com uma visão integrada dos contextos social e ambiental.

O programa da ONU, Pacto Global, apontou os traços do novo profissional: pessoa que valoriza o desenvolvimento humano e as riquezas naturais, tanto quanto o capital financeiro e estrutural. Nada a ver com o pensamento empresarial do século passado que se limita a uma visão mecanicista, de forte valorização do ferramental

## Questão de pele

técnico, que separa as disciplinas do conhecimento e desconsidera os novos papeis das empresas no relacionamento com a sociedade e o meio ambiente.

O vice-presidente de Desenvolvimento Organizacional e de Sustentabilidade desta grande companhia foi investido da missão de trazer a dimensão espiritual para o ambiente de trabalho e o faz por meio de programas considerados um tanto esquisitos no mundo corporativo. Quem almeja um cargo na companhia se depara com a seguinte questão: "Qual é o seu propósito de vida, de que forma o trabalho vai contribuir para dar sentido à sua existência?". Se o questionamento pega o sujeito de calças curtas, não tem problema. Sessões de meditação o esperam nos intervalos da jornada. Isso sem falar nos workshops com profissionais holísticos, palestras com especialistas sobre qualidade de vida e mestres experientes em cultura de paz; e seminários para fruir os mistérios da existência...

"Se o objetivo é ter um profissional sempre motivado e que dê resultados para a organização, ele precisa ser tratado como um ser humano integral, portanto, uma pessoa que tem um corpo físico, um corpo ou dimensão emocional e um corpo ou dimensão espiritual, resume o executivo com jeito de guru".

A meta é dar o chamado "passo de fé", um salto em direção à evolução, o verdadeiro significado da vida.

"As pessoas realmente capazes são as que, antes de buscar fora, encontram respostas dentro de si. Elas têm uma capacidade natural de se virar do avesso e enfrentar seus fantasmas e não têm vergonha de suas limitações. Um profissional, não importa a posição que ocupa, deve buscar a multidisciplinaridade e estudar um pouco de filosofia, psicologia, sociologia, as descobertas relacionadas à inteligência artificial. Juntando um pouco disso tudo, mais o compromisso com sua maturidade psicológica e espiritual, é que ele consegue fazer uma real diferença nesse nosso tempo de tantas incertezas e novos horizontes", avalia.

O CEO em questão fala muito em trabalhar pela ética do prazer, da realização, valor que apenas o salário não paga.

O que a gente sempre desejou no ambiente de trabalho começa a germinar nesta conhecida empresa brasileira, graças às premissas da sustentabilidade. E você, com certeza, está tentado excluir a recomendar este texto para o seu chefe, certo?

# Índice remissivo

11 de setembro, 175
25 de março, 83

## A

Academia Americana de Pediatria, 204
Adoniran Barbosa, 256
Agência Internacional de Energia Atômica, 109
Agenor Cefas Cavalcante Jatobá, 90
A geração do terceiro milênio, 129
Agrotóxicos, 204
Água, 26, 28, 39, 43-45, 70, 72, 92, 111, 127, 134, 139, 146, 157, 158, 173, 176, 180, 198, 205, 226, 232, 236, 243, 253-255, 281-285, 289, 295

Alagoas, 72
Aldeia global, 102
Aleksandr Pylyshenko, 193
Al gore, 40
Al Gore, 32, 35, 38, 40, 47, 262
Amanda Costa, 254
Amazônia, 27, 57, 97, 115, 134, 294
Aambientalismo, 231
Ambientalista, 32, 38, 40, 109, 162, 163, 212, 288
Ana Paula Padrão, 174
Andrew Keen, 103, 104
Android, 53
Anemia, 204
Angelina Jolie, 120
Angra 3, 110

Animal, 65, 69, 72, 73, 96, 115, 156, 192-194, 203, 205, 272
Anna Wintour, 64
Antropocentrismo, 158
Apple, 50, 236, 276, 277, 278, 279
Aquecimento global, 32, 34, 38, 47, 53, 108, 109, 134, 163, 181, 231, 261
Ari Barroso, 46
Associação Brasileira da Indústria Têxtil (ABIT), 197
Ativismo, 231
Atum, 72
Avatar, 288
A vingança de Gaia, 108

# B
Baby-beef, 27, 295
Bacalhau, 72
Bahia, 18, 21, 43, 47, 70, 90, 167, 170, 188, 223, 253
Bancarrota blues, 44
Bardotização, 120
Bebê, 25, 29, 58, 59, 131, 132, 139, 168, 204, 223, 237
Belém, 191
Belo Horizonte, 76
Bem-te-vi, 95, 96, 97, 98
Benjamin, 300
Bíblia, 159

Bicicleta, 191
Biguaçu, 253
BlackBerry, 53, 103
Blackglama, 199
BNDES (Banco Nacional do Desenvolvimento Econômico e Social), 164
Bob Dennis, 243
Brasil, 19, 26, 28, 29, 55, 59, 60, 86, 89, 91, 96, 104, 110, 111, 113, 114, 116, 127, 132, 134, 139, 164, 165, 181, 185, 187, 194, 198, 210, 211, 213, 225, 230, 248-250, 254, 261, 262, 283-285, 294, 296
BRICS, 262
Brigitte Bardot, 122
Bruno Galvão dos Santos, 164

# C
Caetano Veloso, 21, 43
Caminhada, 188
Campinas, 59
Campo Formoso, 90
Campo Grande, 76
Canadá, 261
Cana-de-açúcar, 163
Câncer, 86, 109, 198, 275, 294
 de mama, 198
Carbono, 261

## Questão de pele

Carl
 Honoré, 186
 Sagan, 144
Carlos
 Eduardo de Carvalho
 Corrêa, 139
 Minc, 110
 Nascimento, 174
 Nobre, 45
Carne
 branca, 25, 203
 de laboratório, 243
 vermelha, 26, 28, 29, 205, 242, 294, 296
Carro, 18, 39, 151, 161-163, 165, 168, 170, 200, 211, 243, 253, 254
Carta da Terra, 71
Carvão, 165
Casa Branca, 113, 216
CBN, 45
Celulares, 188
Celulite, 120
Chanel, 63, 64, 65, 66
Chernobyl, 108
Chevron, 255
Chico Buarque, 44, 46
China, 55, 65, 111, 189, 201, 261
Cidade de Deus, 116

Cid Moreira, 89
Circo Vostok, 191
Classe C, 230
Clientelismo, 133
Clima, 27, 33, 34, 39, 58, 109, 110, 260, 283
CNI, 138
CNI (Confederação Nacional da Indústria), 138
CNN, 173
$CO_2$, 27, 31-35, 38, 39, 53, 157, 163, 181, 294
Colágeno, 121, 203
Columbia Broadcasting System, 89
Computador pessoal, 275
Comunidade acadêmica, 266
Congresso Nacional, 193, 195
Conselho de Segurança das Nações Unidas, 114
Constanza Pascolato, 103, 104
Convicções ideológicas, 26, 242
Corcovado, 114
Corpo de bombeiros, 96
CPTEC, 45
Credit Suisse Research Institute, 283
Criação de gado, 26, 27, 294, 295
Crianças índigo, 126, 127
Cristianismo, 21, 150

## D

Daniel Piza, 175, 236
Dartmouth College, 242
Deepwater Horizon, 115
Demétrio Magnoli, 133
Departamento de Genética e
 Biologia Evolutiva do Instituto
 de Biociências da Universidade
 de São Paulo (USP), 205
Deputado, 193
 Bolsonaro, 270
Desacelere-se, 186
Desejos sexuais, 123
Deus, 50, 54, 93, 114, 116, 150,
 152, 155, 157, 158, 159, 238,
 250, 297
Dieta
 vegana, 203
 vegetariana, 204
Dificuldades respiratórias, 187
Dilma, 114
Dióxido de carbono, 162
DNA, 128, 294
 modificado, 126
Documentário, 38, 40, 180
Doenças
 cardiovasculares, 294
 graves, 187
Dois Filhos de Francisco, 83
Dom Odilo P. Scherer, 248
Dr. Paulo Telles, 204
DVD, 54, 76, 77, 83, 84
 piratas, 76

## E

Ecochato(a), 98, 163
Eletronuclear, 110
El Niño, 288
Enchentes, 254
Energia solar, 168
Energy (R)evolution, 109
Ensinamento bíblico, 149
Eólica, 169
Eric Slywitch, 206
Escravocrata, 18, 19
Espanha, 71, 187
Espartilhos, 122
Estados Unidos, 38, 40, 91, 113,
 115, 116, 175, 176, 195, 217,
 219, 261, 262
Estafa, 189
Europa, 109, 262
Extração da pele, 65

## F

Facebook, 54, 105
Faculdade de Filosofia, 266
 Letras e Ciências
 Humanas, 266

### Questão de pele

Fauna, 39, 66, 192
FEA, 265
Feijoada, 115
Felício Pontes, 211
Fernando, 4
Filhos, 39, 59, 83, 90-93, 119, 127, 133, 137, 138, 140, 141, 152, 156, 186, 205-207, 219, 236, 254, 271
Física quântica, 21, 304
Florestas, 156
Folha de S.Paulo, 19
Fome Zero, 198
Fortaleza, 194
Frequência cardíaca, 187
Funai, 225
Fundação Getulio Vargas, 230

### G

Gabrielle Coco Chanel, 66
Gaia, 32, 52, 108, 158, 288
Gaia: alerta final, 52
Gaiolas, 65, 70, 201
Galileia, 150
Gases de efeito estufa, 260
Geração y, 127
Gica, 69
Gilberto Gil, 44
Gisele Bundchen, 197

Globo, 168, 192, 197, 231
    Rural, 173, 231
Glorinha Kalil, 104
GNT, 39, 162
Google, 53
GPOPAI, 84
GPOPAI (Grupo de Pesquisa em Políticas Públicas para o Acesso à Informação), 84
Grãos, 26, 27
Gravidez, 25, 58, 59, 137, 205, 242, 299
Greenpeace, 109, 276
Greenwashing, 199
Gucci, 78
Gustavo Antônio Galvão dos Santos, 164

### H

Hervé Cordovil, 256
Hidrelétrica de Belo Monte, 210
Hollywood, 203
Homo sapiens, 141
Hugo Chávez, 102
Humberto Pereira, 231

### I

Ibama, 191
Ibirapuera, 18, 38

Impacto ambiental, 27, 28, 165, 242
Imposto de Renda, 138
Imprensa venezuelana, 102
Índia, 55, 111, 261
Indústria fashion, 198
INSS, 138
Instituto Brasileiro de Geografia e Estatísticas (IBGE), 91
Instituto de Pesquisas Econômicas Aplicadas (IPEA), 91
Ioga, 199
IPCC, 33, 39, 40, 45, 283
IPEA, 91, 182
iPhone, 50, 103, 105, 277, 278
Ivan Pavlov, 192
Izabella Teixeira, 209

## J

Jairo Motta, 192
James
    Cameron, 288
    Lovelock, 39, 52, 108, 288
    Shikwati, 250
Japão, 96, 107, 261
Jardinagem, 188
Jason Matheny, 242
Jean-Jacques Rousseau, 225
Jesus Cristo, 149

JN, 57, 60
Jornal
    da Globo, 197
    Hoje, 174, 191
Jornalista, 19, 82, 90, 137, 175, 186, 200, 236, 254
José
    Carlos Camargo, 192
    Eustáquio Diniz Alves, 181
Jô Soares, 161
judaísmo, 150
Juízo Final, 156
Justiça, 75, 76, 78

## K

Karl Lagerfeld, 103
KFC, 70

## L

laptops, 188
Lara, 300
Last Chance for Animals, 203
Leandro Aranha, 192
Le Figaro, 103
Lei nº
    9.605, 71
    12.305/10, 181
Liberdade de expressão, 270
Licença-maternidade, 139

Lipo, 120
Luis Carlos Molion, 47
Luís Fernando Veríssimo, 156
Luiz Jatobá, 89

# M

MacBook Pro, 276
Madeira, 198
Madonna, 281
Mahatma Gandhi, 71
Mar Cáspio, 72
Marcelo Gleiser, 242
Marketing, 97, 114, 151, 201
Marshall McLuhan, 277
Marta Suplicy, 210
Mary Del Priore, 121
Mata Atlântica, 198
Matança, 71
Mato Grosso do Sul, 75
Medicina ayurvédica, 303
Meditação, 199
Meio ambiente, 35, 38, 97, 127, 198, 199, 200
Metabolismo, 187
Metano, 27, 28, 39, 157, 158, 181, 205, 261, 294
Meteorologia, 33, 38, 161, 237
México, 71

Mike Tyson, 203
Millôr Fernandes, 158
Ministério da Agricultura, 27, 72
Ministra do Meio Ambiente, 209
Miriam Leitão, 19
Monalisa Perrone, 281
Morfina, 32
Motor(es)
  elétrico, 165
  flex, biocombustíveis, 115
Motorola, 50, 53
Movimentos peristálticos, 32
Mulher, 20, 29, 53, 60, 63, 64, 66, 73, 90, 114, 120-123, 133, 138, 139, 158, 198, 209, 210, 217, 218, 236, 272
Mulher, 20, 58, 164
Mundo, 17, 21-23, 26-28, 32, 38, 39, 40, 57, 59, 60, 65, 70, 71, 73, 77, 82, 85, 91-93, 97, 102, 104, 108, 114-116, 123, 127, 128, 131-133, 140, 141, 143-146, 151-153, 155, 158, 162, 167, 174, 175, 193, 197, 198, 218, 219, 224, 226, 229, 231, 236, 242, 244, 248-250, 260-263, 269, 271, 275, 276, 285, 288, 289, 294-297

## N

Nação progressista, 194
Nações Unidas, 59, 114, 248
Natal, 149, 150, 151, 152, 153, 230, 247, 248
Natural History Museum, 235
Nova York, 89, 116, 173, 174, 179, 199, 235, 236

## O

Obama, 20, 113, 115, 116, 117
O culto do amador, 103
O Estado de S. Paulo, 70, 75, 236
ONG Maria Preta, 114
ONU, 91, 96, 218, 260
Orientação sexual, 270
Oriente Médio, 175
Orkut, 105

## P

Pablo Ortellado, 84
Painéis solares, 198
Países ricos, 261
Pale Blue Dot, 144
Papai Noel, 151, 152
Parada gay, 269
Paraíba, 18
Paris, 103, 116, 269, 283
Pastoral da Terra, 212

Patrimonialismo, 133
Paula Fettback, 25
PCH, 111
Peace&Love, 119
PEC, 139
Pegada de carbono, 209
Pesticidas, 204
Peta, 65, 70, 199
PETA (Pessoas pela Ética no Tratamento de Animais), 65, 70
Petróleo, 115, 116, 163, 175, 176, 181, 231
Pirataria, 75-77, 78, 83-86
    virtual, 75
Planeta, 33, 34, 38, 40, 47, 52, 53, 91, 96, 102, 108, 110, 111, 127, 128, 131, 133, 134, 141, 143, 145, 146, 153, 156, 159, 162, 182, 194, 198, 201, 229, 244, 247, 248, 260, 262, 283, 285, 288, 289
    Vermelho, 158
Plástica, 119, 121
Plataforma
    Android, 53
    Grill, 293
PM, 266
Polícia Militar, 266
Políticas ambientais, 187

Poluição, 33, 182, 261, 283, 289
Populismo, 133
Portal Ecodesenvolvimento, 276
Portugal, 37
Problemas neurológicos, 25
Programa
    do Jô, 162
    sucroalcoleiro, 115
Proposta de Emenda Constitucional, 139
Proteção ambiental, 98
Protocolo de Kyoto, 260

## Q
Quatipuru, 191

## R
Rebanho, 26, 150, 294
Redes digitais, 85
Reflorestamento, 198
Regra(s)
    dos 4 "Rs", 183
    dietéticas macrobióticas, 205
Reino Unido, 97, 187
Repórter Esso, 89
Respiração, 187
Revista Veja, 102
Revolução
    Industrial, 34, 51

Verde, 127
Rio
    +5, 71
    +20, 230
    de Janeiro, 18, 34, 102, 114, 132, 180, 269
    Grande do Sul, 188
    Xingu, 198
Roberto Pereira D'Araújo, 164
Rodrigo Loureiro Medeiros, 164
Rubem Alves, 19
Rui Murrieta, 205
Rumsfeld, 215
Rússia, 261

## S
Sá e Guarabira, 45
Sandra Annenberg, 194
Santa Cruz de Cabrália, 223
São
    Paulo, 19, 21, 38, 44, 58, 59, 64, 70, 75, 84, 85, 96, 161, 162, 167, 198, 200, 205, 235, 236, 248, 282, 287, 288
    Pedro, 155, 157, 288
Sebastião Carlos dos Santos, 180
Sérgio Amadeu da Silveira, 85
Sérgio Besserman, 40
Sexy, 122

Silicone, 120-123
Sistema imunológico, 187
Skate, 191
Slow
    Food, 186
    Movement, 186
Smartphone, 50, 53, 54, 151
Sobradinho, 45
Sociedade
    Brasileira de Pediatria, 139
    Mundial de Proteção
    Animal, 72
SOS Mata Atlântica, 281
Sotheby's, 179
SPTV, 96
Stanford, 33
Steve Jobs, 50, 236, 275--278
STF, 78
Sustentabilidade, 26, 37, 39, 40, 51, 59, 64, 70, 77, 85, 92, 97, 98, 141, 151, 162, 198, 199, 212, 229, 230-232, 277, 278, 285, 290
Sustentável, 21, 28, 40, 44, 51, 53, 54, 91, 96, 128, 213, 276, 278, 289

## T

Tartarugas marinhas, 198
Taxa
    altas de adrenalina, 187
    de hemoglobina, 25
Tecido urbano, 187
Tecnologia, 188
Teresina, 194
Three Mile Island, 108
Tião, 180
Tim Flannery, 39
Timothy Creamer, 102
Tribo pataxó, 224
Twitter, 75, 101, 102, 103, 105

## U

Ucrânia, 193
Uma verdade inconveniente, 38
Um mundo para chamar de seu, 39
UNESCO, 71
Unicef, 59
Unilever, 121, 210
Universidade
    Agrícola de Wageningen, 205
    Estadual da Carolina
    do Norte, 243
    de São Paulo (USP), 84, 133, 205, 265, 266, 267
Utilitário, 162

## V

Vanity Fair, 199
Vegetarianismo, 203
Veja, 210
Vik Muniz, 179
Violência doméstica na gravidez, 59
Vison, 64, 65, 66, 71
Vitamina B-12, 29, 205
Vogue, 64, 103

## W

Washington, 261

Willem van Eelen, 242
World Trade Center, 173

## Y

Yoga, 188

## Z

Zona de Convergência, 57
Zoológicos, 195
Zoos, 195

**INFORMAÇÕES SOBRE NOSSAS PUBLICAÇÕES
E ÚLTIMOS LANÇAMENTOS**

Cadastre-se no site:

www.novoseculo.com.br

e receba mensalmente nosso boletim eletrônico.